“十四五”高等职业教育财务会计类系列教材

财务管理

刘智英　罗丽华◎主　编
隋成悦　尹　君◎副主编

中国铁道出版社有限公司
CHINA RAILWAY PUBLISHING HOUSE CO., LTD.

内 容 简 介

本书根据高等职业教育的人才培养目标进行编写，以股份有限公司为财务管理主体，以财务目标为价值导向，以财务战略为整体规划，以筹资活动、投资活动、经营活动和分配活动等财务活动为横线，以预测、决策、控制和分析等管理环节为纵线，构成纵横交互矩阵式的财务管理体系。本书共分三部分：第一部分为财务管理初探，介绍了财务管理总论和财务管理的基本观念；第二部分为财务管理活动分类项目能力训练，详细介绍了筹资活动财务管理、投资活动财务管理、经营活动财务管理、分配活动财务管理和财务预算；第三部分为财务管理活动实训项目能力训练。

本书适合作为高等职业院校会计类、管理类专业的教材，也适合从事会计、金融等行业的人员作为参考书。

图书在版编目(CIP)数据

财务管理/刘智英，罗丽华主编．—北京：中国铁道出版社有限公司，2024.6

“十四五”高等职业教育财务会计类系列教材

ISBN 978-7-113-30993-0

Ⅰ.①财… Ⅱ.①刘… ②罗… Ⅲ.①财务管理-高等职业教育-教材 Ⅳ.①F275

中国国家版本馆CIP数据核字（2024）第063370号

书　　名：财务管理

作　　者：刘智英　罗丽华

策　　划：潘星泉　　**编辑部电话：**(010)51873371

责任编辑：潘星泉　贾淑媛

封面设计：郑春鹏

责任校对：刘　畅

责任印制：樊启鹏

出版发行：中国铁道出版社有限公司（100054，北京市西城区右安门西街8号）

网　　址：http://www.tdpress.com/51eds/

印　　刷：河北宝昌佳彩印刷有限公司

版　　次：2024年6月第1版　2024年6月第1次印刷

开　　本：787 mm×1 092 mm　1/16　**印张：**14.5　**字数：**350千

书　　号：ISBN 978-7-113-30993-0

定　　价：45.00元

前　言

财务管理处于企业管理的核心位置，企业财务管理从资金的角度参与企业管理，凡涉及资金的任何方面都在财务管理的范围内，而企业的运营是离不开资金的，因而财务管理具有综合性。

党的二十大报告指出："加快构建以国内大循环为主体、国内国际双循环相互促进的新发展格局。"这是未来我国经济社会努力发展与追寻的方向。党的二十大报告也为做好新时代财务管理工作提供了根本遵循。财务管理正向数字化与智能化转型，这将"牵一发而动全身"，对企业整体运营管理产生积极、显著、深远的影响。这就要求企业必须重视财务管理工作，尤其是企业的高层管理人员，其管理行为直接影响企业的管理业绩和股东的利益。因此，想成为一名优秀的管理者，就必须对财务管理进行系统的学习。

2020 年 3 月，教育部印发了《高等学校课程思政建设指导纲要》，要求将课程思政教育贯穿人才培养体系，全面推进高校课程思政建设，发挥好每一门课程的育人作用，提高高校人才培养质量，将课程思政融入课堂教学建设全过程。在建设体系中，教材是一个重要环节，为了满足课程思政的要求，教材也应该突出课程思政的特点，本书根据纲要要求，设计了课程思政点，实现协同育人。

本书按照财政部新修订、新发布的《企业会计准则》《企业财务通则》和税收政策的最新规定，以职业岗位为基础，以能力培养为主线，以"项目导向、任务驱动"为教学模式，本着实用、够用、易教、易学的原则，从企业财务管理的基本流程出发，以实践中财务管理岗位所需的基本知识、基本技能、基本方法为依据，结合财务管理学科特点，对传统的财务管理教材内容进行整合而编写。

本书由江苏城乡建设职业学院刘智英和黑龙江工商学院罗丽华担任主编，由黑龙江工商学院隋成悦和尹君担任副主编。具体分工情况如下：项目一和项目五由刘智英编写；项目二和项目八由隋成悦编写；项目三和项目六由罗丽华编写；项目四和项目七由尹君编写。全书由刘智英负责统稿、定稿。

在编写过程中，我们借鉴和参阅了大量财务管理方面的研究成果与相关文献，在此对文献的作者表示衷心感谢。本书在江苏城乡建设职业学院的资助下出版发行，在此表示感谢。

由于我国经济发展迅速，财务管理也在不断发展变化中，加之编者本身水平和经验有限，书中难免存在不妥之处，敬请专家、同行以及广大读者提出宝贵意见，以便今后修订、提高。

编　者

2023 年 10 月

目　　录

第一部分

项目一　财务管理总论

【学习目标】

知识目标

1. 了解财务管理的含义、财务活动的内容。
2. 熟悉财务管理的内容及环节。
3. 掌握企业财务管理目标的基本理论。
4. 熟悉企业财务管理的原则和环境。

技能目标

1. 能够识别不同财务活动引起的财务关系，能够描述财务管理的环节及内容。
2. 能够结合企业的具体情况选择合适的财务管理目标。
3. 能够识别影响企业财务管理环境的各种因素。

【项目导入】

从特斯拉的资本运作看企业财务管理的重要性

特斯拉作为一家著名的电动汽车制造商和清洁能源公司，其财务管理实践一直是业界关注的焦点，尤其是在创新融资策略、资本结构优化、现金流量管理、投资决策以及财务报表分析等方面。

1. 创新融资策略

（1）可转换债券与股权融资。特斯拉在发展初期和扩张阶段，面临大量研发投入和生产设施建设的资金需求。为筹集资金，特斯拉采用了多种创新融资方式。例如，在2013年发行了规模为16亿美元的高级无担保可转换债券，这是一种混合型证券，投资者可以选择持有，到期收取利息，也可以在约定条件下转换为特斯拉普通股。这种融资方式既为特斯拉提供了较低成本的长期资金，又减轻了立即稀释股权的压力。

（2）股票增发与二次发行。特斯拉还多次进行股权融资，包括首次公开募股（IPO）和后续的股票增发。例如，2020年特斯拉通过股票增发筹集了约50亿美元资金，以支持其业务增长和偿还债务。这些举措反映了特斯拉在不同市场环境下灵活调整融资策略，以满足公司发展需求。

2. 资本结构优化与资本成本管理

（1）债务与权益比例。特斯拉的资本结构在历史上经历过较大的变动。早年，由于持续亏损和高研发投入，特斯拉主要依赖股权融资，资产负债率较低。随着公司逐步实现盈利和业务规模扩大，特斯拉开始增加债务融资，调整资本结构，以降低资本成本。通过合理负债，特斯拉能够在保持财务稳健的同时，利用债务利息税盾效应优化资本成本。

（2）WACC计算与分析。特斯拉的加权平均资本成本（WACC）是衡量其资本成本和风险水平的重要指标。通过对特斯拉的债务成本、股权成本以及资本结构的分析，可以计算出其WACC，进而评估公司整体的资本成本，并将其应用于项目投资决策和企业价值评估。

3. 现金流量管理

（1）营运资本管理。特斯拉在营运资本管理方面面临挑战，尤其是由于其直销模式和快速扩张导致的库存管理、应收账款与应付账款的协调问题。特斯拉通过精细化供应链管理、优化库存周转率以及与供应商的紧密合作，努力改善现金流状况。

（2）自由现金流与股东回报。特斯拉高度重视自由现金流的生成与增长。随着MODEL 3的大规模生产和销售，特斯拉实现了正向自由现金流，增强了自我造血能力，为股东创造了价值。此外，特斯拉还通过股票回购等方式直接回馈股东。

4. 投资决策与项目评估

（1）超级工厂投资。特斯拉在全球范围内建设超级工厂，如内华达州的电池工厂和上海的整车工厂。这些大规模投资项目需要严谨的经济评估，包括投资成本、预期收益、风险因素及其对供应链整合、成本降低、市场响应速度的长期影响。特斯拉在决策过程中考虑了政府补贴、本地化生产的优势以及市场需求增长的预期。

（2）自动驾驶技术投入。特斯拉在自动驾驶技术的研发上投入巨资，这是其差异化竞争策略的重要组成部分。尽管短期内可能增加研发费用并影响盈利，但特斯拉坚信自动驾驶技术的长远价值，认为这将大幅提升其产品吸引力，创造新的收入来源，并可能改变整个汽车行业的格局。

5. 财务报表分析与市场反应

（1）非GAAP指标的使用。特斯拉在其财务报告中除了提供遵循美国通用会计准则（GAAP）的财务数据外，还经常使用非GAAP指标（如调整后税息折旧及摊销前利润、自由现金流等）来反映其业务的内在表现，帮助投资者更好地理解公司的运营状况和盈利能力。

（2）市场估值与争议。特斯拉的极高市值与其盈利能力、营收规模相比往往显得不成比例，引发了市场对其估值合理性的广泛讨论。支持者认为特斯拉的高估值反映了其在电动汽车市场的领导地位、技术创新潜力以及未来的增长前景；批评者则质疑其盈利能力的可持续性、市场竞争加剧的风险以及过于乐观的市场预期。

综上所述，特斯拉的财务管理案例展示了其在融资创新、资本结构优化、现金流管理、投资决策以及财务报表解读等方面的独特实践。这些不仅体现了特斯拉在复杂商业环境中驾驭财务策略的能力，也为其他企业提供了关于如何在高速增长与技术创新中有效管理财务风险、创造价值的启示。

学习任务一　了解企业财务活动和财务关系

财务管理是组织企业财务活动、处理财务关系的一项经济管理工作。因此，要了解什么是财务管理，必须先分析企业的财务活动和财务关系。

一、企业财务活动

企业财务活动是以现金收支为主的企业资金收支活动的总称。在市场经济条件下，一切物资都具有一定的价值，它体现了耗费于物资中的社会必要劳动量，社会再生产过程中物资价值的货币表现就是资金。在市场经济条件下，资金是进行生产经营活动的必要条件。企业的生产经营过程一方面表现为物资的不断购进和售出；另一方面表现为资金的支出和收回。企业的经营活动不断进行，也就会不断产生资金的收支。企业资金的收支构成了企业经济活动的一个独立方面，这便是企业的财务活动。

企业财务活动可分为以下四个方面：

1. 企业筹资引起的财务活动

企业从事经营活动，首先必须解决的是通过什么方式、在什么时间筹集多少资金。在筹资过程中，企业通过发行股票、发行债券、吸收直接投资等方式筹集资金，表现为企业资金的收入；而企业偿还借款、支付利息和股利以及付出各种筹资费用等，则表现为企业资金的支出。这种因为资金筹集而产生的资金收支，便是由企业筹资引起的财务活动。

在进行筹资活动时，财务人员首先要预测企业需要多少资金，是通过发行股票取得资金还是向债权人借入资金，两种方式筹集的资金占总资金的比重应各为多少等。假设企业决定借入资金，那么是发行债券好，还是从银行借入资金好呢？资金应该是长期的还是短期的？资金的偿付是固定的还是可变的？等等。财务人员面对这些问题时，一方面要保证筹集的资金能满足企业经营与投资的需要；另一方面还要使筹资风险在企业的掌控之中，一旦外部环境发生变化，企业不至于由于无法偿还债务而陷入破产。

2. 企业投资引起的财务活动

企业筹集资金的目的是把资金用于生产经营活动以取得盈利，不断增加企业价值。企业把筹集到的资金用于购置自身经营所需的固定资产、无形资产等，便形成企业的对内投资；企业把筹集到的资金投资于其他企业的股票、债券，与其他企业联营进行投资以及收购另一个企业等，便形成企业的对外投资。企业无论是购买内部所需的各种资产，还是购买各种证券，都需要支出资金。当企业变卖其对内投资的各种资产或收回其对外投资时，会产生资金的收入。这种因企业投资而产生的资金收支，便是由投资引起的财务活动。

在进行投资活动时，由于企业的资金是有限的，因此应尽可能将资金投放在能带给企业最大报酬的项目上。由于投资通常在未来才能获得回报，因此，财务人员在分析投资方案时，不仅要分析投资方案的资金流入与资金流出，而且要分析公司为获得相应的报酬还需要等待多久。当然，获得回报越早的投资项目越好。另外，投资项目几乎都是有风险的，一个新的投资项目可能成功，也可能失败，因此，财务人员需要找到一种方法对这种风险因素加以计量，从而判断选择哪个方案、放弃哪个方案，或者将哪些方案进行组合。

3. 企业经营引起的财务活动

企业在正常的经营过程中，会发生一系列的资金收支。首先，企业要采购材料或商品，以便从事生产和销售活动，同时，还要支付工资和其他营业费用；其次，当企业将产品或商品售出后，便可取得收入，收回资金；最后，如果企业现有资金不能满足企业经营的需要，还要采取短期借款方式来筹集所需资金。上述各方面都会产生资金的收支，属于企业经营引起的财务活动。

在企业经营引起的财务活动中，主要涉及的是流动资产与流动负债的管理问题，其中关键是加速资金的周转。流动资金的周转与生产经营周期具有一致性，在一定时期内，资金周转快，就可以利用相同数量的资金生产出更多的产品，取得更多的收入，获得更多的报酬。因此，如何加速资金的周转、提高资金的利用效率，是财务人员在这类财务活动中需要考虑的主要问题。

4. 企业利润分配引起的财务活动

企业在经营过程中会产生利润，也可能会因对外投资而分得利润，这表明企业有了资金的增值或取得了投资报酬。企业的利润要按规定的程序进行分配。首先要依法纳税；其次要用来弥补亏损，提取盈余公积；最后要向投资者分配股利。这种因利润分配而产生的资金收支便属于由利润分配引起的财务活动。

在分配活动中，财务人员需要确定股利支付率的高低，即将多大比例的税后利润用来支付给投资人。过高的股利支付率，会使较多的资金流出企业，从而影响企业再投资的能力，一旦企业遇到较好的投资项目，将有可能因为缺少资金而错失良机；而过低的股利支付率，又有可能引起投资人的不满，对于上市公司而言，这种情况可能导致股价下跌，从而使公司价值下降。因此，财务人员要根据公司自身的具体情况确定最佳的利润分配政策。

上述财务活动的四个方面不是相互割裂、互不相关的，而是相互联系、互相依存的。正是上述四个方面构成了完整的企业财务活动，这四个方面也正是财务管理的基本内容：企业筹资管理、企业投资管理、营运资本管理、利润及其分配的管理。

二、企业财务关系

企业财务关系是指企业在组织财务活动过程中与各有关方面发生的经济关系。企业的筹资活动、投资活动、经营活动、利润及其分配活动与企业内部和外部的方方面面有着广泛的联系。企业的财务关系可概括为以下几个方面：

1. 企业与其所有者之间的财务关系

这主要是指企业的所有者向企业投入资金，企业向其所有者支付投资报酬所形成的经济关系。企业所有者主要有四类：国家、法人单位、个人、外商。企业的所有者要按照投资合同、协议、章程的约定履行出资义务，以便及时形成企业的资本金。企业利用资本金进行经营，实现利润后，应按出资比例或合同、章程的规定，向其所有者分配利润。企业同其所有者之间的财务关系体现着所有权的性质，反映着经营权和所有权的关系。

2. 企业与其债权人之间的财务关系

这主要是指企业向债权人借入资金，并按借款合同的规定按时支付利息和归还本金所形成的经济关系。企业除利用资本金进行经营活动外，还要借入一定数量的资金，以降低企业资本成本，扩大企业经营规模。企业的债权人主要有：债券持有人、贷款机构、商业信用提供者、其他出借资金给企业的单位或个人。企业利用债权人的资金后，要按约定的利率及时向债权人支付利息。债务到期时，要合理调度资金，按时向债权人归还本金。企业同其债权人之间的关系体现的是债务与债权关系。

3. 企业与其被投资单位之间的财务关系

这主要是指企业将其闲置资金以购买股票或直接投资的形式向其他企业投资所形成的经济关系。企业向其他单位投资，应按约定履行出资义务，参与被投资单位的利润分配。企业同被投资单位之间的关系体现的是所有权性质的投资与受资的关系。

4. 企业与其债务人之间的财务关系

这主要是指企业将其资金以购买债券、提供借款或商业信用等形式出借给其他单位所形成的经济关系。企业将资金借出后，有权要求其债务人按约定的条件支付利息和归还本金。企业同其债务人的关系体现的是债权与债务关系。

5. 企业内部各单位之间的财务关系

这主要是指企业内部各单位之间在生产经营各环节相互提供产品或劳务所形成的经济关系。在实行内部责任核算制度的条件下，企业供、产、销各部门以及各生产单位之间，相互提供产品和劳务要进行计价结算。这种在企业内部形成的资金结算关系，体现了企业内部各单位之间的利益关系。

6. 企业与职工之间的财务关系

这主要是指企业在向职工支付劳动报酬的过程中形成的经济关系。企业要用自己的产品销售收入，向职工支付工资、津贴、奖金等，按照提供的劳动数量和质量支付职工的劳动报酬。这种企业与职工之间的财务关系，体现了职工和企业在劳动成果上的分配关系。

7. 企业与税务机关之间的财务关系

这主要是指企业要按税法的规定依法纳税而与国家税务机关之间形成的经济关系。任何企业都要按照国家税法的规定缴纳各种税款，以保证国家财政收入的实现，满足社会各方面的需要。及时、足额地纳税是企业对国家的贡献，也是对社会应尽的义务。因此，企业与税务机关之间的关系反映的是依法纳税和依法征税的权利义务关系。

三、企业财务管理的特点

企业生产经营活动的复杂性，决定了企业管理必须包括多方面的内容，如生产管理、技术管理、劳动人事管理、设备管理、销售管理、财务管理等。各项工作是互相联系、紧密配合的，同时又有科学的分工，具有各自的特点，其中财务管理的特点是：

1. 财务管理是一项综合性管理工作

企业在实行分工、分权的过程中形成了一系列专业管理工作，有的侧重于使用价值的管理，有的侧重于价值的管理，有的侧重于劳动要素的管理，有的侧重于信息的管理。社会经济的发展要求财务管理主要运用价值形式对经营活动实施管理。通过价值形式，把企业的一切物质条件、经营过程和经营结果都合理地加以规划和控制，达到企业效益不断提高、财富不断增加的目的。因此，财务管理既是企业管理的一个独立方面，又是一项综合性的管理工作。

2. 财务管理与企业各方面有着广泛联系

在企业的日常经营活动中，一切涉及资金的收支活动都与财务管理有关。事实上，企业内部各部门与资金不发生联系的情况是很少见的。因此，财务管理的触角常常伸向企业经营的各个角落。

企业每一个部门都会通过资金的使用与财务部门发生联系，每一个部门也都要在合理使用资金、节约资金支出等方面接受财务部门的指导，受到财务制度的约束，以此来保证企业经济效益的提高。

3. 财务管理能迅速反映企业生产经营状况

在企业管理中，决策是否恰当、经营是否合理、技术是否先进、产销是否顺畅，都可以迅速地在企业财务指标中得到反映。例如，如果企业生产的产品适销对路，质量优良可靠，则可带动生产发展，实现产销两旺，资金周转加快，盈利能力增强，这一切都可以通过各种财务指标迅速地反映出来。这也说明，财务管理工作既有其独立性，又受整个企业管理工作的制约。财务部门应通过自己的工作，向企业领导及时通报有关财务指标的变化情况，以便把各部门的工作都纳入提高经济效益的轨道上，努力实现财务管理的目标。

综上所述，财务管理的概念可以概括为：企业财务管理是企业管理的一个组成部分，它是根据财经法规制度，按照财务管理的原则，组织企业财务活动，处理财务关系的一项经济管理工作。

学习任务二　了解财务管理的目标

系统论认为，正确的目标是系统良性循环的前提，企业财务管理的目标对企业财务管理系统的运行也具有同样的意义。为此，应首先明确财务管理的目标。

一、财务管理的目标概述

目标是系统希望实现的结果，根据不同的系统所研究和解决的问题，可以确定不同的目标。财务管理的目标是企业理财活动希望实现的结果，是评价企业理财活动是否合理的基本标准。为了完善财务管理理论，有效指导财务管理实践，必须对财务管理目标进行认真研究。因为财务管理目标直接反映理财环境的变化，并根据环境的变化做适当调整，它是财务管理理论体系中的基本要素和行为导向，是在财务管理实践中进行财务决策的出发点和归宿。财务管理目标制约着财务运行的基本特征和发展方向，是财务运行的一种驱动力。不同的财务管理目标会产生不同的财务管理运行机制，科学地设置财务管理目标，对优化理财行为、实现财务管理的良性循环具有重要意义。财务管理目标作为企业财务运行的导向力量，其设置若有偏差，财务管理的运行机制就很难合理。因此，研究财务管理目标问题，既是建立科学的财务管理理论结构的需要，也是优化我国财务管理行为的需要，在理论和实践上都具有重要意义。

明确财务管理的目标，是搞好财务工作的前提。企业财务管理是企业管理的一个组成部分，企业财务管理的整体目标应该和企业的总体目标保持一致。从根本上讲，企业的目标是通过生产经营活动创造更多的财富，不断增加企业价值。但是，不同国家的企业面临的财务管理环境不同，同一国家的企业，公司治理结构不同，发展战略不同，财务管理的目标在体现上述根本目标的同时又有其不同的表现形式，主要有利润最大化目标、每股收益最大化目标、股东财富最大化目标、企业价值最大化目标和相关者利益最大化目标。

（一）以利润最大化为目标

利润最大化是西方微观经济学的理论基础。西方经济学家以往都是以利润最大化这一标准来分析和评价企业的行为和业绩的。倾向利润最大化观点的学者认为：利润代表了企业新创造的财富，利润越多则企业的财富增加得越多，越接近企业的目标。其观点可表述为：利润额是企业在一定期间经营收入和经营费用的差额，是按照收入费用配比原则加以计算的，反映了当期正常经营活动中投入与产出对比的结果。股东权益是股东对企业净资产的所有权，包括股本、资本公积、盈余公积和未分配利润四个方面。其中，股本是投资人已经投入企业的资本，如果不增发，它不可能再增大；资本公积则来自股本溢价、资产重估增值等，一般来说，它数额再大也不是由企业当期自身的经营业绩所致；只有盈余公积和未分配利润的增加，才是当期企业经营效益的体现，而这两部分又来源于利润最大化的实现，是企业从净利润中扣除股利分配后的剩余。因此，从会计的角度来看，利润是股东价值的来源，也是企业财富增长的来源。财务报表之间的勾稽关系如下：

收入－费用＋直接计入当期损益的利得和损失＝净利润

净利润－股利分配＝留用利润（盈余公积＋未分配利润）

资产＝负债＋股东权益＝负债＋股本＋资本公积＋留用利润（盈余公积＋未分配利润）

目前，我国在许多情况下评判企业的业绩还是以利润为基础。如在企业增资扩股时，要考察企业最近三年的盈利情况；在确定企业经理人员的业绩时，通常也以利润为主。但是，在长期的实践中，利润最大化目标暴露出许多缺点：

（1）利润最大化没有考虑利润实现的时间，没有考虑项目报酬的时间价值。例如有 A、B 两个投资项目，其利润都是 100 万元，如果不考虑资金的时间价值，则无法判断哪一个更符合企业的目标。但如果说 A 项目的 100 万元是去年已赚取的，而 B 项目的 100 万元是今年赚取的，显然，对于相同的现金流入来说，A 项目的获利时间较早，也更具有价值。

（2）利润最大化没能有效地考虑风险问题。高利润往往伴随着高风险，如果为了利润最大化而选择高风险的投资项目，或进行过度的借贷，企业的经营风险和财务风险就会大大提高。仍以上面的企业为例。假设 A、B 两个投资项目在今年都赚取了 100 万元利润，但 A 项目的利润全部为现金收入，而 B 项目的 100 万元全部是应收账款，显然，B 项目的应收账款存在不能收回的风险，因此，A 项目更优。

（3）利润最大化没有考虑利润和投入资本的关系。假设 A、B 两个项目都在当年获得了 100 万元利润，并且取得的都是现金收入。但是，如果 A 项目只需投资 100 万元，而 B 项目需要投资 300 万元，显然 A 项目更好一些，而如果单看利润指标则反映不出这样的问题。

（4）利润最大化是基于历史的角度，反映的是企业过去某一期间的盈利水平，并不能反映企业未来的盈利能力。由上述财务报表之间的勾稽关系可知，虽然净利润带来了股东权益和企业财富的增加，但并不意味着企业持续经营和持久盈利能力增强，以及股东在未来能够获得报酬。

（5）利润最大化往往会使企业财务决策带有短期行为的倾向。利润最大化往往会诱使企业只顾实现目前的最大利润，而不顾自己的长远发展。比如企业可能通过减少产品开发、人员培训、技术装备等方面的支出来提高当年利润，但这显然对企业的长期发展不利。

（6）利润是企业经营成果的会计度量，而对同一经济问题的会计处理方法的多样性和灵活性可以使利润并不反映企业的真实情况。例如，有些企业通过出售资产增加现金收入，表面上利润增加了，但实际上企业财富并没有增加。其他会计政策的选择也可能影响企业的利润。

可见，利润最大化目标只是对经济效益浅层次的认识，存在一定的片面性。所以，现代财务管理理论认为，利润最大化并不是财务管理的最优目标。

（二）以每股收益最大化为目标

股东财富最大化观点认为，应当把企业的利润和股东投入的资本联系起来，用每股收益（或权益资本净利率）来概括企业的财务目标。企业财务管理应以实现每股收益最大化为目标。衡量指标：每股收益。

每股收益最大化目标优点主要体现在以下两点：

（1）反映了利润与投入资本之间的关系，利于与其他不同资本规模企业或同企业不同时期比较。

（2）容易计量。

但同时也存在一定的缺点：

（1）没有考虑每股收益取得的时间。

（2）没有考虑每股收益的风险。

如果假设风险相同，每股收益时间相同，每股收益最大化也是一个可以接受的观念。事实上，许多投资者都把每股收益作为评价公司业绩的重要指标。企业的某些财务方案正是在每股收益最大化的财务目标下进行财务决策的。

（三）以股东财富最大化为目标

股东财富最大化是指通过财务上的合理运营，为股东创造最多的财富。在股份公司中，股东财富由其所拥有的股票数量和股票市场价格两方面来决定。如果股票数量一定，当股票价格达到最高时，股东财富也达到最大。所以，股东财富最大化又演变为股票价格最大化。尽管理论界存在“股东财富最大化能否转化为股票价格最大化”的争论，但是当我们作出资本市场有效假设以后，可以认为股票价格是衡量股东财富的最佳指标。资本市场有效假设最早是由法玛提出的，他根据历史信息、全部公开信息和内幕信息对股票价格的不同影响，将市场效率分为弱式有效市场、半强式有效市场和强式有效市场。在有效的资本市场上，证券价格能迅速、全面地反映所有有关价格的信息，证券价格就是其价值的最好反映，此时，股东财富最大化目标可以用股票价格最大化来替代。虽然对资本市场有效性还存在争论，但从严格意义上说，不能否定效率市场的存在。而且，随着市场的逐渐成熟和监管措施的加强，市场也在逐渐趋向有效。

从理论上说，股东财富的表现形式是在未来获得更多的净现金流量，对上市公司而言，股东财富可以表现为股票价值，股票价值一方面取决于企业未来获取现金流量的能力，另一方面也取决于现金流入的时间和风险。因此，与利润最大化目标相比，股东财富最大化目标体现出以下优点：

（1）股东财富最大化目标考虑了现金流量的时间价值和风险因素，因为现金流量获得时间的早晚和风险的高低，会对股票价格产生重要影响。

（2）股东财富最大化目标在一定程度上能够克服企业在追求利润方面的短期行为，因为股票的价格很大程度上取决于企业未来获取现金流量的能力。

（3）股东财富最大化目标反映了资本与报酬之间的关系。因为股票价格是对每股股份的一个标价，反映的是单位投入资本的市场价格。

此外，股东财富最大化目标也是判断企业财务决策是否正确的标准，因为股票的市场价格是企业投资、筹资和资产管理决策效率的反映。这可以用企业的投资工具模型来分析。

投资工具模型（图 1-1）是对企业最基本的认识，模型中的投资者是股东，是委托人，通过金融市场或金融中介向企业提供资金，委托经营者管理企业。企业的经营者是代理人，他们将资金用于投资，与外部进行货币和实物资产的交换，并将收益分配给投资者。同时，企业的投资、筹资决策和股利政策要受到外界和金融市场的影响，这些财务决策将决定企业的规模、资产和收益的增长，最终将影响企业未来的现金流量，现金流量将影响股票的市场价格。因此，企业的投资、筹资决策和股利政策的好坏将通过股票的市场价格表现出来，企业在作出财务决策时就要综合考虑多种因素，以符合股东的最大利益。

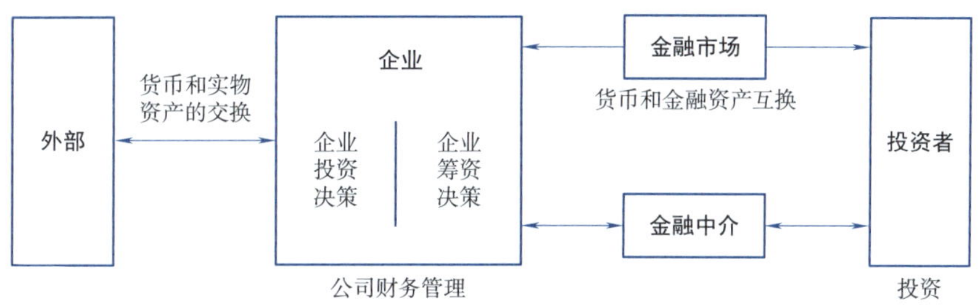

图 1-1　企业的投资工具模型

虽然股东财富最大化的观点已得到普遍认可，但是，随着债权人、雇员、供应商等利益相关者在企业运营中的作用越来越重要，有人提出了相关者利益最大化的观点。持相关者利益最大化观点的学者认为，企业不能单纯以实现股东利益为目标，而应把股东利益放在与利益相关者（如借款人、政府、管理者、员工、供应商等）相同的位置上，即要实现包括股东在内的所有利益相关者的利益。

但是，持股东财富最大化观点的学者提出，追求股东财富最大化实际上并不损害其他相关者的利益，恰恰相反，它是以保证其他相关者的利益为前提的。因为企业达到股东财富最大化目标的结果，也增加了企业的整体财富，其他相关者的利益也会得到更有效的满足。如果企业不追求股东财富最大化，相关者的利益也会受损。另外，根据法律规定，股东所持有的投资报酬要求权是“剩余要求权”，是在其他相关者利益得到满足之后的剩余权益，企业只有在向供应商支付了货款，向员工支付了工资，向债权人支付了利息，向政府缴纳了税金之后，才能够向股东支付回报。

从契约经济学的角度看，企业是各种利益相关者之间契约的组合。通过书面契约，管理者、员工、供应商等可以保护自己的利益免受股东的侵害；即使没有与某些利益相关者（如社会、政府和环境）订立书面契约，企业也要受到法律和道德的约束。而且，如果企业违反了契约的规定，利益相关者就会中断与企业的交易，企业最终会遭受损失。

基于以上几点可以认为，在对股东财富最大化进行一定约束后，股东财富最大化成为财务管理的最佳目标。这些约束条件是：①利益相关者的利益受到了完全的保护，以免受到股东的盘剥；②没有社会成本。企业在追求股东财富最大化的过程中所耗费的成本都能够归结于企业并确实由企业负担。例如，企业在追求股东财富最大化的过程中，如果造成严重的环境污染，而这种环境污染又是由政府动用财政资金来治理的，就产生了社会成本。

在以上这些假设前提下，企业在追求股东财富最大化的过程中将不存在与利益相关者的冲突。因此，经营者就能专注于一个目标——股东财富最大化，从而实现公司价值的最大化。

股东财富对上市公司来说是一个比较容易衡量的指标，但对于非上市公司而言，该如何运用股东财富最大化这一原则呢？从理论上说，这些公司的价值等于公司在市场上出售的价格，或者投资人转让其出资而取得的现金。对一个正常经营中的企业而言，很难用这种整体出售的价格来衡量。因此从实践上看，可以通过资产评估来确定非上市公司价值的大小，或者根据公司未来可取得的现金流入量来进行估值。

（四）以企业价值最大化为目标

企业价值最大化观点认为，企业价值最大化是财务管理的目标。企业价值最大化是指企业通过合理的生产经营，采用最佳的财务决策，在考虑货币时间价值和风险价值的条件下，使企业价值达到最大。投资者建立企业，其目的在于创造尽可能多的财富。这种财富首先表现为企业价值。企业价值是其未来现金流量的现值，在资本市场上表现为交换价格，通俗来说是指企业本身值多少钱。企业财富的多少不是仅凭某一时期利润的大小来衡量的，而是要把企业整体看作一种商品，通过市场评价来确定企业值多少钱，这就是企业价值。在对企业进行评价时，看重的不是企业已获得的利润水平，而是企业潜在的获利能力。衡量指标：所有者权益市场价值（或企业预计未来现金流量的现值）和债权人权益价值。

企业价值（V）＝所有者权益市场价值＋债权人权益价值

＝股票市场价格＋债务市场价值（上市公司）

对于上市公司而言，企业价值可通过资产未来报酬的贴现值来计量，用公式表示如下：

$$V=\sum_{t=1}^{n}\mathrm{NCF}_t(P/F,i,t)$$

式中，V 为企业价值；NCF_t 为企业第 t 年的现金净流量；（$P/F,i,t$）为复利终值，其中，P 为现值，F 为终值，P/F 为把未来值折算成现在的价值；n 为预计企业持续年限；i 为折现率；t 为取得现金净流量的具体年数。

它的优点：

（1）考虑了资金的时间价值和风险机制，有利于统筹安排长短期规划、合理选择投资方案，有效筹措资金、合理制定股利政策等。

（2）反映了对企业资产保值增值的要求，从某种意义上说，股东财富越多，企业市场价值就越大，追求股东财富最大化的结果可促使企业保值或增值。

（3）有利于克服管理上的片面性和短期行为。

（4）有利于社会资源合理配置，即引导社会资源流向企业价值最大化或股东财富最大化的企业或行业。

它的缺点：

（1）尽管对于上市企业，股票价格的变动在一定程度上揭示了企业价值的变化，但股价是多种因素影响的结果，特别是在资本市场效率低下的情况下，股票价格很难反映企业所有者权益的价值。

（2）对于非上市企业，只有对企业进行专门的评估才能真正确定其价值。

（五）以相关者利益最大化为目标

这种观点认为企业财务管理的目标应该是相关者利益最大化。因为在市场经济中，企业的财务管理主体更加细化和多元化。股东作为企业所有者，在企业中拥有最高的权力，并承担着最大的义务和风险，但是债权人、员工、企业经营者、客户、供应商和政府也为企业承担着风险。在确定企业财务管理目标时，不能忽视这些相关利益群体的利益。

它的优点：

（1）有利于企业长期稳定发展。注重企业在发展过程中考虑并满足各利益相关者的利益要求，可避免只站在股东的角度进行投资可能导致的一系列问题。

（2）体现了合作共赢的价值理念，有利于实现企业社会效益和经济效益的统一。

（3）这一目标本身是一个多元化、多层次的目标体系，较好地兼顾了各利益主体的利益。

但同时它的缺点也比较明显，利益相关性难以计量，不易操作，且相关者利益本身具有相互竞争性而难以实现利益最大化。

（六）各种财务管理目标之间的关系

上述各种财务管理目标，都以股东财富最大化为基础。股东在企业的日常经营过程中承担着最大的义务和风险，相应也应享有最高报酬。因此，企业财务管理的目标还应以股东财富最大化为核心。

除非股东确信投资会带来满意的回报，否则股东不会出资，利益相关者的要求也就无法实现。因此没有股东财富最大化的目标，利润最大化、企业价值最大化以及相关者利益最大化的目标也就无法实现。因此，在强调企业承担应尽的社会责任的前提下，应当允许企业以股东财富最大化为目标。

二、利益的冲突与协调

在企业经营过程中，有许多利益主体在其中发挥作用，企业的经营从某种程度上讲，是不同利益主体共同作用的结果。因此，在企业经营过程中，需要对这些利益主体的利益冲突进行协调。

协调相关者的利益冲突的原则：尽可能使企业相关者的利益分配在数量上和时间上达到动态的协调平衡。

（一）所有者与经营者利益冲突的协调

现代企业中，企业所有权与经营权分离，经营者是所有者的代理人。所有者即股东希望实现“股东财富最大化”，而经营者从其自身利益考虑，目标与股东并不完全一致。

1. 冲突

经营者和所有者的主要利益冲突就是经营者希望在创造财富的同时，能够获得更多的报酬，并避免各种风险；而所有者则希望以较小的代价（支付较少报酬）实现更多的财富。

2. 协调

（1）解聘：这是一种通过所有者约束经营者的办法。如果经营者绩效不佳，就解聘经营者；经营者为了不被解聘就需要努力工作，为实现财务管理目标服务。

（2）接收或吞并：这是一种通过市场约束经营者的办法。如果经营者不努力，绩效不佳，该企业就可能被其他企业强行接收或吞并，相应经营者也会被解聘。经营者为了不被解聘就需要努力工作，为实现财务管理目标服务。

（3）激励：将经营者的报酬与绩效挂钩，使经营者自觉采取措施提高股东财富和企业价值的措施。常用的方式有股票期权和绩效股：①"股票期权"方式，即允许经营者以约定的价格购买一定数量的本企业股票，股票的市场价格高于约定价格的部分就是经营者所得的报酬；②"绩效股"方式，即企业运用每股收益、资产收益率等指标来评价经营者的业绩，视其业绩大小给予经营者数量不等的股票作为报酬。

（二）所有者与债权人利益冲突的协调

在企业生产经营活动中，企业所有者与债权人的目标可能发生冲突。

1. 冲突

（1）所有者未经债权人同意，要求经营者投资于比债权人预计风险要高的项目。

（2）未经现有债权人同意，发行新债券或举借新债，致使原有债权的价值降低。

2. 协调

（1）限制性借债。在借款合同中加入某些限制性条款，如规定借款的用途、借款的担保条款和借款的信用条件等。

（2）收回借款或停止借款。当债权人发现企业有侵蚀其债权价值的意图时，可以收回债权或不给予企业增加放款。

（三）企业目标与社会责任冲突的协调

1. 冲突

企业的目标和社会的目标在许多方面是一致的。企业在追求自己目标时，自然会使社会受益。但是，企业的目标和社会的目标也有不一致的地方。例如，企业为了获利，可能生产伪劣产品、可能不顾工人的健康和利益、可能造成环境污染、可能损害其他企业利益等。

2. 协调

股东只是社会的一部分人群，他们在谋求自己利益的时候，不应当损害他人的利益。为此，国家颁布了一系列保护公众利益的法律来调节股东与社会公众的利益。

学习任务三　了解财务管理的原则

财务管理遵循的原则，也称为理财原则，是指人们对财务活动共同的、理性的认识。它是联系理论与实务的纽带。财务管理理论是从科学角度对财务管理进行研究的成果，通常包括假设、概念、原理和原则等。财务管理实务是指人们在财务管理工作中使用的原则、程序和方法。理财原则是财务管理理论和实务的结合部分。

理财原则具有以下特征：

（1）理财原则是财务假设、概念和原理的推论。它们是经过论证的、合乎逻辑的结论，具有理性认识的特征。

（2）理财原则必须符合大量的观察和事实，被多数人所接受。财务理论有不同的流派和争论，甚至存在完全相反的理论，而原则不同，它们被现实反复证明并被多数人接受，具有共同认识的特征。

（3）理财原则是财务交易和财务决策的基础。财务管理实务是应用性的。"应用"是理财原则的应用。各种财务管理的程序和方法，是根据理财原则建立的。

（4）理财原则为解决新的问题提供指引。已经开发出来的、被广泛应用的程序和方法，只能解决常规问题，当问题不符合任何既定程序和方法时，原则为解决新问题提供预先的感性认识，指导人们寻找解决问题的方法。

（5）理财原则不一定在任何情况下都绝对正确。原则的正确性与应用环境有关，在一般情况下它是正确的，而在特殊情况下则不一定正确。

对于如何概括理财原则，人们的认识不完全相同。美国财务学教授道格拉斯・R. 爱默瑞和约翰・D. 芬尼特的观点具有代表性，他们将理财原则概括为三类，共 12 条。

一、有关竞争环境的原则

有关竞争环境的原则是对资本市场中人的行为规律的基本认识。

1. 自利行为原则

自利行为原则是指人们在进行决策时按照自己的财务利益行事。在其他条件相同的情况下，人们会选择使自己经济利益最大化的行为。

自利行为原则的依据是理性的经济人假设。该假设认为，人们对每一项交易都会衡量其代价和利益，并且会选择对自己最有利的方案来行动。自利行为原则假设企业决策人对企业目标具有合理的认识程度，并且对如何达到目标具有合理的理解。在这种假设情况下，企业会采取对自己最有利的行动。自利行为原则并不认为钱是所有人生活中最重要的东西，或者说钱可以代表一切。问题在于商业交易的目的是获利，在从事商业交易时人们总是为了自身的利益作出选择和决定，否则他们就不必从事商业交易。自利行为原则也并不认为钱以外的东西都是不重要的，而是说在其他条件都相同时，财务交易者都会选择使自己经济利益最大化的行动。

自利行为原则的一个重要应用是委托-代理理论。根据该理论，应当把企业看成是各种自利的人的集合。如果企业只有业主一个人，他的行为将十分明确和统一。如果企业是一个大型的公司，情况就变得非常复杂，因为这些关系人之间存在利益冲突。一个公司的利益关系人包括普通股股东、优先股股东、债券持有者、银行、短期债权人、政府、社会公众、经理人员、员工、客户、供应商、社区等。这些人或集团，都是按自利行为原则行事的。企业和各种利益关系人之间的关系，大部分属于委托-代理关系。这种相互依赖又相互冲突的利益关系，需要通过"契约"来协调。因此，委托-代理理论是以自利行为原则为基础的。有人主张把委托-代理关系单独作为一条理财原则，可见其重要性。自利行为原则的另一个应用是机会成本的概念。当一个人采取某个行动时，就等于取消其他可能的行动，因此他必然要将这个行动与其他的可能行动相比，看该行动是否对自己最有利。采用一个方案而放弃另一个方案时，被放弃方案的最大净收益是被采用方案的机会成本，也称择机代价。尽管人们对机会成本或择机代价的概念理解有分歧，它们的计算也经常会遇到困难，但是人们都不否认机会成本是一个在决策时不得不考虑的重要问题。

2. 双方交易原则

双方交易原则是指每一项交易都至少存在两方，在一方根据自己的经济利益决策时，另一方也会按照自己的经济利益决策，并且双方一样聪明、勤奋和富有创造力，因此一方决策时要正确预见对方的反应。

双方交易原则的建立依据是商业交易至少有两方，交易是“零和博弈”，以及各方都是自利的。每一项交易都有一个买方和一个卖方，这是不争的事实。无论是买方市场还是卖方市场，在已经成为事实的交易中，买进的资产和卖出的资产总是一样多。既然买入的总量和卖出的总量永远一样多，那么一个人的获利只能以另一个人的付出为基础。一个高的价格使购买人受损而卖方受益，一个低的价格使购买人受益而卖方受损，一方得到的与另一方失去的一样多，从总体上看双方收益之和等于零，故称为“零和博弈”。在“零和博弈”中，双方都按自利行为原则行事，谁都想获利而不是吃亏。那么，为什么还会成交呢？这与事实上人们的信息不对称有关。买卖双方由于信息不对称。因而对金融证券产生不同的预期。不同的预期导致了证券买卖，高估股票价值的人买进，低估股票价值的人卖出，直到市场价格达到他们一致的预期时交易停止。如果对方不认为对自己有利，他就不会和你成交。因此，在决策时不仅要考虑自利行为原则，还要使对方有利，否则交易就无法实现。除非对方不自利，不知道自己的利益是什么，然而，这样估计商业对手本身就不明智。

双方交易原则要求在理解财务交易时不能“以我为中心”，在谋求自身利益的同时要注意对方的存在，以及对方也在遵循自利行为原则行事。这条原则要求我们不要总是“自以为是”，错误地认为自己优于对方。

双方交易原则还要求在理解财务交易时要注意税收的影响。税收的存在，主要是利息的税前扣除。使得一些交易表现为“非零和博弈”。政府要从交易中收取税金。税收筹化是合法的交易形式，结果使交易双方受益但其他纳税人会承担更大的税收份额。从更大范围来看并没有改变“零和博弈”的性质。有人主张，把“税收影响决策”单独作为一条理财原则，因为税收会影响所有的交易。

3. 信号传递原则

信号传递原则是指行动可以传递信息，并且比公司的声明更有说服力。

信号传递原则是自利行为原则的延伸。由于人们或公司遵循自利行为原则，所以一项资产的买进能暗示出该资产“物有所值”，买进的行为提供了有关决策者对未来的预期或计划的信息。

信号传递原则要求根据公司的行为判断它未来的收益状况。例如：一个经常用配股的办法找股东要钱的公司很可能自身产生现金的能力较差；一个大量购买国库券的公司，很可能减少净现值为正数的投资机会；内部持股人出售股份，常常是公司盈利能力恶化的重要信号。

信号传递原则还要求公司在决策时不仅要考虑行动方案本身，还要考虑该项行动可能给人们传达的信息。在资本市场上，每个人都在利用他人交易的信息，同时，自己交易的信息也会被别人所利用，因此应考虑交易的信息效应。

4. 引导原则

引导原则是指当所有办法都失败时，寻找一个可以信赖的榜样作为自己的引导。所谓

“当所有办法都失败”是指我们的理解力存在局限性，不知道如何做对自己更有利或者寻找最准确答案的成本过高，以致不值得把问题完全搞清楚。在这种情况下，不要继续坚持采用正式的决策分析程序，包括搜集信息、建立备选方案、采用模型评价方案等，而是直接模仿成功的榜样或者大多数人的做法。例如，你在一个自己从未到过的城市寻找一个就餐的饭馆，不值得或没时间调查每个饭馆的有关信息，你应该找一个顾客较多的饭馆去就餐。

引导原则是信号传递原则的一种运用。很多人去某家饭馆就餐的事实，意味着很多人对它的评价不错。承认行动传递信号，就必然承认引导原则。

不要把引导原则混同于“盲目模仿”。它只在两种情况下适用：一是理解存在局限性，认识能力有限，找不到最优的解决办法；二是寻找最优方案的成本过高。在这种情况下，跟随值得信任的人或者大多数人才是有利的，引导原则不会帮你找到最好的方案，却常常可以使你避免采取最差的行动。它是一个次优化准则，其最好的结果是得出近似最优的结论，最差的结果是模仿了别人发生错误。这一原则虽然有潜在的问题，但是我们经常会遇到理解力、成本或信息受到限制的情况，无法找到最优方案，需要采用引导原则解决问题。

引导原则的一个重要应用是“行业标准”概念。例如，资本结构的选择问题，理论上不能提供公司最优资本结构的实用化模型。观察本行业成功企业的资本结构或者多数企业的资本结构，不要与它们的水平偏离太远，就成了资本结构决策的一种简便、有效的方法。

引导原则的另一个重要应用就是“自由跟庄”概念。一个“领头人”花费资源得出一个最佳的行动方案，其他“追随者”通过模仿节约了信息处理成本。《中华人民共和国专利法》和《中华人民共和国著作权法》是在知识产权领域中保护领头人的法律，强制追随者向领头人付费，以避免“自由跟庄”问题的影响。在财务领域中并不存在这种限制。许多小股民经常跟随“庄家”或机构投资者，以节约信息成本。当然，“庄家”也会利用“自由跟庄”现象进行恶意炒作，损害小股民的利益。因此，各国的证券监管机构都禁止操纵股价的恶意炒作，以维持证券市场的公平性。

二、有关创造价值的原则

有关创造价值的原则是人们对增加企业财富基本规律的认识。

1. 有价值的创意原则

有价值的创意原则是指新创意能获得额外报酬。竞争理论认为，企业的竞争优势可以分为经营奇异和成本领先两方面。经营奇异是指产品本身、销售方式、营销渠道等客户广泛重视的方面在产业内独树一帜。任何独树一帜都来源于新的创意。创造和保持经营奇异的企业，如果其产品溢价超过了该产品的独特性附加的成本，它就能获得高于平均水平的利润。正是许多新产品的发明，使得发明人和生产企业变得非常富有。

有价值的创意原则主要应用于直接投资项目。一个项目必须有创意才可以取得正的净现值。重复过去的投资项目或者别人的已有做法，最多只能取得平均的报酬率，维持而不是增加股东财富。新的创意迟早要被别人模仿，失去原有的优势，因此创新的优势都是暂时的。企业长期的竞争优势，只有通过一系列的短期优势才能维持。只有不断创新，才能维持经营的奇异性并不断增加股东财富。

2. 比较优势原则

比较优势原则是指专长能创造价值。在市场上要想盈利，必须发挥专长，必须在某一方面比别人强，依靠强项来盈利。没有比较优势的人。很难取得超出平均水平的收入；没有比较优势的企业，很难增加股东财富。

比较优势原则的一个应用是“人尽其才，物尽其用”。在有效的市场中，不必要求自已什么都能做得最好，但要知道谁能做得最好。对于某一件事情，如果有人比自己做得更好，就支付报酬让他代替自己去做。同时，自己去做比别人做得更好的事情，让别人给你支付报酬。如果每个人都去做能够做得最好的事情，每项工作就找到了最称职的人，就会产生经济效率。每个企业要做自己能做得最好的事情，一个国家的效率就提高了。比较优势原则的另一个应用是优势互补。合资、合并、收购等都是出于优势互补原则。一方有某种优势，另一方有其他优势，两者结合可以使双方的优势快速融合，并形成新的更大优势。

比较优势原则要求企业把主要精力放在自己的比较优势上，而不是日常的运行上。建立和维持自己的比较优势，是企业长期获利的根本。

3. 期权原则

期权是指不附带义务的权利，它是有经济价值的。期权原则是指在估价时要考虑期权的价值。

期权的概念最初产生于金融期权交易，它是指所有者（期权购买人）能够要求出票人（期权出售者）履行期权合同上载明的交易，而出票人不能要求所有者去做任何事情。在财务上，一个明确的期权合约经常是指按照预先约定的价格买卖一项资产的权利。广义的期权不限于财务合约，任何不附带义务的权利都属于期权。许多资产都存在隐含的期权。例如，一个企业可以决定某个资产出售或者不出售，如果价格不令人满意就什么事也不做，如果价格令人满意就出售。这种后续的选择权是有价值的，它增加了企业的收益。

4. 净增效益原则

净增效益原则是指财务决策建立在净增效益的基础上，一项决策的价值取决于与替代方案相比所增加的净收益。

一项决策的优劣，是与其他可替代方案相比较而言的。如果一个方案优于替代方案，就认为它是一个比替代方案好的方案，其价值是增加的净收益。在财务决策中，净收益通常用现金流量净额计量，一个方案的净收益是指该方案现金流入减去现金流出的差额，也称为净现金流量。“方案引起的增加额”是指这些现金流量依存于特定方案，如果不采纳该方案就不会有这些现金流入和流出。

净增效益原则的一个应用是差额分析法，也就是在分析投资方案时只分析它们有区别的部分，而省略其相同的部分。净增效益原则初看似乎很容易理解，但实际贯彻起来需要非常清醒的头脑，需要周密地考察方案对企业现金流量总额的直接和间接影响。净增效益原则的另一个应用是沉没成本的概念。沉没成本是指已经发生的、不会被以后的决策改变的成本。沉没成本与将要采纳的决策无关，因此在分析决策方案时应将其排除。

三、有关财务交易的原则

有关财务交易的原则，是人们对于财务交易的基本规律的认识。

1. 风险-报酬权衡原则

风险-报酬权衡原则是指风险和报酬之间存在对等关系，投资人必须对报酬和风险作出权衡，为追求高报酬而承担较大风险，或者为减少风险而接受较低的报酬。所谓“对等关系”，是指高收益的投资机会必然伴随巨大的风险，风险小的投资机会必然只有较低的收益。

在财务交易中，当其他一切条件相同时人们倾向于高报酬和低风险。如果两个投资机会除了报酬不同以外，其他条件都相同，人们会选择报酬较高的投资机会，这是自利行为原则所决定的。如果两个投资机会除了风险不同以外，其他条件都相同，人们会选择风险小的投资机会，这是风险厌恶决定的。所谓“风险厌恶”，是指人们普遍对风险有厌恶，认为风险是不利的事情。

如果人们都倾向于高报酬和低风险，而且都在按照他们自己的经济利益行事，那么竞争结果就产生了风险和报酬之间的权衡。你不可能在低风险的同时取得高报酬，因为这是每个人都想得到的。即使你最先发现了这样的机会而率先行动，别人也会迅速跟进，竞争会使报酬率降至与风险相当的水平。因此，现实的市场中只有高风险同时高报酬和低风险同时低报酬的投资机会。

2. 投资分散化原则

投资分散化原则是指不要把全部财富投资于一个公司，而是分散投资。

投资分散化原则的理论依据是投资组合理论。投资组合理论认为，若干种股票组成的投资组合，其收益是这些股票收益的加权平均数，但其风险要小于这些股票的加权平均风险，所以投资组合能降低风险。

分散化原则具有普遍意义，不仅适用于证券投资，各项公司决策也应注意分散化原则。公司不应该把全部投资集中于个别项目、个别产品和个别行业，不应当把销售集中于少数客户；重要的事情不能依赖一个人来完成，重要的决策不要由一个人作出。凡是有风险的事情，都要贯彻分散化原则，以降低风险。

3. 资本市场有效原则

资本市场是指证券买卖的市场。资本市场有效原则是指在资本市场上频繁交易的金融资产的市场价格反映了所有可获得的信息，而且面对新信息完全能迅速地作出调整。资本市场有效原则要求理财时重视市场对企业的估价。资本市场是企业的一面镜子，又是企业行为的校正器。股价可以综合反映公司的业绩，弄虚作假、人为地改变会计方法对于企业价值的提高毫无用处。用资产置换、关联交易操纵利润，只能得逞一时，最终会付出代价，甚至导致公司破产。市场对公司的评价降低时，应分析公司的行为是否出了问题并设法改进，而不应该设法欺骗市场。妄图欺骗市场的人，最终会被市场抛弃。资本市场有效原则要求理财时慎重使用金融工具。如果资本市场是有效的，购买或出售金融工具的交易的净现值就为零。公司作为从资本市场上取得资金的一方，不要企图通过筹资获取正的净现值，而应当靠生产经营性投资增加股东财富。

4. 货币时间价值原则

货币时间价值原则是指在进行财务计量时要考虑货币时间价值因素。货币的时间价值是指货币经过一定时间的投资和再投资所增加的价值。

货币具有时间价值的依据是货币投入市场后其数额会随着时间的延续而不断增加。这是一种普遍的客观经济现象。要想让投资人把钱拿出来，市场必须给他们一定的报酬。这种报酬包括两部分：一部分是时间价值，即无风险投资的投资报酬；另一部分是风险价值，即因为有风险而附加的投资报酬。

货币时间价值原则的一个应用是现值的概念。由于现在的 1 元货币比将来的 1 元货币经济价值大。因而不同时间的货币价值不能直接加减运算，需要进行折算。通常，要把不同时间的货币价值折算到“现在”时点，然后进行运算或比较。把不同时点的货币折算到“现在”时点的过程，称为“折现”，折现使用的百分率称为“折现率”，折现后的价值称为“现值”。财务估价中，广泛使用现值计量资产的价值。

货币时间价值原则的另一个应用是“早收晚付”观念。对于不附带利息的货币收支，与其晚收不如早收，与其早付不如晚付。货币在自己手上，可以立即用于消费而不必等待将来消费，可以投资获利而无损于原来的价值，可以用于预料不到的支付，因此早收、晚付在经济上是有利的。

学习任务四　了解财务管理的环境

任何事物总是与一定的环境相联系而产生、存在和发展的，财务管理也不例外。财务管理的环境又称理财环境，是指对企业财务活动和财务管理产生影响的企业外部条件的总和。不同时期、不同国家、不同领域的财务管理需要面对不同的理财环境。企业在许多方面如同生物体一样，如果不能适应周围的环境，也就不能生存。环境的变化可能会给企业理财带来困难，但企业的财务人员若能合理预测其发展状况，就会使理财效果更加理想。

财务管理的环境涉及的范围很广，比如国家的政治和经济形势、国家经济法规的完善程度、企业所面临的市场状况、企业的生产条件等。本任务中要讨论企业难以控制的几种重要的环境，即经济环境、法律环境、金融环境和社会文化环境。

一、经济环境

财务管理的经济环境是影响企业财务管理的各种经济因素，如经济周期、经济发展水平、通货膨胀状况、经济政策等。

（一）经济周期

在市场经济条件下，经济发展通常带有一定的波动性，大体上经历复苏、繁荣、衰退、萧条几个阶段的循环，这种循环叫经济周期。

鉴于经济周期影响的严重性，相关学者探讨了企业在经济周期中的经营策略，见表 1-1。

表 1-1　不同经济周期的经营策略

复　苏	繁　荣	衰　退	萧　条
1. 增加厂房设备 2. 实行长期租赁 3. 增加存货 4. 引入新产品 5. 增加劳动力	1. 扩充厂房设备 2. 继续增加存货 3. 提高价格 4. 开展营销规划 5. 增加劳动力	1. 停止扩张 2. 出售多余设备 3. 停产不利产品 4. 停止长期采购 5. 削减存货 6. 停止扩招雇员	1. 建立投资标准 2. 保持市场份额 3. 削减管理费用 4. 放弃次要部门 5. 削减存货 6. 裁减雇员

一般而言，在经济复苏阶段，社会购买力逐步提高，企业应及时确定合适的投资机会，开发新产品，采取增加存货和放宽信用条件的应收账款管理政策等理财策略，为企业今后的发展奠定基础。在经济繁荣阶段，市场需求旺盛，企业应采取扩张的策略，如扩大生产规模，增加投资，增添机器设备、存货和劳动力，这就要求财务人员迅速筹集所需要的资金。在衰退阶段，企业应收缩规模，减少风险投资，投资无风险资产，以获得稳定的报酬。在萧条阶段，企业应维持现有的规模，并设置新的投资标准，适当考虑一些低风险的投资机会。总之，面对周期性的经济波动，财务人员必须预测经济变化情况，适当调整财务政策。

（二）经济发展水平

经济发展水平是一个相对的概念，在世界范围内说明各个国家所处的经济发展阶段及其目前的经济发展水平是一件困难的事情。所以，我们只能按照通常的标准把不同的国家划分为发达国家、发展中国家和不发达国家三大群组，并以此来说明经济发展水平对财务管理的影响。

发达国家经历了较长时间的经济发展历程，资本的集中和垄断已达到了相当的程度，经济发展水平在世界上处于领先地位，这些国家的财务管理水平比较高。这是因为：①高度发达的经济水平必然要求进行完善的、科学的财务管理，这就决定了随着经济发展水平的提高，必然要创造出越来越先进的理财方法；②经济生活中许多新的内容、更复杂的经济关系以及更完善的生产方式，也往往首先在这些国家出现，这就决定了发达国家的财务管理内容要不断创新；③随着经济的发展，更先进的计算机、通信设备不断涌现，为财务管理采用更复杂的数学方法创造了条件。

发展中国家的经济发展水平不高，其经济状况一般呈现以下特点：经济基础较薄弱，但发展速度比较快，经济政策变更频繁，国际交往日益增多。这些特点决定了发展中国家的财务管理具有以下特征：①财务管理的总体发展水平在世界上处于中间地位，但发展比较快；②在财务管理实践中还存在财务目标不明确、财务管理方法过于简单等不尽如人意之处。

不发达国家的经济发展水平很低，这些国家的共同特征一般表现为以农业为主要经济部门，工业特别是加工工业不发达，企业规模小，组织结构简单，这就决定了这些国家的财务管理呈现水平低、发展慢等特征。

（三）通货膨胀状况

通货膨胀不仅降低了消费者的购买力，也给企业理财带来了很大困难。通货膨胀对企业财务活动的影响通常表现在以下几个方面：①引起资金占用的大量增加，从而增加企业的资金需求；②引起企业的利润虚增；③引起利率上升，加大企业的资本成本；④引起有价证券价格下降；⑤引起资金供应紧张，增加企业的筹资难度。

企业对通货膨胀本身无能为力，只有政府才能控制通货膨胀。鉴于上述因素，财务人员需要分析通货膨胀对资本成本的影响以及对投资报酬率的影响。为了实现预期的报酬率，企业应该调整收入和成本。同时，使用套期保值等办法尽量减少损失，如买进现货、卖出期货或进行相反的操作等。

（四）经济政策

一个国家的经济政策，如经济的发展规划，国家的产业政策、财税政策、金融政策、外汇政策、外贸政策、货币政策，以及政府的行政法规等，对企业的理财活动都有重大影响。

顺应经济政策的导向会给企业带来一些经济利益，因此财务人员应该认真研究政府的经济政策，按照政策导向行事，这样才能趋利除弊。当然，由于政府的经济政策可能会因经济状况的变化而变化，因此企业在进行财务决策时，也要为这种变化留有余地，甚至预见到政策的变化趋势，以更好地实现企业的理财目标。

二、法律环境

财务管理的法律环境是指影响企业财务活动的各种法律、法规和规章。

前面讨论企业的理财目标时，曾经提到企业的目标有时与其利益相关者的目标存在矛盾，这时政府将通过法律手段来规范企业的行为，如政府通过制定环境保护法与税法来约束企业由于生产而污染环境的行为。当然，企业财务活动作为一种社会行为，即使不是由于上述原因，也会在很多方面受到法律规范的约束和保护。影响企业财务管理的法律环境主要有企业组织法规、财务会计法规以及税法等。

（一）企业组织法规

企业组织必须依法成立，不同类型的企业在组建过程中适用不同的法律。在我国，主要包括《中华人民共和国公司法》（以下简称《公司法》）、《中华人民共和国个人独资企业法》（以下简称《个人独资企业法》）、《中华人民共和国合伙企业法》（以下简称《合伙企业法》）等。这些法规详细规定了不同类型的企业组织设立的条件、设立的程序、组织机构、组织变更及终止的条件和程序等。例如，公司的组建要遵循《公司法》中规定的条件和程序，公司成立后，其经营活动包括财务活动都要按照《公司法》的规定来进行。因此，《公司法》是约束公司财务管理最重要的法规，公司的财务活动不能违反该法律。

从财务管理的角度来看，非公司制企业与公司制企业有很大的不同。例如，个人独资企业和合伙企业都属于非公司制的企业，企业主承担的是无限责任，也就是说，一旦企业经营失败，其个人的财产也将纳入偿债范围。而公司制企业的股东承担的则是有限责任，公司经营失败时，仅以股东的出资额为限来偿债。

（二）财务会计法规

财务会计法规主要包括《企业财务通则》《企业会计准则》《企业会计制度》。《企业财务通则》是各类企业进行财务活动、实施财务管理的基本规范。我国第一个《企业财务通则》于 1993 年 7 月 1 日起施行。随着经济环境的不断发展，2005 年我国重新修订了财务通则，新的《企业财务通则》于 2007 年 1 月 1 日起开始实施。新通则围绕企业财务管理环节，明确了资金筹集、资产营运、成本控制、收益分配、信息管理、财务监督六大财务管理要素，并结合不同财务管理要素，对财务管理方法和政策要求做出了规范。

《企业会计准则》是针对所有企业制定的会计核算规则，分为基本准则和具体准则，实施范围是大中型企业，自 2007 年 1 月 1 日起在上市公司中实施，2008 年 1 月 1 日起在国有大中型企业中实施。为规范小企业的会计行为，财政部颁布了《小企业会计制度》，自 2005 年 1 月 1 日起在全国小企业范围内实施。

近年来，财政部针对会计准则在执行中的重点、难点问题，陆续出台了多项修订及解释，不断补充和完善我国的会计准则体系。2010 年 4 月，财政部发布了《中国企业会计准则与国际财务报告准则持续趋同路线图》，表达了我国与国际财务报告准则持续趋同的原则立场和明确态度。随着多项修订后的会计准则陆续发布，中国会计准则已经有95%以上实现了与国际财务报告准则的趋同。2014年以来，财政部结合经济形势和企业经营的变化，陆续对企业会计准则中的基本准则、职工薪酬、财务报表列报等准则进行了修订；2017年再次修订和印发收入、金融工具确认和计量等7项具体准则，这是近年对会计准则规模最大的一次调整。这些准则变化对于财务报告信息质量的提高和企业决策都有十分重要的意义。

除了上述法规之外，与企业财务管理有关的经济法规还包括证券法规、结算法规等。财务人员要在守法的前提下完成财务管理的职能，实现企业的理财目标。

（三）税法

税法是国家制定的用以调整国家与纳税人之间在征纳税方面权利与义务的法律规范的总称。税法是国家法律的重要组成部分，是保障国家和纳税人合法权益的法律规范。税法按征收对象的不同可以分为：①对流转额课税的税法，以企业的销售所得为征税对象，主要包括增值税、消费税和进出口关税；②对所得额课税的税法，包括企业所得税、个人所得税，其中，企业所得税适用于在中华人民共和国境内的企业和其他取得收入的组织（不包括个人独资企业和合伙企业），上述企业在我国境内和境外的生产、经营所得和其他所得为应纳税所得额，一般按25%的税率计算缴纳税款；③对自然资源课税的税法，目前主要以矿产资源和土地资源为征税对象，包括资源税、城镇土地使用税等；④对财产课税的税法，以纳税人所有的财产为征税对象，主要有房产税；⑤对行为课税的税法，以纳税人的某种特定行为为征税对象，主要有印花税、城市维护建设税等。

企业在经营过程中有依法纳税的义务。税负是企业的一种支出，因此企业都希望在不违反税法的前提下减少税负。税负的减少只能靠财务人员在理财活动中精心安排、仔细筹划，而不能通过逃避缴纳税款的方式来实现，这就要求财务人员熟悉并精通税法，为理财目标服务。

三、金融环境

企业需要资金从事经营和投资活动。除了自有资金以外，其他资金主要从金融机构和金融市场取得。金融政策的变化必然影响企业的筹资、投资和资金营运活动。因此，金融环境是企业最为重要的环境因素。

（一）金融机构

社会资金从资金供应者手中转移到资金需求者手中，一般要通过金融机构。金融机构包括：

1. 银行

银行是指经营存款、放款、汇兑、储蓄等金融业务，承担信用中介的金融机构。我国银行主要包括：中央银行，即中国人民银行；国家专业银行；国家政策性银行；其他银行等。

2. 非银行金融机构

非银行金融机构主要包括信托投资公司、租赁公司等。

（二）金融市场

金融市场是指资金供应者和资金需求者双方通过信用工具进行交易而融通、办理各种票据和进行有价证券交易活动的场所。企业资金的取得和投放都与金融市场密不可分，金融市场发挥着金融中介、调节资金余缺的功能。熟悉金融市场的各种类型以及管理规则，可以让企业财务人员有效地组织资金的筹措和资本投资活动。金融市场的种类很多，如图 1-2 所示。

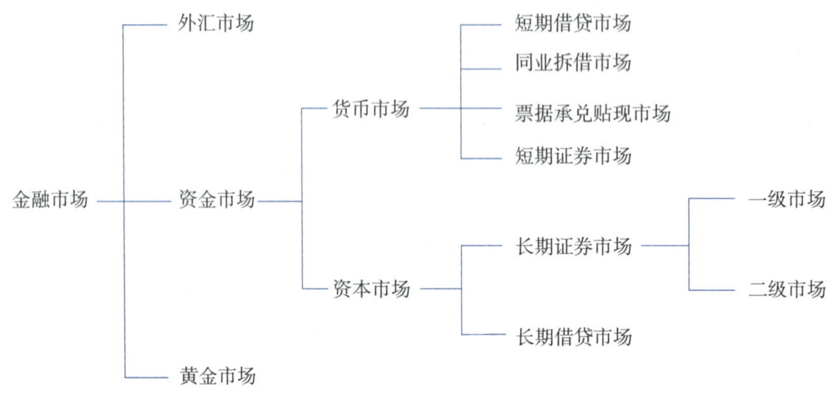

图 1-2　金融市场的种类

（三）金融市场与公司理财

金融市场对公司财务活动的影响主要体现在：

1. 为公司筹资和投资提供场所

金融市场上存在多种多样方便灵活的筹资方式，公司需要资金时，可以到金融市场上选择合适的筹资方式筹集所需资金，以保证生产经营的顺利进行；当公司有多余的资金时，又可以到金融市场选择灵活多样的投资方式，为资金的使用寻找出路。

2. 公司可通过金融市场实现长短期资金的互相转化

当公司持有的是长期债券和股票等长期资产时，可以在金融市场转手变现，成为短期资金，而远期票据也可以通过贴现变为现金；与此相反，短期资金也可以在金融市场上转变为股票和长期债券等长期资产。

3. 金融市场为公司理财提供相关信息

金融市场的利率变动和各种金融资产的价格变动，都反映了资金的供求状况、宏观经济状况甚至发行股票及债券公司的经营状况和盈利水平。这些信息是公司进行财务管理的重要依据，财务人员应随时关注。

（四）利息率

企业的财务活动均与利息率有一定的联系，离开了利息率这一因素，企业就无法正确作出筹资决策和投资决策。因此，利息率是进行财务决策的基本依据，利息率原理是财务管理中的一项基本原理。

利息率简称利率，是资金的增值额同投入资金价值的比率，是衡量资金增值程度的数量指标。资金作为一种特殊商品，其在资金市场上的买卖，是以利率作为价格标准的，资金的融通实质上是资金资源通过利率这个价格体系在市场机制作用下进行再分配。因此，利率在资金分配及企业财务决算中起着重要作用。例如，一个企业拥有投资利润率很高的投资机会，就可以发行较高利率的证券以吸引资金，投资者把过去投资的利率较低的证券卖掉，来购买这种利率较高的证券，这样，资金将从低利率的投资项目不断向高利率的投资项目转移。因此，在发达的市场经济条件下，资金从高报酬项目到低报酬项目的依次分配，是由市场机制通过资金的价格——利率的差异来决定的。

利率按不同的标准可分为基准利率、套算利率，实际利率、名义利率，固定利率、浮动利率，市场利率、法定利率等。

四、社会文化环境

社会文化环境包括教育、科学、文学、艺术、新闻出版、广播电视、卫生体育、世界观、理想、信念、道德、习俗，以及同社会制度相适应的权利义务观念、道德观念、组织纪律观念、价值观念、劳动态度等。企业的财务活动不可避免地受到社会文化的影响。但是，社会文化的各方面对财务管理的影响程度不尽相同，有的具有直接影响，有的只有间接影响，有的影响比较明显，有的影响微乎其微。

例如，随着财务管理工作的内容越来越丰富，社会整体的教育水平将越来越重要。事实表明，在教育落后的情况下，为提高财务管理水平所作的努力往往收效甚微。又如，科学的发展对财务管理理论的完善也起着至关重要的作用。经济学、数学、统计学、计算机科学等诸多学科的发展，都在一定程度上促进了财务管理理论的发展。另外，诸如社会的资信程度等因素也在一定程度上影响着财务管理活动。当社会资信程度较高时，企业间的信用往来会加强，会促进彼此之间的合作，并减少企业的坏账损失。

同时，在不同的文化环境中经营的公司需要对员工进行文化差异方面的培训，并且在可能的情况下雇用文化方面的专家。忽视社会文化对公司财务活动的影响，将给公司的财务管理带来意想不到的问题。

学习任务五　了解大数据财务管理

财务数据是企业财务战略管理的核心，它记录了企业经济活动和资金运转的详细情况，通过财务数据的处理和分析，能够发现企业运行中的问题和风险，进而实施有针对性的财务管理，扩大收入，压缩成本，实现企业利润的增加。财务工作的对象是相关的财务数据，这一本质特征决定了在大数据时代财务工作必定会随着大数据的发展而不断改革创新。会计数据作为企业数据的核心，顺应大数据时代潮流，财务数据已由原来简单的核算记录工具转变为影响企业经营决策的重要因素，是企业在日常经营过程中重点关注的战略资源。同时，在数据的来源、价值、形式等方面呈现出了重要的新特征，这对企业的财务管理工作提出了新的要求，也是企业重新审视财务战略的新契机。大数据推动企业管理的变革表现为数据的资产化、企业拥有数据的规模和活性，以及收集和运用数据的能力，这些将决定企业的核心竞争力。掌控数据就可以深入洞察市场，从而做出快速而精准的应对策略。

一、大数据时代对会计数据及会计工作的影响

（一）大数据时代会计数据的新特征

从财务工作的流程上看，会计工作包含了会计确认、会计计量、会计记录、会计记账四

个环节。每一笔业务的发生都必须经过原始凭证、记账凭证、明细账、总账的流程进行会计处理，企业每天所进行的大量的经营活动都必须通过财务数据的形式反映出来。因此，会计工作的过程就是大量纸质数据处理的过程。财务管理工作是通过专业的财务分析方法对会计核算的财务数据进行专业、全面的分析，为企业的经营成果进行合理评估。会计工作是数据核算处理的过程，财务管理工作是数据利用的过程，因此可以说财务工作是与大数据息息相关的管理工作，大数据时代的发展必然会带动财务工作的发展。

（1）会计数据的来源从以“结构化”数据为主导变更为以“非结构化”数据为主导。“非结构化数据”主要采集来源是非关系型数据库，与其他数据库相比，其对于数据格式的约束没有那么严格。随着信息技术的不断发展，半结构化、非结构化数据的来源与价值变得越来越丰富，它们对结构化数据的取代不仅从数据数量上体现出来，而且还从提供的价值量上体现出来。静态结构化会计数据是由传统的运营系统产生的，通常情况下，结构化数据是以一维表的方式进行保存和管理，它是传统的数据库管理系统的重要组成部分。静态非结构化数据是通过现代科技设备产生的，在数据的管理过程中只能采用非关系型数据库将其保存。动态实时会计数据是与智能设备用户的地理位置、交易信息、使用场景相关联的。动态实时会计数据信息是大量的实时数据流，非结构型的会计数据来源较为广泛，如来自于传感器的各种类型数据、移动电话的GPS定位数据、实时交易信息、行情数据信息、用户的网络点击率等，像网上书店这种通过互联网发展起来的电商，他们则通过存储顾客的搜索路径、浏览记录、购买记录等大量非结构化数据来分析顾客的购买倾向，设计算法来预测顾客感兴趣的书籍类型。在开展会计工作过程中，这些都是需要考虑的重要会计因素。这些非结构化的会计数据直接影响了会计数据的构成。

在如此多样化的数据结构中，可获得的数据常常是非结构化的，因此传统的结构化数据库已经很难存储并处理多样性的大数据。对于企业会计人员而言，要把握新型数据中的巨大价值，进行深入挖掘，挖掘得越多就越有竞争优势。

（2）会计数据的价值从简单的“数据仓库”转变为“深度学习对象”。传统的会计数据，更多地被企业看成是一种“数据仓库”，随着大数据时代中非结构化数据的大量涌入，原有的从“数据仓库”中简单提取数据已经无法最大限度实现数据的价值，数据成为使用者深入学习的对象，其价值得到更好了的体现。对数据的深入学习，要求使用者必须要对数据进行文本分析、自然语言处理、深入挖掘内容等，才能够最大限度地获得数据的内在价值。会计数据分析工作是企业在信息管理方面的重要内容。早期的会计电算化主要是面向操作型的，会计凭证、账簿和报表都没有可靠的历史数据来源，不能将会计信息转换为可用的决策信息。随着信息处理技术的应用，企业可以利用新的技术实现会计数据的联机分享，同时还引进了统计运算方法和人工智能技术对数据仓库进行横向和纵向的分析，将大量的原始数据转化为对企业有用的信息，提高了企业决策的科学性和可操作性。大数据时代下，会计数据分析改变了以往的传统关系数据库模式，将非结构化会计数据和动态实时会计数据纳入数据分析的范畴，使得企业可以根据这些信息进行定性和定量的分析，以便为企业对会计数据进行定向分析做好准备。

（3）会计数据具有实时更新的新特征，更多时候体现为一种动态的“流数据”形式。这就要求企业在处理会计数据时形成“流处理”的思想，目前比较广泛地运用于实时在线销售、实时售后服务、实时信息反馈等领域。在会计数据的“流处理”中，要借助于计算模型、人工智能等，这其实是“深入学习”的补充，只不过“流处理”中体现的是机器自动对会计数据进行“深入学习”。

（4）会计数据处理由原来的集中式向分布式转变。大数据背景下，数据量的指数化发展趋势明显，数据分析的样本空前大，数据分析处理的时效性要求更高，因此使得现在的数据会计处理方式与传统的会计处理方式不同。在计算全体和在线的数据时需要改变原来的集成式计算结构，企业要积极采用分布式或者扁平式的会计数据处理方式，以便能够跟上时代的步伐。企业在进行会计数据处理的时候可以采用 Hadoop、MapReduce 或者 Storm 计算架构。该计算架构在会计数据的处理方面各有优势，同时也有自己不可避免的缺点，企业在选择会计数据计算架构的时候，应根据企业自身的具体情况进行选择，要谨慎地对各种计算架构进行综合分析和了解，以便适应不同类型会计数据计算的需要，为下一步的会计数据分析工作奠定基础，从而更好地为企业提供信息服务。数据处理中的重要工作内容是数据清理、数据清洗和数据验证等，工作人员只需在相应的电子设备中设定好相应的清洗和验证程序，这不仅改变了以往的人工数据清洗方式，而且数据会更加真实，误差会更加小，这在提高数据处理工作效率的同时也提高了数据处理工作的质量。

（5）会计数据输出形式由图表化转向可视化。在以前的会计数据输出工作中，企业大多采用图表的形式来报告企业的会计信息，如财务报表等，而在大数据的背景下，企业改变了以往的信息输出形式，将复杂的会计数据转化为直观的图形，通常会综合采用图形、表格和视频等方式将数据进行可视化呈现。同时，企业也可以采用 API、XML 和二进制等接口输出形式来输出数据，以便能够更好地将信息传达给信息内部和外部使用者，为企业决策提供数据支持。例如，社交网络的语音、图像、视频、日志文件等，这些都是可视化的会计数据输出形式，并且随着大数据时代的发展，新的数据来源与数据形式也会不断出现。像淘宝商城这样的电商就可以记录或搜集网上交易量、顾客感知、品牌意识、产品购买、社会互动等行为数据，以可理解的图形、图片等方式直观呈现出企业在不同时间轴上会计数据的变化趋势。

（二）会计数据新特征产生的新要求

首先，企业会计应该注重对多种结构、多种来源的会计数据的搜集和存储。大数据时代中数据的价值不可小觑，且作为主导的非结构化数据蕴含着更为有价值的信息，企业之间的竞争已经有很大一部分体现在对有效数据资源的争夺上。可见，尽可能地多渠道、多来源地获取多种结构的会计数据，并运用先进的数据处理系统来进行有效处理和分析，克服信息不对称，尽可能地全面反映企业经济业务的现状，为决策的准确制定提供尽可能详尽的信息依据。其次，大数据时代影响财务数据处理方式。随着大数据时代的到来，企业在财务处理方法上应突破劳动密集型的数据处理方式，充分利用新科技搭建一个灵活、便捷、可扩展的信息数据平台。

再次，要注重对获得的会计数据的深入学习，满足信息使用者个性化需求。随着会计数据从“数据仓库”的简单角色中转变出来，企业会计工作人员应当意识到其在处理会计数据中已经由被动使用的地位转换为主动挖掘价值的地位。

最后，完善企业会计制度，提高数据处理的效率。正是由于大数据时代背景下企业的会计数据“流”特征体现明显，所以数据搜集和分析必须要及时、快速，完善的企业会计制度可以从根本上提高会计数据处理的效率，通过制定详尽、恰当的制度，正确引导员工的工作，避免出现职责不明、有些工作重复做而有些工作没人做的低效工作状态。

（三）大数据对会计信息质量的影响

1. 对可靠性的影响

可靠性，也称为客观性、真实性，我国会计准则将其定义为:“企业应当以实际发生的交易或事项作为依据进行会计确认、计量和报告，如实反映符合确认和计量要求的各项会计要素和其他相关信息，保证会计信息真实可靠、内容完整。”大数据时代的到来意味着大数据资源将成为企业的数据资产。然而目前关于数据资产却没有相关匹配规定。依据资产定义，大数据仍不能称为资产。同时，单纯以货币为主的计量已经不能满足大数据时代的需求。如何对大数据资产进行计量，这将是大数据时代对会计工作的挑战。

2. 对相关性的影响

相关性原则要求会计信息能够满足信息使用者的决策需求。会计信息根据与决策需求是否相关来判定会计信息质量。因此，会计信息提供者要充分考虑用户需求。大数据时代拓展了会计核算的内容和维度。会计信息使用者的需求更加个性化。大数据时代，会计主体本身获取的信息量大幅增加，会计信息量增大，信息处理速度也在随之增快。这也就意味着，会计信息使用者能够在相同时间内获得更多的信息，会计信息的及时性得到了很好的提升。如何识别相关信息，如何对相关信息进行取舍，是衡量会计人员的职业素质的关键因素。

（四）大数据对会计信息处理的影响

大数据对会计信息处理的影响体现在以下几个方面：

首先，会计信息处理离不开信息技术支持。大数据时代，数据处理的收集不再仅仅是从原始凭证上对信息进行采集，也不再仅仅是从企业发生的经济业务活动中进行采集，而是同时从企业内部各部门和企业外部（如客户供应商、银行等）进行会计数据的收集。大数据所具有的海量信息特征将使会计数据的来源变得更丰富，同时物联网的发展为其提供了支持。海量会计数据和多样化会计数据的处理和存储必将给会计工作带来新的挑战，然而云计算则为其提供了技术支持。

其次，会计信息流将不再是单向传递。大数据关注不同要素之间的相关性而弱化了数据间的因果关系。当数据足够多时，信息使用者不需要对因果关系进行探究就可以得到有用的信息。信息使用者都参与到了企业信息流的“制造”环节，会计信息处理流程中产生的会计信息流将不再是单向的传递过程，而是交互实时动态的，可以满足不同客户需求。

最后，会计信息处理流程中相关人员的职能将发生改变。大数据时代，企业会计信息是来自企业内部和外部的综合信息，会计信息使用者都将参与到会计数据的录入过程中。会计人员不再是唯一的会计数据的录入和处理者。当然，由于数据众多，数据价值密度低，不是所有的数据都是有用的会计信息。不同的信息使用者对信息需求不同，因此使用者选择的数据清理标准将不相同。也就是说，所有信息需求者都将参与到会计信息处理流程中。传统会计信息处理流程中，会计人员起着不可替代的作用。在大数据环境下，会计人员同样起着不可替代的作用，但其职能将发生改变。由于信息技术的发展，会计人员将从烦琐的日常核算工作中解脱出来，更多的从事战略性工作，利用其专业知识进行分析、预测工作，也就是说，会计人员将更多地参与到企业的管理决策环节。

二、大数据时代财务管理面临的挑战

（一）传统的事务性财务管理已无法满足现代企业管理的需要

仅仅做好账务核算，仅仅针对月度或年度的财务报表进行分析，已无法对企业管理层做出及时、准确的决策带来帮助。尤其是在大数据时代，面对大量的数据信息，以及各种新技术、新业务模式的冲击，财务管理如果仅仅是“摆数据”，对企业发展和变革来说，是起不到支持作用的。因此，财务管理应该以更主动、更积极的方式来为企业服务，要实现从“事务型”向“经营管控型”的转变，要更加注重数据的及时性，以及财务数据与业务数据的融合。在业务流程中，预算是一切活动的开始，预算与业务流程的融合能够制定出更切实可靠的预算方案；收入是业务流程的核心，通过梳理各个业务环节所涉及的收入点并绘制收入风险图，以监控收入全程，保障收入实现；成本管控与业务流程的融合则更能体现精益财务的思想，借助信息系统能够对成本发生点进行监控，并及时调整资源的分配；资产是一切经营活动的基础，资产管理与业务流程相结合能够获取更详细准确的资产使用和需求状况；风险控制与业务流程的融合则更加满足了全面风险管理的要求。大数据时代，微博、微信、博客等中的各类与企业相关的信息，有的看起来很有用，实则与企业没有关联度，有的看起来微不足道，实际却与企业的发展战略息息相关，然而对这些信息进行处理需要耗费相当的人力和物力，而且需要具有财务与数据分析能力的专业人才才能胜任此项工作。

（二）现代企业管理已经不满足于用 ERP 等手段进行事后管理

由于竞争的加剧，以及对数据时效性的关注，企业管理层更希望得到更富有洞察力、更富有前瞻性的数据和分析，这也将对传统的财务分析模式带来冲击。财务人员对于大数据的整合和分析能力将得到关注和提升，要在繁杂的数据中，去粗取精，化繁为简，能灵活根据管理需求多维度对财务数据进行分析，能运用大数据准确地预测未来的趋势和变化。这些都将给企业经营带来极大的价值。利用大数据强大的数据处理功能使财务管理人员脱离繁杂的工作成为可能。企业通过建立数据仓库、数据分析平台，使财务管理工作变得十分高效、流畅，同时，财务管理的远程化、智能化和实时化也会成为可能。通过对财务信息和人力资源等非财务信息的收集、整理和分析，大数据可以为企业决策提供强大的数据支持，帮助企业选择成本最低、收入最高、风险适中的方案和流程，减少常规失误，最大程度地规避风险，使得企业的财务管理工作更具前瞻性和智慧性，企业的内部控制体系得以进一步的优化。

（三）实现业务和财务数据的协同

大数据分析是优化配置各个部门、各个子公司人力资源的最佳方案。例如，以“大自然搬运工”自居的农夫山泉，有十多个水源地，以一瓶水售价两元为例，其中仅有三角钱花在了运输上，他们开发大数据软件将高速公路收费、道路等级、天气、配送中心辐射半径、季节性变化等实时数据输入进去，精准管控物流成本，从而大大降低费用，大数据分析模型帮助农夫山泉实现了30%～40%的年增长率。因此，企业要适应时代之需，应建立新财务模型，通过分析大数据，可以找到配置各类资源的最佳路径和最便捷的工作路线图，从而降低成本、节约资源、提高效率，为企业制定科学发展方案提供依据。为适应新技术所带来的业务模式变化，企业的发展通过纵向和横向两个维度展开，同时，一系列的重组兼并也将会展开。如果这时财务管理依然停留在传统“事务型”的状态，一方面，无法对企业实施有效兼并而需要进行价值评估或重组的融资等带来帮助；另一方面，在兼并后，由于企业间的业态差异、管理水平差异等造成整体管理难度加大。因此，如何实现业务和财务数据的协同，以及下属企业管理需求的统一，以达到企业管理水平的提升，这也是在大数据时代迫切需要解决的问题。

（四）促进财务管理信息的挖掘

在大数据时代背景下，企业获得财务管理信息的主要途径除了传统的财务报表外，利用大数据技术，企业可以从业务数据、客户数据等方面挖掘更多的财务管理信息。以计算为核心的大数据处理平台可以为企业提供一个更为有效的数据管理工具，提升企业财务管理水平。很多企业对自身目前的业务发展状态分析只停留在浅层面的数据分析和进行简单的汇总信息，在同行业的竞争中缺乏对自身业务、客户需求等方面的深层分析。管理者若能根据数据并进行客观、科学、全面的分析后再做决定，将有助于减少管控风险。

企业在大数据时代的背景下，不仅需要掌握更多更优质的数据信息，还要有高超的领导能力、先进的管理模式，才能在企业竞争中获得优势。除了传统的数据企业平台以外，可建立一个非结构化的集影像、文本、社交网络微博数据为一体的数据平台，通过做内容挖掘或者企业搜索，开展声誉度分析、舆情化分析以及精准营销等；企业可随时监控、监测变化的数据，开展提供实时的产品与服务，即实时的最佳行动推荐。企业的创新、发展、改革除了传统的数据之外，还要把非结构化数据、流数据用在日常企业业务当中，对产品、流程、客户体验进行实时记录和处理。企业可融合同类型数据，互相配合进行分析，以突破传统的商业分析模式，带来业务创新和变革。企业可通过微博、社交媒体把需要的文档、文章放进非结构化的数据平台中，对其中的内容进行分字、词、句法分析、情感分析，同时还有一些关系实体的识别。通过这些内容，可以帮助使用者获得更加真实、更具经济价值的信息，股东对企业管理层的约束力得以加强，部分中小企业的融资难问题得以有效解决。

（五）提升财务管理信息对企业决策的支持力度

企业在大数据时代背景下能够获得多维度的海量数据信息，在原来的工作模式中，企业可能无法应对如此繁杂的数据，但在大数据条件下企业可以建立一个大数据预测分析系统，让企业从繁杂的数据监测与识别工作中解脱出来，为企业赢取更多的时间来进行决策与分析。大数据运用的关键在于有大量有效且真实的数据。一方面，企业可以考虑搭建自有的大数据平台，掌握核心数据的话语权，在为客户提供增值服务的同时，获得客户的动态经营信息和消费习惯；另一方面，还要加强与电信、电商、社交网络等大数据平台的战略合作，建立数据和信息共享机制，全面整合客户有效信息，将金融服务与移动网络、电子商务、社交网络等密切融合。另外，大数据时代的到来和兴起也大大推动了企业财务管理组织的有效转型，为企业财务管理工作提供了优化的契机。大数据除了在提升企业管理信息化水平上的体现以外，还应该成为企业财务管理人员整合企业内部数据资源的有效利器。因此，企业在聚焦财务战略的过程中，企业财务管理人员需要掌握经营分析和经营管理的权力，将企业财务战略管理的范畴扩展到数据的供应、分析和资源的配置，积极推动财务组织从会计核算向决策支持的转型。

（六）提升财务管理信息的准确度

财务报告的编制以确认计量记录为基础，然而由于技术手段的缺失，财务数据和相关业务数据作为企业的一项重要资源，其价值在编制报告的过程中并没有受到应有的重视。受制于技术限制，有些企业决策相关数据并未得到及时、充分的收集，或者由于数据分类标准差异，导致数据整合利用难度大、效率低。因此，相关财务管理信息不准确、不精准，大量财务管理数据在生成财务报表之后便处于休眠状态而丧失价值。但大数据使得企业高效率地处理整合海量数据成为可能，大量财务管理数据的准确性得以提升。企业目前的困境之一是现有的财务部门的工作人员缺乏信息化数据处理的思维与能力，对大数据技术的认识不足，而有关技术部门的人员虽然具备一定的信息化处理思维能力，但由于对财务管理相关方面理解不到位，导致不能从海量财务数据中提取出对企业有价值的信息。因此，在信息技术不断发展的同时企业要高度重视综合型人才的培养、引进。财务数据是企业财务管理的核心。大数据时代，财务数据更多的是电子数据，这就需要财务管理人员尽快通过集中处理数据来提取对企业有用的信息，建立企业需要的新的数据分析模型，合理存储和分配财务资源，进而做出最优的财务决策。

（七）促进企业财务人员角色的转变

从企业财务管理的角度分析，大数据为财务人员从记账复核和简单的报表分析向高层管理会计转型提供了机遇。大数据技术能够帮助财务人员破解传统分析难以应对的数据分析难题，及时评价企业的财务状况和经营成果，从而揭示经营活动中存在的问题，为改善经营管理提供明确的方向和线索。财务管理者应清晰认识到，对投资人决策有用的信息远远不止财务信息，伴随着大数据时代的到来，真正对决策有用的应该是广义的大财务数据系统，它包括战略分析、商务模式分析、财务分析和前景分析，它所提供的财务报告应该是内涵更丰富的综合报告，该报告能够反映企业所处的社会、环境和商业等背景，对企业战略、治理、业绩和前景等重要信息进行整合并列示。另外，综合报告中的非财务信息比例增大并进行了准确量化。

在大数据时代，CFO（chief financial officer，首席财务官）将在企业价值创造中扮演更重要的角色。大数据时代 CFO 的主要职能在于更有效的企业价值分析和价值创造。运用财务云等先进的管理技术，CFO 能对大量的财务、商业数据进行分析处理，发掘出对企业有价值的信息，优化企业业务流程，将资源更好地配置到快速增长的领域，从而为企业创造更大的价值。这要求 CFO 进一步强化对企业经营活动的反应能力、风险控制能力及决策支持能力。对于一般的财务人员来说，在应对大数据方面，需要更为广泛的数据处理能力作为支撑。大数据时代，财务数据更多的是电子数据，这就要求财务人员更好地掌握计算机技术，能从大量数据中抽取对自己有利的内容。日益复杂的财务环境对企业财务管理提出了更高的要求，而培训又是提高员工综合素质最有效的手段，所以企业需结合自身的实际情况，聘请有经验的专家指导财务管理人员的工作，激发员工学习的积极性，提高财务管理人员的业务能力。

三、大数据时代如何优化企业财务战略管理

企业财务战略的决策与选择，决定着企业财务资源配置的取向和模式，影响着企业理财

活动的行为与效率。企业需要根据其竞争能力、经营能力、产品生命周期、资金需求等对企业生存和发展有着全局影响的关键要素，制定并选择相应的财务战略，以保持企业的持续竞争优势。财务战略的执行与控制是财务战略方案转化为企业战略性绩效的重要过程，在这一过程中，企业内外部环境都有可能发生变化，一旦企业的运行偏离了既定的目标，财务战略方案也就失去了意义，有效的财务战略控制是企业财务战略目标实现的基础和前提。

（一）培育企业决策层的大数据管理意识

企业大数据时代下的财务管理离不开决策层的支持，但传统的数据分析对于企业决策层来说属于轻车熟路，依赖差不多或大概的数据做出决策并取得成功的经验比比皆是。同时，成本高昂的大数据处理工具所带来的企业效益的提升可能难以准确量化。这些因素可能会造成企业决策层对大数据管理的质疑甚至排斥。但是企业管理层必须要意识到，当今的市场竞争越发激烈，以大数据管理为特征的时代已经来临，如果企业不能意识到这种变化，不能从大数据中迅速识别风险和发掘商机，在未来的行业竞争中将不可避免地被逐渐击败。企业管理认知更新的最大推动力来自于决策层的决心，只有培育企业决策层的大数据管理意识，并加强组织领导工作，才能从根本上树立企业的大数据意识。

财务管理模式将在一些方面发生颠覆性变化。大数据会让许多财务会计专业人员意识到变革的重要性。未来，传统的首席财务官、首席技术官和首席信息官角色界线将变得模糊，职位将变得更具战略性和前瞻性。他们接受这场变革的速度将决定企业能否充分利用大数据为其发展提供前进动力。

大数据的出现将在某些方面颠覆以往的财务管理理念，使财务工作远远超越原来的预算、报表、财务分析等，向销售、研发、物流等多领域延伸，这时财务人员要承担大量的数据搜集和数据处理的任务。与传统财务管理不同的是，在大数据时代，一些原本不属于财务范畴的工作将进入财务管理视野，财务人员要向管理会计转型，即需要掌握各个业务部门数据，乃至全行业和社会有关方的数据，因此可称之为“大财务”，大财务将对企业的管理产生革命性影响。

大数据时代，财务管理需要有大财务的新定位，财务管理者要运用大财务的管理理念和思维模式，以大数据为基础，使得全面预算管理、企业资金集中管理、内部控制能够更加高效、顺畅地运行，从而使财务在企业管理中扮演更为重要的角色。大数据时代迫使财务人员学习新知识、开阔新视野，主动适应大财务工作方式，运用大数据的方法分析不同流程、不同方案所带来的收入、成本及风险，进而选取企业利润最大化的流程和方案。总之，在大数据时代，企业高级财务管理人员需重新定位自身角色，通过熟练运用大数据等分析手段，对公司的现金流、资源配置、风险管控等进行深度洞察，进而提出决策建议，把资源配置到快速增长的领域，为企业创造更大的价值。

（二）转变企业财务管理职能

财务管理将面对极为繁杂的数据处理。大数据技术加大了财务数据收集的难度，本来财务数据的收集就是一项复杂的系统工程，国际上一般采用相对性原则，即首先利用不完全统计学的知识对数据进行初步的计算，接着对粗糙的数据进行系统的罗列，最后对类型化的数据进行梳理。以往财务数据来源于企业内部的各个部门，这些数据类别少、数据量小、精确度高，而大数据来源于不同公司、各个行业，甚至经济社会领域的方方面面，数据繁杂，精确度不高，数据量巨大，这就产生由谁来提供数据、如何收集数据、数据准确与否、数据如何分类等一系列问题。面对这些量大、类型多、变化速度快的数据，财务工作的复杂性、艰巨性可想而知，这对财务人员将是极大挑战，这些都需要创新工作机制来解决。大数据时代，数据信息量庞大而复杂，但当代信息技术的发展为数据展示提供了条件，也为创新财务管理中数据信息的呈现方式指明了新的方向，企业财务人员需要转变管理思路，推动财务管理职能的适当转型。

长期以来，企业财务管理职能主要定位于财务会计功能，通过确认、计量记录、报告程序，努力为相关者提供决策所需的财务信息。管理会计虽然不断被提及，然而在企业管理中的实际应用范围较窄、层次较低，目前仍处于探索推进阶段。大数据下的企业财务管理工作将以大数据作为基础，在企业内部开展全面预算管理、资金集中管理与内部控制管理等，从而让企业财务管理工作能够高效且顺畅地进行下去。因此，在大数据时代，需将管理会计提升到与财务会计同等重要的角色，甚至应当真正实现财务管理职能从财务会计向管理会计拓展延伸。

企业财务管理的根本目标是实现企业价值最大化。在大数据时代，投资者对公司价值的认知与判断，已经不再局限于企业现在或未来的利润、现金流、财务分红、营业收入等财务信息，更多的是基于企业的商业模式、核心竞争能力和企业持续创新能力，这些能力的强弱并非由股东财务投入或企业拥有的财务资源规模所决定。这些资源可以是点击率、用户群、信息平台等，甚至可以是数据本身。

根据预测，大数据挖掘和应用可以创造出巨大的价值，数据将成为企业的利润之源。对当今企业成功与否的评判，也不再仅仅依靠财务指标，而主要是根据企业在市场中获取客户的能力。企业只有充分利用大数据进行精细化的数据挖掘，才能实时把握差异化的客户需求，从而推出不同的产品或服务，持续改进用户体验。这种商业模式不以财务资本投入为关键驱动因素，而依赖于技术创新、系统建设、品牌运作、服务提升、流程再造等。

（三）提升财务精益分析水平

目前，企业在日常的生产和经营过程中积累了大量的交易数据，主要是结构化数据，同时通过其他社交网络媒体、传感器等产生了大量的即时信息，主要是非结构化数据，大数据分析的目的，是要实现这两类数据的集成与融合，增强企业“大交易数据”和“大交互数据”的融合，充分分析结构化和非结构化数据，帮助企业找到潜在的商机。大数据和精益财务分析结合的意义在于揭示数据“是什么”而非“为什么”。例如，“目前库存周转率比较低，请予以改善”，这样的建议太笼统，而应该给出具体内容。精益财务分析通过大数据的信息加工达成管理建议的目的，马上演进为企业的管理行动，如某品牌 16 GB 内存条已低于安全库存，建议补充 1 000 条。这就是大数据和精益财务分析相结合的意义所在。再如快速消费品/零售行业，最大的挑战是对高度易腐烂和需求高度变化的商品的库存管理，降低库存或减少缺货产生高昂的成本，如果在关键库存货物上安装传感器，就可以实时监控库存的变化，通过实时大数据的跟踪和分析，企业可以近乎实时地调整价格，以控制需求并根据需要自动订购更多库存，提高库存管理效率，从而降低成本。

（四）促进财务分析由事后反映向事中控制转型

大数据时代企业财务管理组织内部应增设专门部门，负责管理财务大数据中心开发平台。财务人员中数据分析师的作用越来越重要，数据分析师运用统计分析、智能学习、分布式处理等技术，从大量数据中提取出对业务有意义的信息，以易懂的形式传达给管理者，并创造出新的数据运用形式，使得财务部门与其他业务部门的关系更密切。

大数据时代利用大数据技术能够确定成本动因，准确计算成本，实现从基于结果的分析向基于过程的挖掘转变。财务人员不再局限于事后反映、分析和监督，可以及时采集与生产制造成本相关的各种类型数据，通过成本控制系统，准确汇集分配成本，分析生产费用构成因素，区分不同产品的利润贡献差异，进行全方位比较，实现在线过程控制与业务活动绩效评价。

以制造业为例，大数据可以促进制造业从传统的以生产为核心向以客户需求为核心转型。随着企业信息化逐步深入，数据积累到一定量之后，如何从这些数据中挖掘出更有价值的信息，来获得深刻的客户洞察能力，及时捕捉客户需求的变化趋势，这就需要制造企业以客户为导向，了解客户的兴趣偏好，通过各种渠道来获得用户对产品的反馈。通过对大数据的获取、发掘和分析，企业可以更加经济地从多样化的数据源中获得更大价值，促进制造业按客户需求转型。因此，财务管理中的传统成本管理应转向以顾客为导向、着眼于竞争优势的战略成本管理，从注重成本核算向成本控制转变，从制造成本管理向产品全成本管理转变。

（五）建设适应大数据时代要求的财务人才队伍

大数据时代改变企业发展模式，要求财务人员超越财务思维，从业务的角度思考财务问题。财务人员不再是仅仅满足核算反映、财务监督等财务工作，更重要的是具备超越财务的战略全局观、组织流程规划设计能力、分析业务理解洞察力，以及IT系统构架与建设的能力。这些都对财务管理人员提出了更高的要求。目前，企业通过大数据实现价值的一个重要制约因素是人才短缺，尤其是缺少拥有统计学和机器学习方面专长的人，以及知道如何通过运用从大数据获得的洞见来运营企业的管理者和分析师。这类人才不仅需要具备更卓越的数学能力，还需要数年的培训。

因此，大数据时代亟需熟练财务管理和精通大数据的复合型人才，财务人员要主动从财务专才向业务全才转型。为适应这一挑战，企业要调整财务人才的培养和引进计划，一方面要吸纳多专业、多领域的人才组建财务团队，吸收财务管理、IT专业、数理分析、行业管理等方面的专业人才，推动信息化、标准化、模型化；另一方面，要培养复合型人才的管理者，由其统筹、引导、规范、统领和驾驭团队高效开展工作，充分发挥财务专业价值和团队的复合价值，建立新型财务信息平台、投入产出模型、财务模型和预警机制，为决策者提供有价值的决策依据。总之，企业要树立新型财务管理培养理念，从财务专才向业务全才转型，加快培养复合型财务人才。

要实现大数据在财会行业的广泛应用，财会人员需具备新能力、新度量和新的思维，要解放思想，跟上科技的发展，并考虑如何调整和适应。为实现这一目标，财会人员要接受新观念，并与时俱进，从而在不断成长的企业中扮演重要角色。财会人员要想将大数据变为自身优势，除了掌握核心财会技能以外，还需要具备三项能力：一是能够对不同类型的数据进行整合，即收集和整合那些未经整理的数据或无法从企业内部系统常规获取的数据，用于计算组织绩效，评估和预测风险；二是学习新的分析技能，大数据系统包含的数据更为多样化，财会人员关注的对象增多，除了掌握财会专业技能外，还需要具备数据学方面的技能，其能够使财务分析更为深入；三是拆解数据含义，即用大数据讲故事，针对海量的数据资源能够区分哪些内容是边角料，哪些才是精华，并将其传达给决策者。

【素质园地】

财务管理学理论和目标是建立在“经济人”假设基础之上的，其和现实世界还是存在一定差距。为了克服“天然的缺陷”，教师在授课时将“道德人”假设引入课程，一方面落脚于中华优秀传统文化中讲仁爱、重民本、守诚信、崇正义、尚和合、求大同的思想精华中所蕴含的商业道德，另一方面，落脚于中华优秀传统文化中包含的行为规范。商业道德具体包括诚实守信、爱岗敬业、讲求仁爱和客观公正四项目标；行为规范具体包括仔细认真、责任心强、吃苦耐劳、勤奋踏实、积极进取、服务意识、保密意识和风险防范意识八项目标。诚实守信既是中华民族优秀的品质，又是会计职业道德的精髓。财务工作的特殊性既要求高校培养出的财务人才具有优良品质，又需要具有良好的行为规范。

练 习 题

一、单项选择题

1. 下列指标中，容易导致企业短期行为的是(　　)。

A. 相关者利益最大化　　B. 企业价值最大化
C. 股东财富最大化　　D. 利润最大化

2. 与企业价值最大化财务管理目标相比，股东财富最大化目标的局限性是(　　)。

A. 对债权人的利益重视不够　　B. 容易导致企业的短期行为
C. 没有考虑风险因素　　D. 没有考虑货币时间价值

3. 下列各项措施中，无助于企业应对通货膨胀的是(　　)。

A. 发行固定利率债券　　B. 以固定租金融资租入设备
C. 签订固定价格长期购货合同　　D. 签订固定价格长期销货合同

4. 股份公司财务管理的最佳目标是(　　)。

A. 总产值最大化　　B. 利润最大化
C. 收入最大化　　D. 股东财富最大化

5. 企业同其所有者之间的财务关系反映的是(　　)。

A. 经营权与所有权关系　　B. 债权债务关系
C. 投资与受资关系　　D. 债务债权关系

6. 企业同其债权人之间的财务关系反映的是(　　)。

A. 经营权与所有权关系　　B. 债权债务关系
C. 投资与受资关系　　D. 债务债权关系

二、多项选择题

1. 在经济繁荣阶段，市场需求旺盛，企业应(　　)。

A．扩大生产规模　　B．增加投资
C．增加投资　　D．增加借债
E．增加存货

2．企业的财务活动包括(　　)。
A．企业筹资引起的财务活动　　B．企业投资引起的财务活动
C．企业经营引起的财务活动　　D．企业分配引起的财务活动
E．企业管理引起的财务活动

3．通货膨胀对企业财务活动的影响主要体现为(　　)。
A．减少资金占用量　　B．增加企业的资金需求
C．降低企业的资本成本　　D．引起利率的上升
E．企业筹资更加容易

三、思考题

1．为什么说财务管理的首要目标是股东财富最大化而不是企业利润最大化？

2．企业利益相关者的利益与股东利益是否存在矛盾？如何解决？

3．金融市场环境对企业财务管理产生怎样的影响？

项目二　财务管理的基本观念

【学习目标】

知识目标

1. 掌握货币时间价值观念。
2. 掌握风险价值观念。

技能目标

1. 能够正确计算资金时间价值，尤其是复利现值和年金现值。
2. 能够正确计算风险报酬率。

【项目导入】

日常生活中，经常会遇到这样一种现象，一定量的资金在不同时点上具有不同价值，现在的1元钱比将来的1元钱更值钱。例如，我们现在有1000元存入银行，银行的年利率为5%，一年后可得到1050元，于是现在的1000元与一年后的1050元相等。因为这1000元经过一年的时间增值了50元，而这增值的50元就是资金经过一年时间的价值。同样，企业的资金投到生产经营中，经过生产过程的不断运行和资金的不断运动，随着时间的推移，会创造新的价值，使资金得以增值，因此，一定量的资金投入生产经营或存入银行，会取得一定的利润或利息，从而产生货币的时间价值。

学习任务一　认知货币时间价值观念

一、货币时间价值概述

（一）货币时间价值的概念

货币时间价值是指一定量的资金在不同时点上价值量的差额，也称资金时间价值，资金在周转过程中会随着时间的推移而发生增值，使资金在投入、收回的不同时点上价值不同，形成价值差额。

（二）货币时间价值产生的条件

货币时间价值产生的前提条件是，由于商品经济的高度发展和借贷关系的普遍存在，出现了资金使用权与所有权的分离，资金的所有者把资金使用权转让给使用者，使用者必须把资金增值的一部分支付给资金的所有者作为报酬，资金占用的金额越大，使用的时间越长，所有者所要求的报酬就越高。资金在周转过程中的价值增值是货币时间价值产生的源泉。

（三）货币时间价值的表示

货币时间价值可用绝对数（利息）和相对数（利率）两种形式表示，通常用相对数表示。货币时间价值的实际内容是，在没有风险和通货膨胀条件下的社会平均资金利润率，是企业资金利润率的最低限度，也是使用资金的最低成本率。

由于货币在不同时点上具有不同的价值，不同时点上的货币就不能直接比较，必须换算到相同的时点上才能比较。因此，掌握货币时间价值的计算就很重要，我们对有关的计算符号进行约定，在以后的内容中，特定符号所代表的概念如下：

1. 终值

终值是将现在的货币折合成未来某一时点的本金和利息的合计数，反映一定数量的货币在将来某个时点的价值，通常用 F 表示。

2. 现值

现值是指将未来某一时点的一定数额的货币折合为相当于现在的本金数。现值与终值是货币在不同时点上的对称，现值与终值的含义是对货币的时间价值最好的衡量方式，它反映了保持相等价值和购买力的货币在不同时点上数量的差异，通常用 P 表示。

3. 利息

利息是指在一定时期内，资金拥有人将其资金的使用权转让给借款人后得到的报酬，通常用 I 表示。

4. 利率

利率是影响货币时间价值程度的波动要素，某一度量期的实际利率是指该度量期内得到的利息金额与此度量期开始时投资的本金金额之比，实际利率其实可以看作单位本金在给定的时期内产生的利息金额，通常用字母 i 或 k 表示。

5. 时间

货币时间价值的参照系，通常用 t 表示，或用 n 表示期数。

二、单利计息

单利计息是指只本金计算利息而利息部分不再计息的一种方式。

单利计息的计算公式如下：

$$I=P\times i\times n$$

【例 2-1】 某企业向银行借款 300 万元，借款期为 3 年，年利率为 6%，则 3 年后利息是多少？

$$I=300\times 6\%\times 3=54\text{（万元）}$$

【例 2-2】 甲企业 2022 年 11 月 1 日销售一批木材给乙企业，收到一张商业承兑汇票，面值为 100 万元，年利率为 6%，期限为 90 天（2023 年 1 月 30 日到期），则该票据到期时可以获得的利息是多少？

$$I=100\times 6\%\times(90\div 360)=1.5\text{（万元）}$$

（一）单利终值

单利终值是指现在一定量的本金按单利计算在将来某一特定时点上的本利和，单利终值的计算公式如下：

$$F=P+P\times i\times n=P(1+i\times n)$$

例 2-1 中，企业 3 年到期应偿还的本利和（终值）为：

$$F=300\times(1+6\%\times3)=354\text{（万元）}$$

例 2-1 中，该商业承兑汇票的到期价值，即终值为：

$$F=100\times[1+6\%\times(90\div360)]=101.5\text{（万元）}$$

（二）单利现值

单利现值是指以后某期收到或付出资金按单利计算的现在价值，其计算公式如下：

$$P=\frac{F}{1+i\times n}$$

【例 2-3】 王先生计划于 5 年后买车，需购车款 13 万元，他打算现在存一笔钱到银行，5 年后正好用于购车，银行目前的存款利率为 6%，且按单利计息，则王先生现在需要存入的金额是多少？

$$P=\frac{13}{1+6\%\times5}=10\text{（万元）}$$

三、复利计息

复利是计算利息的另一种方法，是指按本金计算利息，利息在下期则转为本金与原来的本金一起计息的一种方式，俗称“利滚利”。

（一）复利终值

复利终值是指现在一定量的本金（现值）按复利计算在将来某一特定时点的本利和（终值），复利终值的计算公式如下：

$$F=P\times(1+i)^n=P\times(F/P,i,n)$$

式中，$(1+i)^n$，表示利率为 i、期数为 n 的复利终值系数或一元复利终值，用符号 $(F/P,i,n)$ 表示。例如，$(F/P,8\%,3)$ 表示年利率为 8%，3 期的复利终值系数。

复利终值系数可以通过查“复利终值系数表”（参见本书附录 A）获得，该表的第一行表示利率 i，第一列是计息期数 n，相应的 $(1+i)^n$ 的值在其纵横交叉之处。通过查表可以获得 $(F/P,8\%,3)=1.2597$，也就是说，在利率为 8%的情况下，现在的 1 元和 3 年后的 1.2597 元在价值上是等同的。

【例 2-4】 某人有资金 10 000 元，拟存入银行，年利率为 10%，试计算 3 年后的终值。

方法一：用公式计算得

$$F=P\times(1+i)^n=10\,000\times(1+10\%)^3=13\,310\text{（元）}$$

方法二：用查表计算得

$$F=P\times(F/P,i,n)=10\,000\times1.331=13\,310\text{（元）}$$

（二）复利现值

复利现值是指未来某一时间的一定量资金（本利和）按复利计算的现在价值（本金），复利现值是复利终值的逆运算。由终值求现值称作贴现，在贴现时所用的利率称作贴现率。

在已知终值、利率和计息期数的情况下，我们可以求解复利现值，其计算公式如下：

$$P=\frac{F}{(1+i)^{n}}=F\times(1+i)^{-n}=F\times(P/F,i,n)$$

式中，$(1+i)^{-n}$表示利率为 i，期数为 n 的复利现值系数或一元复利现值，用符号（$P/F,i,n$）表示。例如，（$P/F,8\%,3$）表示年利率为 8%，3 期的复利现值系数。

复利现值系数可以通过查“复利现值系数表”（参见本书附录 A）获得，该表的第一行表示利率 i，第一列是计息期数 n，相应的（$1+i$）$^{-n}$的值在其纵横交叉之处。通过查表可以获得（$P/F,8\%,3$）＝0.7938，也就是说，在利率为 8%的情况下，3 年后的 1 元和现在的 0.7938 元在价值上是等同的。

【例 2-5】 某人拟在 5 年后获得本利和 10000 元，假定利率为 8%，他现在应一次性存入银行多少资金？

方法一：用公式计算得

$$P=F\times(1+i)^{-n}=10\,000\times(1+8\%)^{-5}=6\,805.83\text{（元）}$$

方法二：用查表计算得

$$P=F\times(P/F,i,n)=10\,000\times(P/F,8\%,5)=10\,000\times0.680\,6=6\,806\text{（元）}$$

四、年金

以上讨论的单利和复利都属于一次性收付款项，在实际工作中，还存在一定时期内多次收付的款项，如按直线法提取折旧、保险费、分期付款，偿还贷款等业务，都是系列收付款项，在财务管理中，这些业务的计算需要采用年金的方法。

年金是指一定时期内连续发生相等金额的收付款项，年金具有连续性、等额性和间隔期相等的特点，这里的间隔期只要满足相等的条件即可，按照收付的时点和收付的次数，年金可以分为普通年金、预付年金、递延年金和永续年金几类，首先认识普通年金，它是计算其他几种年金的基础。

（一）普通年金

普通年金又称后付年金，是指金额发生于各期期末的年金。普通年金的收付形式如图 2-1所示，横线表示时间的延续，用数字标出各期的顺序号；竖线的位置表示支付的时刻，竖线下方的数字表示支付的金额。

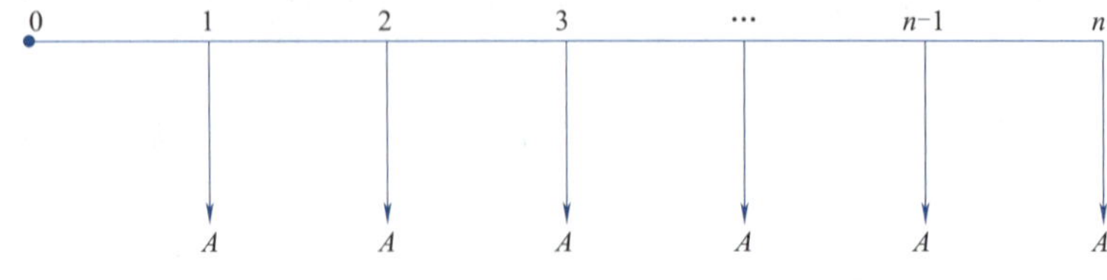

图 2-1　普通年金收付形式

1. 普通年金终值

普通年金终值犹如零存整取的本利和，它是一定时期内每期期末等额收付款项的复利终值之和，普通年金终值的计算可以用图 2-2 表示。

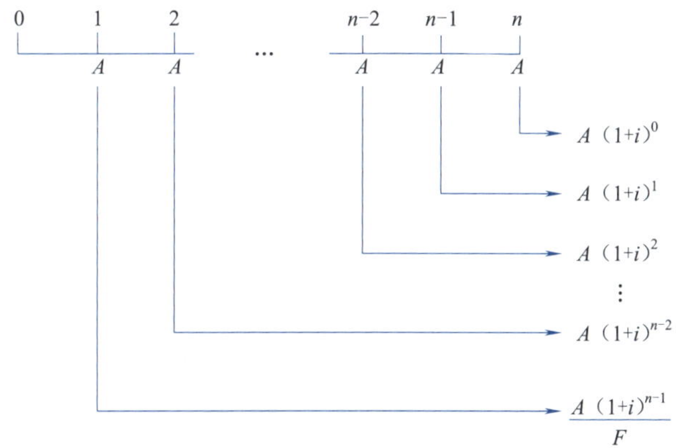

图 2-2　普通年金终值

一般来说，设每年收付的金额为 A，利率为 i、期数为 n、则按计算复利终值的方法计算年金终值 F 的公式如下：

$$F=A+A\times(1+i)+\cdots+A\times(1+i)^{n-1}$$

经过简化后，可以写为：

$$F=A\times\frac{(1+i)^{n}-1}{i}=A\times(F/A，i，n)$$

式中，$\frac{(1+i)^{n}-1}{i}$是普通年金 1 元在利率为 i 时经过 n 期的年金终值，即普通年金终值系数，记作（$F/A,i,n$）。年金终值系数可以通过查"年金终值系数表"（参见本书附录 A）获得。该表的第一行表示利率 i，第一列是计息期数 n，相应的年金终值系数为其纵横交叉之处。通过查表可以获得（F/A,6%,5）＝5.6371，也就是说，每年末收付 1 元，按年利率为 6%计算，到第 5 年末，期末年金终值为 5.6371 元。

年金终值的计算公式中有 4 个变量 F、A、i、n，在已经知道 i 和 n 的情况下，如果知道 F 和 A 中的任何一个，即可求出另外一个。

【例 2-6】 甲公司在 5 年内每年年末向银行借款 1000 万元，借款年利率为 10%，则该公司在 5 年年末应付银行本息是多少？

$$F=A\times(F/A,i,n)=1000\times(F/A,10\%,5)=1000\times6.1051=6105.1\text{（万元）}$$

2. 普通年金现值

普通年金现值是指一定时期内每期期末等额收付款项的复利现值之和，普通年金现值的计算可以用图 2-3 表示。

一般来说，设每年收付的年金为 A，利率为 i、期数为 n，则将以下 n 项加起来即得到计算年金现值 P，公式如下：

$$P=\frac{A}{(1+i)}+\frac{A}{(1+i)^{2}}+\cdots+\frac{A}{(1+i)^{n-1}}+\frac{A}{(1+i)^{n}}$$

经过简化后，可以写为：

$$P=A\times\frac{1-(1+i)^{-n}}{i}=A\times(P/A，i，n)$$

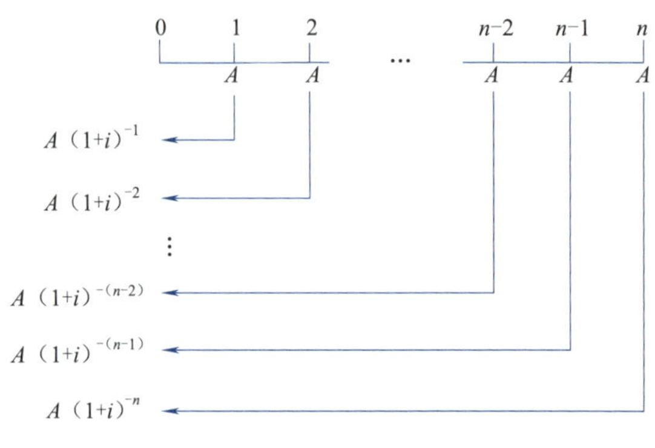

图 2-3 普通年金现值

式中，$\frac{1-(1+i)^{-n}}{i}$表示 1 元普通年金在利率为 i、期限为 n 的情况下的年金值系数，即普通年金现值系数，记作（$P/A,i,n$）。年金现值系数可以通过查“年金现值系数表”（参见本书附录 A）获得。该表的第一行表示利率 i，第一列是计息期数 n，相应的年金现值系数在其纵横交叉之处，通过查表可以获得（P/A,12%,6）=4.1114，也就是说，每年末收付1 元，经过 6 年，按年利率为 12%计算，相当于现值 4.1114 元。

年金现值的计算公式中有 4 个变量 P、A、i、n，在已经知道 i 和 n 的情况下，如果知道 P 和 A 中的任何一个，即可求出另外一个。

【例 2-7】 甲企业欲投资 100 万元购置一台设备，预计使用 3 年，市场平均利润率为 8%，假定每年收益 50 万元，甲企业投资该设备经济上是否可行？

$$P=A\times(P/A,i,n)=50\times(P/A,8\%,3)=50\times2.5771=128.86\text{（万元）}$$

所以甲企业投资该设备在经济上是可行的。

（二）预付年金

预付年金又称先付年金或即付年金，是指金额于各期期初发生的年金。预付年金的收付形式如图 2-4 所示。

1. 预付年金终值

预付年金终值是指每次期初收付的款项的复利终值之和。如设每期的利率为 10%，则图 2-4 所示数据的第三期期末的预付年金终值计算如图 2-5 所示。

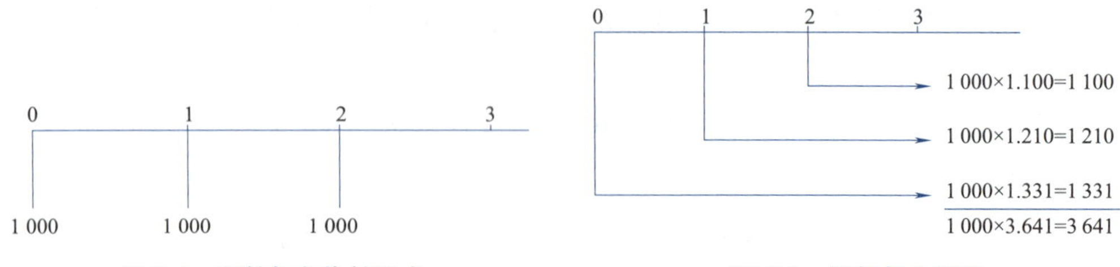

图 2-4 预付年金收付形式

图 2-5 预付年金终值

在图 2-5 中，第一期期初的 1 000 元到第三期期末已历经 3 个计息期，其复利终值为 1 331元；第二期期初的 1 000 元到第三期期末已历经 2 个计息期，其复利终值为 1 210 元；

第三期的 1000 元到第三期期末已历经 1 个计息期，其复利终值为 1100 元，将以上 3 项加起来得 3641 元，就是整个年金的终值。

设每年收付的金额为 A、利率为 i、期数为 n，则按计算复利终值的方法计算预付年金终值 F 的公式如下：

$$F=A\times(1+i)+A\times(1+i)^2+\cdots+A\times(1+i)^n$$

用等比级数求和的方法可将上述公式整理为下面求预付年金终值的一般公式：

$$F=A\times\left[\frac{(1+i)^{n+1}}{i}-1\right]$$

式中，$\left[\frac{(1+i)^{n+1}}{i}-1\right]$是 1 元预付年金在利率为 i、期限为 n 时的年金终值，即预付年金终值系数，预付年金终值系数与普通年金终值系数相比，期数加 1，而系数减 1，可以记作 $[(F/A,i,n+1)-1]$，这就可以通过查“年金终值系数表”获得预付年金终值系数。例如，图 2-5 所示的预付年金，可以先查“年金终值系数表”，得 $(F/A,10\%,4)=4.641$，再减去 1，得预付金终值系数为 3.641。这样利率为 10%、期限为 3 的 1 000 元预付年金的终值为 3.641。

在计算预付年金终值的一般公式中有 4 个变量 F、A、i、n，我们已经演示了在知道变量 A、i、n 的情况下如何求 F。另外，还可以运用年金终值系数表，在已知其中任何 3 个变量时，求出另外一个变量，这里不再举例说明。

【例 2-8】 某公司在 5 年内每年年初向银行借款 1000 万元，借款年利率为 10%，则该公司在 5 年末应付银行的本息是多少？

$$F=A\times[(F/A,10\%,5+1)-1]=1000\times(7.7156-1)=6715.6\ (万元)$$

2. 预付年金现值

预付年金现值是指每次期初收付的款项的复利现值之和。如设每期的利率为 10%，则图 2-4 所示数据的第三期期末的预付年金终值计算如图 2-6 所示。

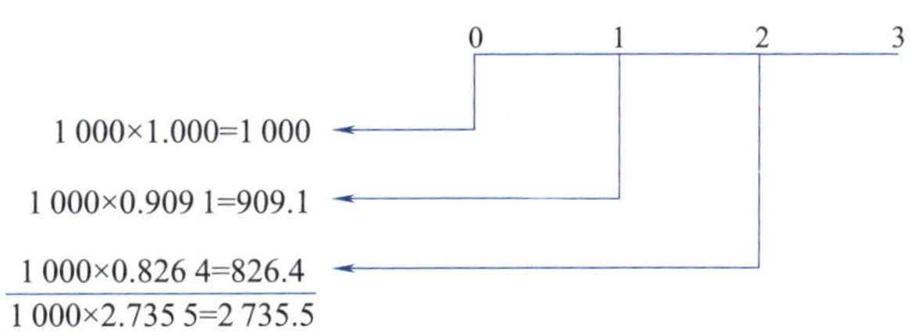

图 2-6　预付年金现值

在图 2-6 中，第一期期初的 1000 元的复利现值仍为 1000 元；第二期期初已历经 1 个计息期，其复利现值为 909.1 元；第三期期初的 1000 元到第一期期初已历经 2 个计息期，其复利现值为 826.4 元，将以上 3 项加起来得 2735.5 元，就是整个预付年金的现值。

设每年收付的金额为 A、利率为 i，期数为 n，则按计算复利现值的方法计算预付年金值 P 的公式如下：

$$P=A+A\times(1+i)^{-1}+A\times(1+i)^{-2}+A\times(1+i)^{-(n-1)}$$

用等比级数求和的方法可将上述公式整理为下面求预付年金现值的一般公式：

$$P=A\times\left[\frac{1-(1+i)^{-(n-1)}}{i}+1\right]$$

式中，$\left[\frac{1-(1+i)^{-(n-1)}}{i}+1\right]$是 1 元预付年金在利率为 i、期限为 n 时的年金现值，即预付年金现值系数。它与普通年金现值系数相比，期数要减去 1，而系数要加 1，可以记作 $[(P/A,i,n-1)+1]$。这样一来就可以通过查“年金现值系数表”获得预付年金现值系数，例如，图 2-6 所示的预付年金，可以先查“年金现值系数表”，得 $(P/A,10\%,2)=1.7355$，再加上 1，得预付年金现值系数为 2.7355，这样利率为 10%、期限为 3 的1000元预付年金的现值为 2735.5。

在计算预付年金现值的一般公式中有 4 个变量 P、A、i、n，我们已经演示了在知道变量 A、i、n 的情况下如何求 P。另外，还可以运用“年金现值系数表”，在已知其中任何 3 个变量时，求出另外一个变量。这里不再举例说明。

【例 2-9】 光明公司从某租赁公司租入一套设备，合同期为 8 年，合同期内光明公司每年年初支付租金 10 万元，合同期满后，设备归光明公司所有，现市场利率为 6%。这些租金的现值是多少？

$P=A\times[(P/A,i,n-1)+1]=10\times[(P/A,6\%,8-1)+1]=10\times6.5824=65.8$（万元）

（三）递延年金

递延年金是指第一次收付款在第二期或者第二期以后的年金，即凡不是第一期就发生的年金都是递延年金。递延年金的收付形式如图 2-7 所示。

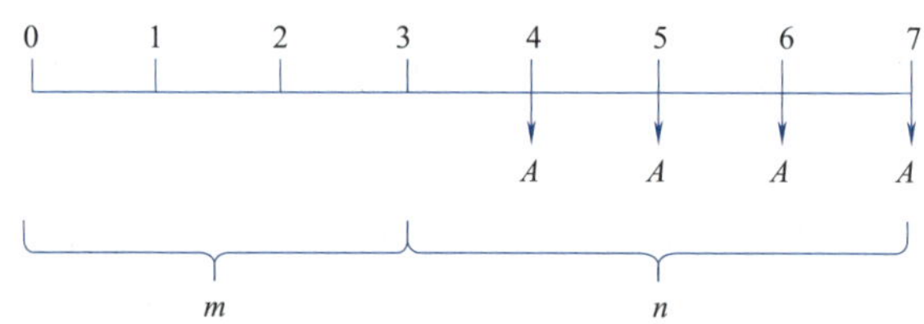

图 2-7　递延年金收付形式

从图 2-7 中可以看出，第一期，第二期和第三期都没有发生收付款项，即没有年金发生；没有年金发生的时期称递延期，用 m 表示，即 $m=3$，从第四期开始连续四期发生等额收付款项，这里的时期用 n 表示，即 $n=4$。

1. 递延年金终值

实际工作中，常常将递延年金作为普通年金的特殊形式处理，递延年金终值的计算与普通年金计算方法相同，但要注意期数：n 表示年金个数，年金终值的大小与递延期无关。因此，递延年金终值计算公式如下：

$$F=A\times(F/A,i,n)$$

2. 递延年金现值

递延年金现值是自第 m 期后开始，每期等额款项的现值之和。因为存在递延期，所以在计算年金现值时不能等同普通年金现值，必须要考虑递延期，即年金现值的大小与递延期存在直接关系，但它是以普通年金计算为基础，递延年金现值计算方法有以下三种：

方法一：首先将递延年金看成是第 n 期的普通年金，求出在第 m 期的普通年金现值。

然后再将第 m 期的普通年金现值折算到第一期初。计算公式如下：

$$P=A\times(P/A, i, n)\times(P/F, i, m)$$

需要注意的是，将第 m 期折算到第一期初，没有年金发生，一定用复利方法计算现值。

方法二：首先假设递延期也有年金发生，求出（$m+n$）期的年金现值，然后再将实际没有发生年金的递延期（m）的年金扣除，即可得到所要求的递延年金现值，计算公式如下：

$$P=A\times[(P/A, i, m+n)-(P/A, i, m)]$$

方法三：将递延年金看成是普通年金，按普通年金方法求出年金终值（n 期），然后再将该年金终值折算成第一期初的现值，计算公式如下：

$$P=A\times(F/A, i, n)\times(P/F, i, m+n)$$

需要注意的是，将年金终值折算到第一期初是按复利现值计算的。

【例 2-10】 某公司向银行借入一笔资金，银行规定前 3 年不需还款，从第 4 年起每年年末向银行偿还本息 20 000 元，直到第 8 年末止。如果银行的贷款利率为 12%，那么该笔贷款的现值为多少？

根据题意，已如 $A=20\,000$，$i=12\%$，$n=5$ 年，$m=3$ 年，求 P 值。

按方法一计算：

$$\begin{aligned}P&=A\times(P/A,i,n)\times(P/F,i,m)\\&=20\,000\times(P/A,12\%,5)\times(P/F,12\%,3)\\&=20\,000\times3.6048\times0.7118\\&=51\,317.93\text{（元）}\end{aligned}$$

按方法二计算：

$$\begin{aligned}P&=A\times[(P/A,i,m+n)-(P/A,i,m)]\\&=20\,000\times[(P/A,12\%,3+5)-(P/A,12\%,3)]\\&=20\,000\times(4.9676-2.4018)\\&=51\,316\text{（元）}\end{aligned}$$

接方法三计算：

$$\begin{aligned}P&=A\times(F/A,i,n)\times(P/F,i,m+n)\\&=20\,000\times(F/A,12\%,5)\times(P/F,12\%,3+5)\\&=20\,000\times6.3528\times0.4039\\&=51\,317.92\text{（元）}\end{aligned}$$

注：因运用现金系数表中的数值进行运算，不同计算方法的计算结果有微偏差属正常。

（四）永续年金

永续年金是指无限制等额收付款项的年金，可以看成是普通年金的特殊形式，即期限趋于无穷大的普通年金。永续年金的收付形式如图 2-8 所示。

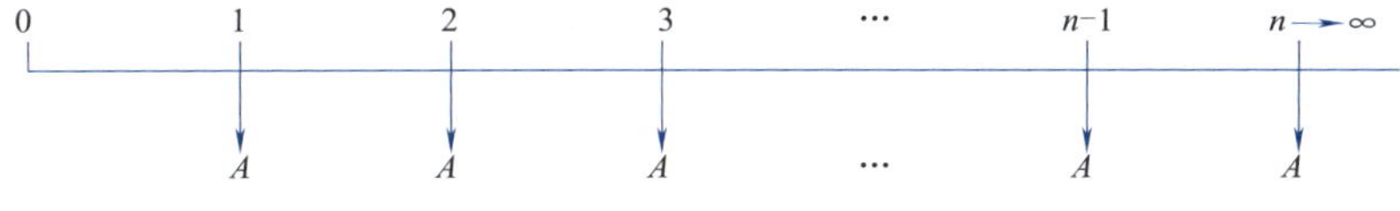

图 2-8　永续年金收付形式

从图 2-8 可以看到 $n \to \infty$，即年金没有结束期限，没有终止时间，因此没有办法计算永续年金的终值，也就是说，永续年金没有终值，但可以计算出现值，其计算公式如下：

由普通年金现值公式

$$P=A\times\frac{1-(1+i)^{-n}}{i}$$

因为永续年金 $n \to \infty$，所以 $(1+i)^{-n} \to 0$，得出：

$$P=A\times\frac{1}{i}$$

【例 2-11】 某高校拟建立一项永久性奖学金，计划每年颁发 10 万元奖学金，鼓励学习成绩优异者，若银行利率为 10%，则现在应存入银行多少元？

根据题意，已知 $A=10$ 万元，$i=10\%$，求 P 值。

$$P=A\times\frac{1}{i}=10\times\frac{1}{10\%}=100\ (\text{万元})$$

即学校必须现在存入银行 100 万元，才能保证每年可提取 10 万元发放奖学金。

（五）时间价值计算中的几个特殊问题

以上介绍的都是时间价值中的几项基本原理，现对时间价值计算中的几个特殊问题加以说明。

1. 不等额现金流量现值的计算

前面讲的年金每次收入或付出的款项都是相等的，但在财务管理实践中，更多的情况是每次收入或付出的款项并不相等，而且经常需要计算这些不等额现金流入量或流出量的现值之和。

假设：A_0代表第 0 年年末的付款；

A_1代表第 1 年年末的付款；

A_2代表第 2 年年末的付款；

……

A_n代表第 n 年年末的付款。

则其现值计算公式可表示为：

$$P_0=A_0\frac{1}{(1+i)^0}+A_1\frac{1}{(1+i)^1}+A_2\frac{1}{(1+i)^2}+\cdots+A_{n-1}\frac{1}{(1+i)^{n-1}}+A_n\frac{1}{(1+i)^n}$$

$$=\sum_{t=0}^{n}A_t\frac{1}{(1+i)^t}$$

【例 2-12】 某人每年年末都将节省下来的工资存入银行，其存款额见表 2-1，折现率为 5%，求这笔不等额存款的现值。

表 2-1 某不等额存款

项目	第 0 年	第 1 年	第 2 年	第 3 年	第 4 年
现金流量（元）	1 000	2 000	100	3 000	4 000

$$P_0=A_0\frac{1}{(1+i)^0}+A_1\frac{1}{(1+i)^1}+A_2\frac{1}{(1+i)^2}+A_3\frac{1}{(1+i)^3}+A_4\frac{1}{(1+i)^4}$$

$$=1\,000\times(P/F,5\%,0)+2\,000\times(P/F,5\%,1)+100\times(P/F,5\%,2)+3\,000\times(P/F,5\%,3)+4\,000\times(P/F,5\%,4)$$

$$=1\,000\times1.000+2\,000\times0.952+100\times0.907+3\,000\times0.864+4\,000\times0.823$$

$$=8\,878.7\text{（元）}$$

2. 年金和不等额现金流量混合情况下的现值

在年金和不等额现金流量混合的情况下，不能用年金计算的部分采用复利公式计算，然后与用年金计算的部分加总，便得出年金和不等额现金流量混合情况下的现值。

【例 2-13】 某公司投资了一个新项目，新项目投产后每年获得的现金流入量如表 2-2 所示，折现率为 9%，求这一系列现金流入量的现值。

表 2-2　项目现金流量表

单位：元

年次	现金流量	年次	现金流量
1	1 000	6	2 000
2	1 000	7	2 000
3	1 000	8	2 000
4	1 000	9	2 000
5	2 000	10	3 000

例题中，第 1～4 年的现金流量相等，可以看作求 4 年期的年金现值，第 5～9 年的现金流量也相等，也可以看作一种年金，但必须先设法求出这笔第 5～9 年年金的现值系数。

$$(P/A,9\%,5\sim9)=(P/F,9\%,5)+(P/F,9\%,6)+(P/F,9\%,7)+(P/F,9\%,8)+(P/F,9\%,9)$$

$$=0.650+0.596+0.547+0.502+0.460=2.755$$

因此，这笔现金流量的现值可计算如下：

$$\text{PV}=1\,000\times(P/A,9\%,4)+2\,000\times(P/F,9\%,5\sim9)+3\,000\times(P/F,9\%,10)$$

$$=1\,000\times3.240+2\,000\times2.755+3\,000\times0.422=10\,016\text{（元）}$$

3. 折现率的计算

在前面计算现值和终值时，都假定利率是给定的，但在财务管理中，经常会遇到已知计息期数、终值和现值求折现率的问题。一般来说，求折现率可以分为两步：第一步求出换算系数；第二步根据换算系数和有关系数表求折现率。根据前述有关公式，复利终值、复利现值、年金终值和年金现值的换算系数分别用下列公式计算：

$$(F/P,i,n)=\frac{F_n}{P}$$

$$(P/F,i,n)=\frac{P}{F_n}$$

$$(F/A,i,n)=\frac{F_n \times A_n}{A}$$

$$(P/A,i,n)=\frac{P \times A_n}{A}$$

【例 2-14】 将 100 元存入银行，10 年后可获本利和 259.4 元，那么银行存款的利率为多少？

$$(P/F,\ i,\ 10)=\frac{100}{259.4}=0.386$$

查复利现值系数表，与 10 年相对应的折现率中，10%的系数为 0.386，因此，利息率应为 10%。

4. 计息期短于一年的时间价值的计算

终值和现值通常是按年来计算的，但在有些时候也会遇到计息期短于一年的情况。例如，债券利息一般每半年支付一次，股利有时每季度支付一次，这就出现了以半年、1 个季度、1 个月甚至以天为期间的计息期。与计息期对应的一个概念是复利计息频数，即利息在一年中累计复利多少次。

前面探讨的都是以年为单位的计息期，即复利计息频数为一次，当计息期短于 1 年，而利率又是年利率时，计息期数和计息利率均应按下式进行换算：

$$R=\frac{i}{m}$$

$$t=m \times n$$

式中，R 为期利率；i 为年利率；m 为每年的复利计息频数；n 为年数；t 为换算后的计息期数。

【例 2-15】 某人准备在第 5 年年末获得 1 000 元，年利息率为 10%。试计算：

（1）如果每年计息一次，则现在应存入多少钱？

（2）如果每半年计息一次，则现在应存入多少钱？

如果每年计息一次，即 $n=5$，$i=10\%$，$F_5=1000$，则：

$$\begin{aligned} P &= F_5 \times (P/F,i,n)=1000 \times (P/F,10\%,5) \\ &= 1000 \times 0.621=621 \text{（元）} \end{aligned}$$

如果每半年计息一次，即 $m=2$，则：

$$R=\frac{i}{m}=\frac{10\%}{2}=5\%$$

$$t=m \times n=2 \times 5=10$$

$$P=F_{10} \times (P/F,\ i,\ n)=1000 \times (P/F,\ 5\%,\ 10)=1000 \times 0.614=614 \text{（元）}$$

学习任务二　认知风险与报酬

一、风险与报酬的概念

对于大多数投资者而言，个人或企业当前投入资金是因为期望在未来会赚取更多的资金。报酬为投资者提供了一种恰当地描述投资项目财务绩效的方式。

报酬的大小可以通过报酬率来衡量。假设某投资者购入 10 万元的短期国库券，利率为 10%，一年后获得 11 万元，那么这一年的投资报酬率为 10%，即

$$投资报酬率=\frac{投资所得-初始投资}{初始投资}=\frac{11-10}{10}\times 100\%=10\%$$

事实上，投资者获得的投资报酬率就是国库券的票面利率，一般认为该投资是无风险的。然而，如果将这 10 万元投资于一家刚成立的高科技公司，该投资的报酬就无法明确估计，即投资面临着风险。

二、单项资产的风险与报酬

如前所述，对于投资活动而言，风险是与投资报酬的可能性相联系的，因此，对风险的衡量就要从投资报酬的可能性入手。

（一）确定概率分布

概率是度量随机事件发生可能性的一个数学概念，例如，抛一枚硬币，正面向上的概率为 50%。如果将所有可能的事件或结果都列示出来，并对每个事件都赋予一个概率，则得到事件或结果的概率分布。对于抛硬币一例，可以建立的概率分布见表 2-3。

表 2-3　概率分布

事件结果	概率
正面向上	50%
反面向上	50%
合计	100%

表 2-3 第 1 列列示了可能的事件结果，第 2 列列示了不同事件结果的概率。请注意，概率分布必须符合以下两个要求：

（1）出现每种结果的概率都在 0～1 之间。

（2）所有结果的概率之和应等于 1。

同样，也可以为投资的可能结果（即报酬）赋予概率，假设有两家公司——西京公司和东方公司，其公司股票报酬率的概率分布见表 2-4。从表中可以看出，市场需求旺盛的概率为 30%，此时两家公司的股东都将获得很高的报酬率；市场需求正常的概率为 40%，此时股票报酬率适中；而市场需求低迷的概率为 30%，此时东方公司的股东只能获得低报酬率，西京公司的股东甚至会遭受损失。

表 2-4　西京公司及东方公司的概率分布

市场需求类型	各类需求发生概率	各类需求状况下股票报酬率	
		西京	东方
旺盛	0.3	100%	20%
正常	0.4	15%	15%
低迷	0.3	−70%	10%
合计	1.0	—	—

（二）计算期望报酬率

如表 2-5 所示，将各种可能结果与其所对应的发生概率相乘，并将乘积相加则得到各种结果的加权平均数，此处权重系数为各种结果发生的概率，加权平均数则为期望报酬率 $\overline{R}$。表中显示西京公司及东方公司的期望报酬率均为 15%。

表 2-5　期望报酬率的计算

市场需求类型（1）	各类需求发生概率（P_i）（2）	西京公司		东方公司	
		各类需求下的报酬率（R_i）（3）	（2）×（3）=（4）（P_iR_i）	各类需求下的报酬率（R'_i）（5）	（2）×（5）=（6）（$P_iR'_i$）
旺盛	0.3	100%	30%	20%	6%
正常	0.4	15%	6%	15%	6%
低迷	0.3	−70%	−21%	10%	3%
合计	1.0	—	$\overline{R}$=15%	—	$\overline{R}'$=15%

期望报酬率的计算过程如下：

$$\overline{R} = P_1R_1 + P_2R_2 + \cdots + P_nR_n = \sum_{i=1}^{n} P_iR_i$$

式中，R_i 为第 i 种可能结果；P_i 为第 i 种可能结果的概率；n 为所有可能结果的数目；$\overline{R}$ 为各种可能结果（即 R_i 值）的加权平均数，各结果的权重即为其发生的概率。

西京公司的期望报酬率计算过程如下：

$$\overline{R}=P_1R_1+P_2R_2+P_3R_3=0.3\times100\%+0.4\times15\%+0.3\times(-70\%)=15\%$$

东方公司的期望报酬率计算过程如下：

$$\overline{R}'=P_1R'_1+P_2R'_2+P_3R'_3=0.3\times20\%+0.4\times15\%+0.3\times10\%=15\%$$

将报酬率用图表示，可以了解各种可能结果的变动情况，如图 2-9 所示，各条形柱的高度表示给定结果发生的可能性，西京公司各种可能报酬率的范围在−70%～100%之间，期望报酬率为 15%。东方公司的期望报酬率同样为 15%，但其波动范围则狭窄得多。

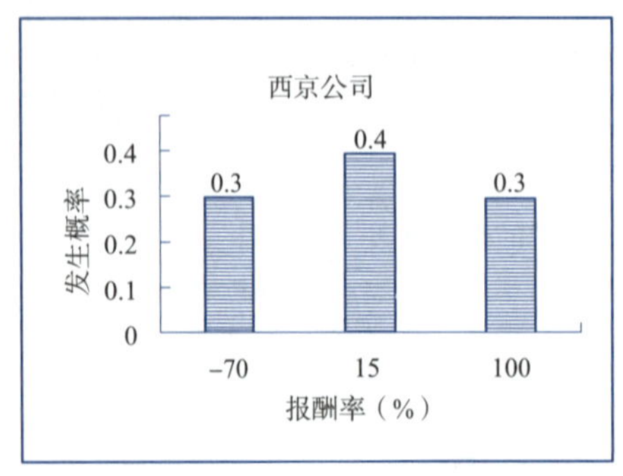

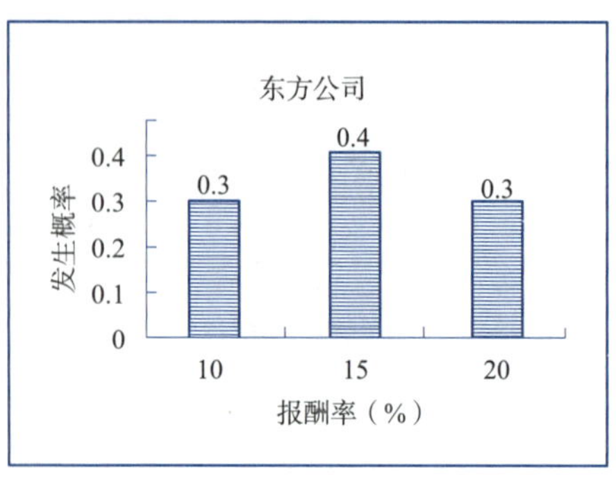

图 2-9　西京公司及东方公司报酬率的概率分布图

本案例仅假设可能出现三种情况：旺盛、正常、低迷。事实上，需求量可以分布在极度低迷与极度旺盛之间，且有无数种可能。如果时间与精力允许，找出每种可能的需求水平对应的概率（概率之和应当等于 1.0），并找到每种需求水平下的股票报酬率，那么同样也能够得到一个类似于表 2-5 的表格，只不过各列将包括更多条目。如前例一样，该表同样也能计算出期望报酬率，且能够得到一条描绘概率与结果近似关系的连续曲线，如图 2-10 所示。

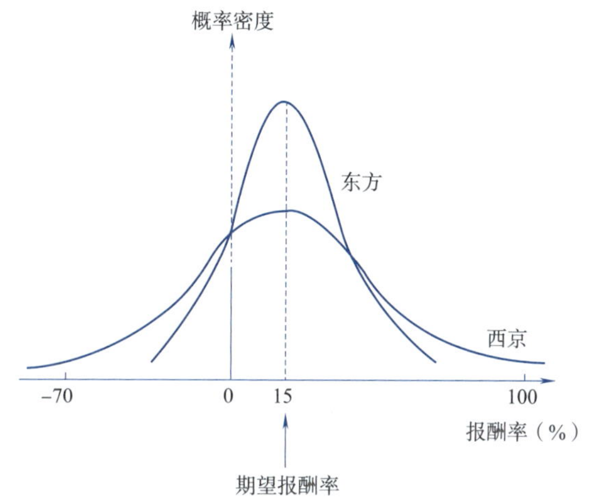

图 2-10　西京公司及东方公司报酬率的连续概率分布图

概率分布图越集中，那么实际结果接近期望值的可能性越大，其背离期望报酬率的可能性则越小。由此，概率分布越集中，股票对应的风险越小。与西京公司相比，东方公司股票报酬的概率分布相对更为集中，因此其实际报酬率将更接近 15%的期望报酬率。

（三）计算标准差

利用概率分布的概念能够对风险进行衡量，即期望未来报酬的概率分布越集中，则该投资的风险越小。据此定义可知，东方公司的风险比西京公司更小，因为其实际报酬背离其期望报酬的可能性更小。

为了准确度量风险的大小，我们引入标准差，这是度量概率分布密度的指标。标准差越小，概率分布越集中，同时，相应的风险也越小，标准差的具体计算过程如下：

（1）计算期望报酬率。

$$\overline{R} = \sum_{i=1}^{n} P_i R_i$$

（2）每个可能的报酬率（R_i）减去期望报酬率（$\overline{R}$）得到一组相对于 $\overline{R}$ 的离差。

$$离差_i = R_i - \overline{R}$$

式中符号含义同前。

（3）求各离差的平方，并将结果与该结果对应的发生概率相乘，然后将这些乘积相加，即得到概率分布的方差（σ^2）。

$$\sigma^2 = \sum_{i=1}^{n} (R_i - \overline{R})^2 P_i$$

（4）最后，求出方差的平方根，即得到标准差（σ）。

$$\sigma=\sqrt{\sum_{i=1}^{n}(R_i-\overline{R})^2P_i}$$

可见，标准差实际上是偏离期望值的离差的加权平均值，它度量的是实际值偏离期望值的程度。

前例中，西京公司的标准差为：

$$\sigma=\sqrt{(100\%-15\%)^2\times0.30+(15\%-15\%)^2\times0.40+(-70\%-15\%)^2\times0.30}$$
$$=65.84\%$$

东方公司的标准差为：

$$\sigma=\sqrt{(20\%-15\%)^2\times0.30+(15\%-15\%)^2\times0.40+(10\%-15\%)^2\times0.30}$$
$$=3.87\%$$

西京公司的标准差更大，说明其报酬的离差程度更大，即无法实现期望报酬的可能性更大。由此可以判断，当单独持有时，西京公司的股票比东方公司的股票风险更大。

如果报酬的概率服从正态分布，那么实际报酬落在以期望报酬为中心，$\pm1\sigma$ 区间内的概率大约为 68.26%，如图 2-11 所示，图中还列示了 $\pm2\sigma$，$\pm3\sigma$ 的情况。对于西京公司，$\overline{R}$=15%，σ=65.84%；而对于东方公司，$\overline{R}$=15%，σ=3.87%。倘若两个分布皆为正态分布，那么西京公司的实际报酬将有 68.26%的概率落在 15%±65.84%，即－50.81%～80.84%的范围内。对于东方公司而言，实际报酬将有 68.26%的概率落在 15%±3.87%，即 11.13%～18.87%的范围内。由于 σ 较小，东方公司报酬显著低于期望报酬的概率也较小，因此其股票风险也较小。

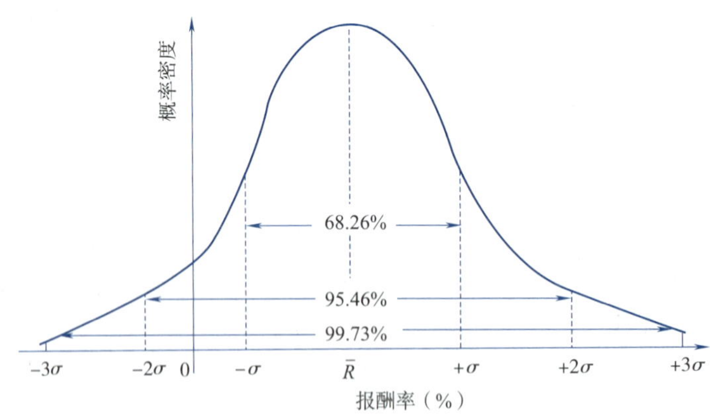

图 2-11　正态分布的概率区间图

（四）利用历史数据度量风险

前例描述了利用已知概率分布的数据计算均值与标准差的过程，但在实际决策中，更普遍的情况是已知过去一段时期内的报酬数据，即历史数据，此时报酬率的标准差 σ 可利用如下公式估算：

$$\sigma=\sqrt{\frac{\sum_{t=1}^{n}(R_t-\overline{R})^2}{n-1}}$$

式中，σ 为报酬率的标准差；R_t 为第 t 期所实现的报酬率；$\overline{R}$ 为过去 n 年内获得的平均年度报酬率。

【例 2-16】某项目过去三年的报酬状况见表 2-6，试估计该项目的风险。

表 2-6　过去三年的报酬情况

年度	R_t
2021 年	15%
2022 年	-5%
2023 年	20%

$$\overline{R}=\frac{15\%-5\%+20\%}{3}=10\%$$

估计 $\sigma=\sqrt{(15\%-10\%)^2+(-5\%-10\%)^2+(20\%-10\%)^2}=13.2\%$

历史的 R_t 通常用作对未来 σ 的一种估计，由此，我们可以通过历史报酬数据来估计投资风险。

（五）计算离散系数

如果两个项目期望报酬率相同、标准差不同，理性投资者会选择标准差较小，即风险较小的那个。类似地，如果两个项目具有相同风险（标准差），但期望报酬率不同，投资者通常会选择期望报酬率较高的项目，因为投资者都希望冒尽可能小的风险，获得尽可能高的报酬。但是，如果有两项投资：一项期望报酬率较高而另一项标准差较低，投资者该如何抉择呢？此时另一个风险度量指标——离散系数（CV，也称变异系数）可以较好地解决这一问题。其计算公式为：

$$CV=\frac{\sigma}{\overline{R}}$$

式中符号含义同前。

离散系数度量了单位报酬的风险，为项目的选择提供了更有意义的比较基础。由于西京公司与东方公司的期望报酬率相同，故前例中并无必要计算离散系数。当期望报酬率相等时，标准差较大的西京公司的离散系数应当较大。事实上，西京公司的离散系数为 4.39（即 65.84/15），东方公司的离散系数则为 0.258（即 3.87/15）。可见，依此标准，西京公司的风险约是东方公司的 17 倍。

【例 2-17】项目 A 的期望报酬率为 60%，标准差为 15%；项目 B 的期望报酬率为 8%，而标准差仅为 3%，则投资者应该选择哪个项目进行投资？

项目 A 的离散系数 CV=15%÷60%=0.25

项目 B 的离散系数 CV=3%÷8%=0.375

因此，投资者应该选择项目 A。

事实上，项目 B 具有较小的标准差，因此其概率分布更集中。项目 B 实际获得低报酬率的可能性大于项目 A，因为项目 A 的期望报酬率要高得多。由于离散系数同时反映了风险与报酬，故在处理两个或多个具有显著不同期望报酬率的投资项目时，它是一个更好的风险度量指标。

三、投资组合的风险与报酬

投资者在进行证券投资时，一般并不把所有资金投资于一种证券，而是同时持有多种证券。这种同时投资于多种证券的方式，称为证券的投资组合，又称证券组合，由多种证券构成的投资组合会减少投资风险，因为报酬率高的证券会抵消报酬率低的证券带来的负面影响。因此，绝大多数法人投资者如工商企业、信托投资公司、投资基金公司等都同时投资于多种证券，即使是个人投资者，一般也是持有证券的投资组合而不是只投资于某一个公司的股票或债券。所以，了解证券投资组合的风险与报酬对于公司财务人员来说非常重要。

证券组合的期望报酬是指组合中单项证券期望报酬的加权平均值，权重为整个组合中投入各项证券的资金占总投资额的比重。其计算公式为：

$$\overline{R}_p = w_1\overline{R}_1 + w_2\overline{R}_2 + \cdots + w_n\overline{R}_n = \sum_{i=1}^{n} w_i\overline{R}_i$$

式中，$\overline{R}_p$ 为投资组合的期望报酬率；$\overline{R}_i$ 为单只证券的期望报酬率；证券组合中有 n 种证券，w_i 为第 i 只证券所占的比重。

【例 2-18】 2023 年 9 月，某证券分析师预测四只股票的期望报酬率见表 2-7。

表 2-7 单只股票的期望报酬率

股票名称	期望报酬率	股票名称	期望报酬率
A 股份	24%	C 股份	12%
B 股份	18%	D 股份	6%

对每只股票投入 5 万元，组成一个价值为 20 万元的证券组合，那么该证券组合的期望报酬率为：

$$\begin{aligned}\overline{R}_p &= w_1\overline{R}_1 + w_2\overline{R}_2 + \cdots + w_n\overline{R}_n \\ &= 24\% \times 25\% + 18\% \times 25\% + 12\% \times 25\% + 6\% \times 25\% \\ &= 15\%\end{aligned}$$

一年以后，各只股票的实际报酬率为 R_i，很可能与期望值不相等，即投资组合的实际报酬率很可能不等于 15%。也就是说，证券组合同样存在风险。

四、风险对策

（一）规避风险

这种对策较为稳健，简便易行，当风险所造成的损失不能由该项目可能获得的利润予以抵消时，首先考虑的是规避风险，规避风险的手段包括：拒绝与不守信用的厂商进行业务往来；放弃可能明显导致亏损的投资项目；新产品在试制阶段发现诸多问题而果断停止试制。

（二）减少风险

减少风险主要有两方面意思：一是控制风险因素，减少风险的发生；二是控制风险发生的频率和降低风险损害程度。减少风险的常用方法有：进行准确的预测，如汇率预测、利率预测、债务人信用评估等；对决策进行多方案优选，及时与政府部门沟通获取政策信息；在开发新产品前，充分进行市场调研；实行设备预防检修制度以减少设备事故；选择有弹性和抗风险能力强的技术方案，进行预先的技术模拟试验，采用可靠的保护和安全措施，采用多领域、多地域，多项目、多品种的投资以分散风险。

（三）接受风险

对于损失较小的风险，如果企业有足够的财力和能力承受风险带来的损失，可以采取风险自担和风险自保，自行消化风险损失。风险自担，就是风险损失发生时，直接将损失摊入成本或费用，或冲减利润；风险自保，就是企业预留一笔风险金或随着生产经营的进行，有计划地计提风险基金，如坏账准备金、存货跌价准备等。

（四）转移风险

转移风险是指企业以一定代价（如保险费、盈利机会、担保费和利息等），采取某种方式（如参加保险、信用担保、租赁经营、套期交易、票据贴现等），将风险损失转嫁给他人，以避免可能给企业带来的灾难性损失。例如，向专业性保险公司投保；采取合资、联营、增发新股、发行债券，联合开发等实现风险共担；通过技术转让、特许经营、战略联盟、租赁经营和业务外包等实现风险的转移。

【素质园地】

货币时间价值与消费观——你能帮陈同学算清借贷平台中的还款金额吗?

某高校陈同学因迷恋上某新款手机，从某校园贷平台借款 5 000 元，借款时对方要求“1 周 10 个点”，该同学心中无明确还款额概念，一月后，陈同学需要还款多少呢?

利息是货币时间价值的一种重要表现形式，其计算换算方法与复利计息相同。我们来算一算，1 周 10 个点，如果 1 个月按 4 个星期计算，相当于复利 4 次，代入公式，即 $F=P\times(F/P,i,n)=5\,000\times(F/P,10\%,4)=5\,000\times1.464=7\,320$（元）。也就是说，在该校园贷平台借款 5 000 元，“1 周后 10 个点”，一个月后需要偿还 7 320 元。

通过计算结果来看，同学们应树立理性消费观念，切勿盲目攀比追求奢靡，增强信用意识和金融理财素养，提高学生个人理财分析能力。该校园贷平台属于非正规渠道，高风险、套圈多，同学们应时刻警醒，不要掉入校园贷的陷阱，远离之，不要让校园贷影响学业，要理性消费，合理评估风险，拒绝各种高风险网贷，谨防受当受骗。

练 习 题

一、单项选择题

1. 某年金在前 2 年无现金流入，从第三年开始连续 5 年每年年初现金流入 300 万元，则该年金按 10%的年利率折现的现值为(　　)万元。

　　A. $300\times(P/A,10\%,5)\times(P/F,10\%,1)$
　　B. $300\times(P/A,10\%,5)\times(P/F,10\%,2)$
　　C. $300\times(P/F,10\%,5)\times(P/A,10\%,1)$
　　D. $300\times(P/F,10\%,5)\times(P/A,10\%,2)$

2. 下列各项年金中，只有现值没有终值的年金是(　　)。

A. 普通年金　　B. 即付年金　　C. 永续年金　　D. 先付年金

3. 某学校拟建立一项永久性奖学金，每年计划颁发 20 万元，若银行存款利率为 10%，则现在应存入(　　)万元。

A. 400　　B. 300　　C. 200　　D. 150

4. 企业年初借得 5 000 元借款，10 年期，年利率 12%，每年末等额偿还，已知年金现值系数 $(P/A,12\%,10)=5.6502$，则每年应付金额为(　　)元。

A. 884.9　　B. 5 000　　C. 6 000　　D. 28 251

二、思考题

1. 复利和单利有何区别?

2. 年金是否一定是每年发生一次现金流量? 请举例说明。

三、分析计算题

1. 甲公司现有一笔闲置资金，拟投资于某证券组合，该组合由 *X*、*Y*、*Z* 三种股票构成，资金权重分别为 40%、30%和 30%，其中 *X* 股票投资收益率的概率分布见表 2-8，*Y*、*Z* 股票的预期收益率分别为 10%和 8%。

表 2-8　概率分布表

状况	概率	投资收益率
行情较好	30%	20%
行情一般	50%	12%
行情较差	20%	5%

要求：

(1) 计算 *X* 股票的预期收益率。

(2) 计算该证券组合的预期收益率。

2. 某企业拟建立一项基金，每年年末存入 100 000 元，若利率为 10%，计算五年后该项基金的本利和。$[(F/A,10\%,5)=6.1051\quad(F/A,10\%,6)=7.7156]$

3. 中原公司和南方公司股票的报酬率及其概率分布见表 2-9。

表 2-9　中原公司及南方公司的报酬率及其概率分布

经济情况	各类需求发生概率	各类需求状况下股票报酬率	
		中原公司	南方公司
繁荣	0.30	40%	60%
一般	0.50	20%	20%
衰退	0.20	0%	−10%
合计	1.0	—	—

要求：

(1) 分别计算中原公司和南方公司股票的期望报酬率和标准差。

(2) 根据以上计算结果，试判断投资者应该投资于中原公司股票还是投资于南方公司股票。

第二部分

项目三　筹资活动财务管理

【学习目标】

知识目标：

1. 掌握企业筹资的渠道和方式。
2. 掌握企业资金需要量的预测方法。
3. 掌握权益资金筹资方式的优缺点。
4. 掌握负债资金筹资方式的优缺点。

技能目标：

1. 能够运用适当的方法对企业资金需要量进行预测。
2. 能够根据企业实际，选择适当的资金筹集方式。
3. 能够计算企业的资本成本，运用一定的方法确定最佳资本结构。

【项目导入】

海洋能源科技公司 2023 年发行绿色债券

海洋能源科技公司（OETC）是一家专注于海洋能（如潮汐能、波浪能）开发与利用的创新型企业。面对全球能源转型的大趋势和国家对清洁能源项目的政策支持，OETC 在 2023 年启动了一项大规模的海上风电场建设项目，总投资额为人民币 15 亿元。为筹集必要的资金，OETC 管理层决定采取多元化筹资策略，其中一项关键举措是在 2023 年第二季度发行绿色债券。该债券旨在吸引对环保投资感兴趣的机构和个人投资者，募集资金专门用于支持公司绿色项目的建设和运营。以下是该筹资管理案例的关键环节：

1. 市场调研与筹资环境分析

OETC 在 2023 年初进行了详尽的市场调研，了解到国际和国内资本市场对绿色金融产品的高度关注与积极态度，特别是随着 ESG（环境、社会、治理）投资理念的普及，绿色债券市场需求旺盛。国家层面持续出台鼓励绿色债券发行的政策，包括税收优惠、贴息支持等，降低了企业的筹资成本。

2. 筹资目标与策略制定

确定绿色债券发行规模为人民币 10 亿元，期限为 10 年，票面利率设定参考同期限国债收益率加适当信用利差。制定“双评级”策略，聘请国内外知名信用评级机构进行评级，以提升债券的市场接受度和投资者信心。设计灵活的赎回条款和利息支付结构，以适应未来市场利率变动风险。

3. 投资者关系与营销推广

举办线上及线下路演活动，向潜在投资者详细介绍项目的技术优势、经济效益及环保贡献，强调公司对可持续发展的承诺。与多家金融机构合作，通过其分销网络将绿色债券推向更广泛的投资者群体，包括社会责任投资基金、商业银行、保险公司等。利用社交媒体、行业论坛、新闻发布等方式提升公司及项目的公众知名度，强化品牌形象。

4. 法律合规与监管审批

遵循中国人民银行、证监会、交易场所等相关部门关于绿色债券发行的规定，确保所有文件、信息披露符合法律法规要求。完成项目认证，获得第三方绿色评估机构对项目符合绿色债券标准的认证报告。

5. 发行与资金使用监控

2023 年 6 月，OETC 成功完成绿色债券发行，实际募集资金超过原定目标，达到人民币 11 亿元，表明市场对其绿色项目的高度认可。设立专项账户，确保募集资金专款专用，并定期公开披露资金使用情况和项目进展，接受投资者和社会监督。建立内部控制系统，跟踪监测项目效益，确保达到预期的环境与财务绩效指标。

通过精心策划和执行上述筹资管理策略，OETC 成功利用绿色债券市场筹集到所需资金，推动了重要可再生能源项目的落地。这一案例展现了企业在面临重大投资需求时如何结合市场趋势、政策导向、自身战略定位，运用多元化筹资工具，特别是在绿色金融领域创新筹资模式，实现高效、低成本的资金筹集，并通过透明的信息披露与良好的投资者关系管理，增强市场信任，为后续融资活动奠定了坚实基础。

（资料来源：根据相关资料整理）

【思考】了解了人民银行在帮助解决民营企业、小微企业的融资困难方面所做的工作，你认为企业融资可以有哪几种方式？

学习任务一　了解筹资管理

筹资是企业根据其生产经营、对外投资和调整资本结构的需要，通过金融市场，运用筹资方式，经济有效地筹措和集中资本的财务行为。资本筹集是企业资本运动的起点，也是财务管理创造企业价值的必要条件。

一、企业筹资的动机

企业筹资的基本目的是为了自身的生存与发展。企业在持续的生存与发展中，其具体的筹资活动就常受特定的筹资动机所驱使。企业筹资的具体动机是多种多样的。例如，为购置设备，引进新技术，开发新产品而筹资；为对外投资，并购其他企业而筹资；为现金周转与调度而筹资；为偿付债务和调整资本结构而筹资等等。概括起来，企业筹资的动机可分为三种类型。

1. 扩张性筹资动机

扩张性筹资动机是指企业因扩大生产经营规模或增加对外投资而产生的追加筹资的动机。例如，企业开发新产品、修建厂房、购置设备、拓展市场、购买证券等往往都需要追加筹资。

扩张性筹资动机所产生的直接结果，是企业的负债和所有者权益总额的增加。

2. 调整性筹资动机

企业的调整性筹资动机是企业因调整现有资本结构的需要而产生的筹资动机。简言之，资本结构是指企业各种筹资的构成及其比例关系，企业的资本结构是企业采取的各种筹资方式组合而形成的。一个企业在不同时期由于筹资方式的不同组合会形成不尽相同的资本结构，随着相关情况的变化，现有的资本结构可能不再合理，需要相应地予以调整，使之趋于合理。

3. 混合性筹资动机

混合性筹资动机是指两种筹资动机的混合，既为生产经营或对外投资，又为偿还债务。

这种筹资动机所导致的筹资行为，既增加了企业的负债和所有者权益总额，又调整了各种权益之间的比例。

二、筹资的类型

（一）权益资本与债务资本

1. 权益资本

权益资本又称为自有资本，是指企业依法筹集并长期拥有、自主支配的资本来源。权益资本在资产负债表上体现为所有者权益（或股东权益），其内容包括实收资本（或股本）、资本公积、盈余公积金和未分配利润，可分别划入资本金和留存收益两大类。

其特点有：

（1）其所有权归属于企业的所有者，所有者借此参与企业管理并取得收益，同时承担相应的责任。

（2）它是法人财产权的体现和企业负债的载体，在企业存续期内，投资者除依法转让外无权抽回其投入的资本，因而被视为企业的“永久性资本”。

（3）企业无须还本付息，是一种高成本、低风险的资本来源。

2. 债务资本

债务资本又称为借入资本，是指企业依法筹措并依约使用、按期偿还的资本来源。债务资本在资产负债表上体现为负债总额，包括流动负债与非流动负债，其内容主要有金融机构的各种借款、应付债券、应付款项等。其特点有：

（1）它是企业债务，体现了企业和债权人之间的债权、债务关系。

（2）到期必须还本付息。

（3）它是一种低成本、高风险的资本来源，也是财务风险的主要根源。

（二）长期资本与短期资本

1. 长期资本

长期资本是指期限在 1 年以上的资本。其内容包括长期负债和权益资本，主要通过吸收直接投资、发行股票、发行长期债券、长期借款、融资租赁等方式来筹集。相对于短期资本，它是一种高成本、低风险的资本来源。

2. 短期资本

短期资本是指期限在 1 年以内的资金。其内容包括短期债务，一般通过短期借款、商业信用等方式来筹集。相对于长期资本，它是一种低成本、高风险的资本来源。

（三）直接筹资与间接筹资

1. 直接筹资

直接筹资是指企业不通过银行等金融机构，直接面对资本供应者借贷或发行股票、债券等方式所进行的筹资活动。在直接筹资过程中，筹资者和投资者通过双方都接受的合法手段，直接实现资金从所有者转移到资金使用方。其特点有：

（1）受金融市场及法律的限制较大。

（2）必须依附于一定的载体（如股票、债券等）。

（3）筹资范围广，可利用的筹资方式较多。随着金融工具的不断创新，企业选择的余地较大，是企业具有良好前景的筹资来源。

2. 间接筹资

间接筹资是指企业借助于银行等金融机构进行的筹资，其主要形式为银行借款、非银行金融机构借款、融资租赁等。它是目前我国企业最为重要的筹资方式，具有筹资效率高、交易成本低等优点，但这种形式的筹资范围较窄。

三、企业筹资的渠道与方式

企业筹资需要通过一定的筹资渠道，运用一定的筹资方式来进行。不同的筹资渠道和筹资方式各有特点和适用性，为此需要加以分析研究。筹资渠道与筹资方式既有联系，又有区别。同一筹资渠道的资本往往可以采用不同的筹资方式取得，而同一筹资方式又往往可以筹集不同筹资渠道的资本，这也需要分析研究两者之间的有效配合。

（一）筹资渠道

企业的筹资渠道是指企业筹集资本来源的方向与通道，体现着资本的源泉和流量。我国现阶段，企业的筹资渠道主要有以下七种：

1. 国家财政资金

国家财政资金是国有企业筹资的主要来源，政策性很强，通常只有国有企业才能利用。现有的国有企业，包括国有独资公司，其筹资来源的大部分，是由政府通过中央和地方财政部门以拨款方式投资而形成的。政府财政资本具有广阔的源泉和稳固的基础，并在国有企业资本金预算中安排，今后仍然是国有企业权益资本筹资的重要渠道。

2. 银行信贷资本

银行信贷资本是各类企业筹资的重要来源。银行一般分为商业性银行和政策性银行。在我国，商业性银行主要有中国工商银行、中国农业银行、中国建设银行、中国银行以及交通银行等；政策性银行有国家开发银行、中国农业发展银行和中国进出口银行。商业性银行可以为各类企业提供各种商业性贷款；政策性银行主要为特定企业提供一定的政策性贷款。银行信贷资本拥有居民储蓄、单位存款等经常性的资本来源，贷款方式灵活多样，可以适应各类企业债权资本筹集的需要。

3. 非银行金融机构资本

非银行金融机构资本也可以为一些企业提供一定的筹资来源。非银行金融机构是指除了银行以外的各种金融机构及金融中介机构。在我国，非银行金融机构主要有租赁公司、保险公司、企业集团的财务公司以及信托投资公司、证券公司。它们有的集聚社会资本，融资融物；有的承销证券，提供信托服务，为一些企业直接筹集资本或为一些公司发行证券筹资提供承销信托服务。这种筹资渠道的财力虽然比银行要小，但具有广阔的发展前景。

4. 其他法人资本

其他法人资本有时亦可为筹资企业提供一定的筹资来源。在我国，法人可分为企业法人、事业法人和团体法人等。它们在日常的资本运营周转中，有时也可能形成部分暂时闲置的资本，为了让其发挥一定的效益，也需要相互融通，这就为企业筹资提供了一定的筹资来源。

5. 民间资本

民间资本可以为企业直接提供筹资来源。我国企业和事业单位的职工和广大城乡居民持有大笔的货币资本，可以对一些企业直接进行投资，为企业筹资提供资本来源。

6. 企业内部资本

企业内部资本主要是指企业通过提留盈余公积和保留未分配利润而形成的资本。这是企业内部形成的筹资渠道，比较便捷，有盈利的企业通常都可以加以利用。

7. 国外资本

对于国外的投资者持有的资本，亦可加以吸收，从而形成外商投资企业的筹资渠道。

在上述各种筹资渠道中，政府财政资金、其他法人资本、民间资本、企业内部资本、国外资本，可以成为特定企业股权资本的筹资渠道；银行信贷资本、非银行金融机构资本、其他法人资本、民间资本、国外资本，可以成为特定企业债权资本的筹资渠道。

（二）筹资方式

企业筹资方式是指企业筹集资本所采取的具体形式和工具，体现着资本的属性和期限。这里，资本属性是指资本的股权或债权性质。筹资方式取决于企业资本的组织形式和金融工具的开发利用程度。目前，我国企业资本的组织形式多种多样，金融工具得到比较广泛的开发和利用，为企业筹资提供了良好的条件。认识企业筹资方式的种类及其特点和适用性，有利于企业准确地开发和利用各种筹资方式，实现各种筹资方式的合理组合，有效地筹集资本。

一般而言，企业筹资方式有以下七种：

（1）投入资本筹资。投入资本筹资是企业以协议形式筹集政府、法人、自然人等直接投入的资本，形成企业投入资本的一种筹资方式。投入资本筹资方式不以股票为媒介，适用于非股份制企业，是非股份制企业取得股权资本的基本方式。

（2）发行股票筹资。发行股票筹资是股份公司按照公司章程依法发行股票直接筹资，形成公司股本的一种筹资方式。发行股票筹资要以股票为媒介，仅适用于股份公司，是股份公司取得股权资本的基本方式。

（3）发行债券筹资。发行债券筹资是企业按照债券发行协议通过发售债券直接筹资，形成企业债权资本的一种筹资方式。在我国，股份有限公司、国有独资公司等可以采用发行债券筹资方式依法发行公司债券，获得大额的长期债权资本。

（4）发行商业本票筹资。发行商业本票筹资是大型工商企业或金融企业获得短期债权资本的一种筹资方式。它是一种新兴的短期筹资方式，目前在我国应用得还不普遍。

（5）银行借款筹资。银行借款筹资是各类企业按照借款合同从银行等金融机构借入各种款项的筹资方式。它广泛适用于各类企业，是企业获得长期和短期债权资本的主要筹资方式。

（6）商业信用筹资。商业信用筹资是企业通过赊购商品、预收货款等商品交易行为筹集短期债权资本的一种筹资方式。这种筹资方式比较灵活，为各类企业所采用。

（7）租赁筹资。租赁筹资是企业按照租赁合同租入资产从而筹集资本的特殊筹资方式。各类企业都可以采用租赁筹资方式，租入所需资产，并形成企业的债权资本。

在上述各种筹资方式中，投入资本和发行股票筹资方式可为企业取得永久性股权资本；发行债券和租赁筹资方式主要为企业获得长期债权资本；发行商业本票和商业信用筹资方式通常是为企业筹集短期债权资本；银行借款筹资方式既可以用于筹集长期债权资本，也可以用于筹集短期债权资本。

四、资金需要量预测

资金需要量的预测是企业确定筹资数量的依据。企业筹资需要量的多少，取决于企业投资规模的大小。预测筹资需要量的常用方法是销售百分比法。

销售百分比法是根据销售额与资产负债表、利润表项目之间的比例关系，来预测未来一定销售额下筹资需求量的方法。这种方法基于两个基本假设：①预测期的销售额已经由营销部门通过一定的方法预测完成；②销售与某些项目间的比率固定不变。

运用销售百分比法，要借助于预计资产负债表。通过编制预计资产负债表可以预测企业筹资需求总额和外部筹资额。编制预计资产负债表，要把表内项目分为三类：第一类是预计资产负债表中与销售额有着固定比率关系的项目，一般包括库存现金、应收账款、存货、固定资产净值、应付账款等项目，根据预测期预计销售额和基期资产负债表中这些项目与基期销售额的比率关系计算填列；第二类是留存收益项目，根据基期资产负债表中留存收益项目金额加预测期预计留存收益增加额计算填列；第三类是上述两类以外的其他项目，一般直接根据基期数额填列。预计资产负债表中以上各资产项目预计数与各负债项目、所有者权益项目预计数之差，即为预测期企业需要追加的外部筹资数额。

运用销售百分比法预测筹资需要量的具体计算方法有两种：一种是根据销售总额预计资产、负债和所有者权益总额，然后确定筹资需要量；另一种是根据销售的增加额预计资产、负债和所有者权益的增加额，然后确定筹资需要量。

（一）根据销售总额确定筹资需要量

【例 3-1】ABC 公司 2023 年年末资产负债表（简表）见表 3-1。

表 3-1 资产负债表（简表）

2023 年 12 月 31 日　　单位：万元

资产		负债和股东权益	
项目	金额	项目	金额
货币资金	400	应付账款	440
应收账款	400	预收款项	60
存货	1 600	非流动负债合计	780
预付款项	150	股本	900
固定资产	650	留存收益	1 020
资产总计	3 200	负债和股东权益总计	3 200

根据历史资料考察，货币资金、应收账款、存货、固定资产、应付账款、预收款项等项目与销售收入变化成正比，其他资产、负债项目不随销售收入变动而变动。该企业2023年度销售收入40 000万元，实现净利1 000万元，支付股利600万元。计划年度预计销售收入比2023年增长25%，销售净利润率比2023年增长10%，股利支付率保持2023年水平。要求运用销售百分比法预测计划年度外部筹资需要量。

第一步，计算与销售额成正比的资产、负债项目与销售额之间的比率——销售百分比：

货币资全销售百分比＝400÷40 000×100%＝1%

应收账款销售百分比＝400÷40 000×100%＝1%

存货销售百分比＝1 600÷40 000×100%＝4%

固定资产销售百分比＝650÷40 000×100%＝1.625%

应付账款销售百分比＝440÷40 000×100%＝1.1%

预收款项销售百分比＝60÷40 000×100%＝0.15%

第二步，计算预计销售额下的与销售额成正比的资产、负债项目：

货币资金＝50 000×1%＝500（万元）

应收账款＝50 000×1%＝500（万元）

存货＝50 000×4%＝2 000（万元）

固定资产＝50 000×1.625%＝812.5（万元）

应付账款＝50 000×1.1%＝550（万元）

预收款项＝50 000×0.15%＝75（万元）

第三步，计算预计留存收益：

预计销售净利润率＝(1 000÷40 000)×(1＋10%)＝2.75%

股利支付率＝600÷1 000×100%＝60%

预计留存收益＝基期留存收益＋预计留存收益增加额

＝基期留存收益＋预计销售额×预计销售净利润率×(1－股利支付率)

＝1 020＋50 000×2.75%×(1－60%)＝1 570（万元）

第四步，编制进行外部筹资前的预计资产负债表（见表3-2）。

表3-2　进行外部筹资前的资产负债表（简表）　　单位：万元

资　产		负债和股东权益	
项　目	金　额	项　目	金　额
货币资金	500	应付账款	550
应收账款	500	预收款项	75
存　货	2 000	非流动负债合计	780
预付款项	150	股本	900
固定资产	812.5	留存收益	1 570
资产总计	3 962.5	负债和股东权益总计	3 875

第五步，利用会计恒等式，确认外部筹资需要量。

外部筹资需要量＝预计资产总计－预计负债与股东权益总计

＝3 962.5－3 875＝87.5（万元）

（二）根据销售增加额确定筹资需要量

外部筹资需要量＝资产增加－负债增加－留存收益增加
＝资产销售百分比×销售增加额－负债销售百分比×销售增加额－预计销售净利润率×销售额×(1－股利支付率)

【例 3-2】 承例 3-1，要求根据销售增加额确定外部筹资需要量。

销售增加额＝50 000－40 000＝10 000（万元）

资产销售百分比＝（400＋400＋1 600＋650）÷40 000×100%＝7.625%

负债销售百分比＝（440＋60）÷40 000×100%＝1.25%

外部筹资需要量＝7.625%×10 000－1.25%×10 000－50 000×2.75%×(1－60%)
＝87.5（万元）

这种方法可以清楚地反映销售百分比法的实质，即利用销售额与财务报表各项目之间的联系，考虑随着销售的增加，在资产占用增加的同时，负债将自然增长，留存收益也相应增加，据此测算预测期外部筹资需要量。

学习任务二　认知权益资金筹集

权益资金的筹集方式主要有吸收直接投资、发行普通股、发行优先股留存收益筹资和认股权证筹资等。

一、吸收直接投资

吸收直接投资是指非股份制企业按照“共同投资、共同经营、共担风险、共享利润”的原则直接吸收国家、法人、个人投资者投入资金的一种筹资方式。吸收投资与发行股票、留存收益都是企业筹集自有资金的重要方式。吸收投资中的出资者都是企业的所有者，他们对企业具有经营管理权，并按其出资比例分享利润、承担损失。

（一）吸收直接投资的种类

1. 按筹资来源划分

按筹资来源划分，吸收直接投资分为以下四类：

（1）吸收国家直接投资，形成企业的国有资本。

（2）吸收其他企业、事业单位等法人的直接投资，形成企业的法人资本。

（3）吸收企业内部职工和社会公众的直接投资，形成企业的个人资本。

（4）吸收国外投资者的直接投资，形成企业的外商资本。

2. 按投资者的出资形式划分

按投资者的出资形式划分，吸收直接投资分为以下两类：

（1）吸收现金投资。现金是最常见的投资形式。

（2）吸收非现金投资。非现金投资主要包括两种形式：一是材料、燃料、产品、房屋建筑物、机器设备等实物资产投资；二是专利权、非专利技术、商标权、土地使用权等无形资产投资。

（二）吸收直接投资的程序

1. 合理确定吸收直接投资的数量

企业的筹资规模应与其生产经营需要相适应，既要避免筹资规模过大而造成资产闲置，又要避免因筹资规模不足而影响资产经营效益。

2. 正确选择出资形式并保持合理的出资结构与资产结构

现金出资与非现金出资间的比例，实物资产与无形资产间的比例，流动资产与长期资产间的比例，均应满足资产的流动性和收益性的需要。

3. 签署合同或协议

企业在吸收投资的过程中，必须以合同或协议形式明确投资过程中的产权关系，包括企业与投资者之间、各投资者之间的产权关系。对于企业与投资者之间的产权关系，应以各投资者投入资产并办理产权转移手续为前提；对于各投资者之间的产权关系，应以合同、协议的方式确定投资金额、比例和投资方式，并具法律效力。

4. 取得筹资来源

合同或协议签署后，应按规定取得筹资来源。投资者以现金出资的，应按规定的时间和金额投入指定的账号；以实物和无形资产出资的，应进行合理估价，并办理产权转移手续，取得资产。

（三）吸收直接投资筹资的评价

吸收直接投资具有下列优点：

（1）所筹集资本属于企业权益资本，能提高企业对外负债的能力。

（2）这种筹资方式不仅可筹得现金，而且能够直接取得所需的先进设备和技术，能尽快地形成生产经营能力。

（3）与股票筹资相比，筹资履行的法律程序相对简单，筹资速度更为快捷。

（4）所筹资本是“永久性资本”，财务风险较低。

但吸收直接投资筹资方式也存在缺点，主要体现在：

（1）筹资成本较高。

（2）由于不以证券为媒介，不便于产权转让和交易。

二、发行普通股

股票是股份有限公司为筹集权益资本而发行的有价证券，是股东拥有公司股份的凭证。

股份有限公司根据投资与筹资的需要，可发行不同种类的股票。普通股按有无记名分为记名股票和无记名股票；按是否标明金额分为面值股票和无面值股票；按投资主体分为国家股、法人股和个人股；按发行对象和上市地区分为 A 股、B 股、H 股和 N 股等；股票按股东权利的不同分为普通股股票与优先股股票。

（一）普通股股东的权利

公司发行普通股股票筹集的资本称为普通股股本，它是股份有限公司的首要资本来源，也是股份有限公司筹集其他资本的基础。普通股股票持有者称为普通股股东。普通股股东在法律上享有的各种权利，以股东认购股份并缴清股款为标志。一般来讲，普通股股东依法享有下列权利：

（1）公司管理权，包括投票权、查账权、阻止越权的权利。

（2）分享盈余权，即按出资比例分取红利。

（3）出让股份权，即依照国家法规和公司章程出售或转让股票。

（4）优先认股权，即原有股东有权按持有公司股票的比例，优先认购公司新增发的股票。

（5）剩余财产要求权，即依法分取公司解散清算后的剩余财产。

（二）发行股票的条件

根据《中华人民共和国证券法》（以下简称《证券法》）和《上市公司证券发行管理办法》的规定，公司公开发行新股，应当符合下列条件：

（1）具备健全且运行良好的组织机构。

（2）具有持续盈利能力，财务状况良好。

（3）最近三年财务会计文件无虚假记载，无其他重大违法行为。

（4）经国务院批准的国务院证券监督管理机构规定的其他条件。

公司对公开发行股票所筹集资金，必须按照招股说明书所列资金用途使用。改变招股说明书所列资金用途，必须经股东大会作出决议。

（三）发行股票的程序

1. 设立发行股票的程序

（1）发起人认购全部股份，交付出资。

（2）提出募集股份申请。

（3）公告招股说明书，制作认股书，签订承销协议。

（4）招认股份，缴纳股款。

（5）召开创立大会，选举产生董事会、监事会。

（6）办理公司设立登记，交割股票。

2. 增资发行新股的程序

（1）股东大会作出发行新股的决议。

（2）由董事会向国务院授权的部门申请并经批准。

（3）公告招股说明书，制作认股书，签订承销协议。

（4）招认股份，缴纳股款，交割股票。

（5）召开股东大会改选董事、监事，办理变更登记并公告。

（四）股票上市

股票上市，是指股份有限公司发行的股票经批准在证券交易所进行挂牌交易。经批准在证券交易所上市交易的股票称为上市股票，其股份有限公司称为上市公司。

1. 股票上市的方式

公司股票上市可以通过股票首次公开发行方式，也可以通过买壳上市或借壳上市的方式。

股票首次公开发行（initial public offering，IPO），是指股份公司通过证券交易所第一次向公众投资者发行股票的行为。买壳上市，是指非上市公司通过收购一些业绩较差、筹资能力弱化的上市公司，剥离被收购公司资产，注入自己的资产，从而实现间接上市的目的。借壳上市，是指上市公司的母公司（集团公司）通过将主要资产注入到上市的子公司中，来实现母公司的上市。

买壳上市与借壳上市都是一种对上市公司“壳”资源进行重新配置的活动，都是为了实现间接上市，但买壳上市的企业首先需要获得一家上市公司的控制权，而借壳上市的企业则要求已经拥有了对上市公司的控制权。买壳上市或借壳上市成败的关键在于对上市公司“壳”资源的选择和重新配置。

2. 股票上市的利弊

股份公司申请股票上市，其基本目的是为了增强本公司股票的吸引力，形成稳定的资本来源，能在更大范围内筹措大量资本。股票上市的优点主要体现在：

（1）便于筹措新的资金。非上市公司在筹措新资金时，可以选择的筹资方式十分有限。股票上市可以使公司在公开市场上以更有利的条件取得资本。一般认为，上市公司具有更好的信用，成为上市公司在拓宽股权筹资渠道的同时也增加了获得信贷资金的可能性。

（2）便于确定公司的价值。股票上市后，可以通过对股票市价的观测确定公司价值。股票市价是理性的投资者对企业价值形成的综合判断的直接表现。同时，公开市场上的股票价格也为公司经营提供有用的信息。在有效市场条件下，股票价格的上涨或下跌从一个侧面反映了公司的经营情况，便于经营者及时发现经营中的问题，及时调整经营方针，促进企业健康、持续地发展。

（3）便于原始股东分散风险。股票上市后，公司的原始股东可以将其持有的部分公司股票转售给其他投资者，再将所得资金投资到其他资产上，以达到优化个人资产组合、分散投资风险的目的。

（4）提高股权的流动性和变现能力。股票上市大大提高了公司股权的流动性和变现能力，尤其是当公司对管理层和员工采取股权激励方式时，股票上市为其股权的变现提供了便利，使上市公司能够吸引更多的优秀人才。

（5）提高公司知名度、扩大销售。股票上市会提高公司知名度，增强客户和供应商对公司的信心，扩大销售。

但股票上市对上市公司也有不利的一面，主要体现在：

（1）可能稀释原有股东的控制权。股票上市可能使原有股东的控制权被稀释，在一些情况下，老股东会失去对公司的控制权。在公司上市的情况下，原来的控制者想要维持对公司的控制，可能要付出更高的成本。

（2）维持上市地位需要支付很高的费用。成为上市公司需要支付高额的上市费用，包括资产评估费用、股票承销费用、律师费、注册会计师费用等；成为上市公司后，公司每年还需要支付大量的费用，如必须聘请会计师审计定期财务报告，并提交政府管理部门和投资者等利益相关者，需要支付审计费用和定期报告印刷费用，其报告成本相当可观，特别是对小公司而言，这种信息披露成本是一种沉重的负担。

（3）必须对外公开公司的经营状况与财务资料。上市公司各种信息“公开”的要求可能会暴露公司的商业秘密，使竞争对手有机可乘，他们可以透过公司披露的信息了解公司经营情况并制定相应对策。

（4）降低公司决策效率。成为上市公司后，公司需要遵守更多的公司治理规范，所有重要的决策都需要经董事会讨论通过，部分至关重要的决策甚至需要由全体股东投票决定。这个过程可能是很漫长的，相比私人公司的灵活决策而言，上市公司的决策效率降低了。

此外，投资者经常以公司盈利、分红、股价来判断经理人员的业绩，这些压力往往使得经理人员注重短期效益而忽略长期效益。

3. 股票上市的条件

我国《证券法》与相关股票交易法规规定，股份有限公司申请股票上市，应当符合下列条件：

（1）股票已公开发行。

（2）公司股本总额不少于人民币 5 000 万元。

（3）公开发行的股份达到公司股份总数的 25%以上，公司股本总额超过 4 亿元的，公开发行股份的比例为 10%以上。

（4）公司最近三年无重大违法行为，财务会计报告无虚假记载。

（5）交易所要求的其他条件。

具备上述条件的股份有限公司经申请，由国务院或国务院授权的证券管理部门批准，其股票方可上市。股票上市公司必须公告其上市报告，并将其申请文件存放在指定的地点供公众查阅。上市公司还必须按规定定期公布其财务状况和经营情况。

我国《证券法》规定，上市公司不再具备上市条件时，其股票应当暂停上市交易，如：公司股本总额、股权分布等发生变化不再具备上市条件；公司不按照规定公开其财务状况，或者对财务会计报告作虚假记载，可能误导投资者；公司有重大违法行为；公司最近 3 年连续亏损等情形。

我国《证券法》还规定，上市公司有下列情形之一的，由证券交易所决定终止其股票上市交易：公司股本总额、股权分布等发生变化不再具备上市条件，在证券交易所规定的期限内仍不能达到上市条件；公司不按照规定公开其财务状况，或者对财务会计报告作虚假记载，且拒绝纠正；公司最近 3 年连续亏损，在其后一个年度内未能恢复盈利；公司解散或者被宣告破产；证券交易所上市规则规定的其他情形。

（五）普通股筹资的评价

与其他筹资方式相比，普通股筹资具有下列优点：

（1）股本没有固定的到期日，无须偿还。它是公司永久性资本，在公司持续经营期内都无须偿还，除非公司清算解散。

（2）没有固定的股利负担。公司有盈利，并认为适合分配股利，就可以分给股东；公司盈利较少或虽有盈利但现金短缺或有更有利的投资机会，也可以少付或不付股利。

（3）筹资风险小。由于普通股股本没有固定的到期日，一般也不用支付固定的股利，不存在还本付息的风险。

（4）普通股筹资形成权益性资本，能增强公司信誉。普通股股本以及由此产生的资本公积金和盈余公积金等，是公司举债的基础，有利于提高公司的举债能力。

普通股筹资也有其缺点，主要表现在：

（1）资本成本较高。从投资者的角度讲，投资于普通股风险较高，相应地要求有较高的投资报酬率；对于筹资公司来讲，普通股股利从税后利润中支付，不像债券利息那样作为费用从税前支付，因而不具抵税作用。普通股的发行费用一般也高于其他证券。

（2）可能分散公司的控制权。

（3）可能导致股票价格下跌。由于新股东对已积累的盈余具有分享权，会降低普通股的每股收益，从而可能引起普通股市价的下跌。

三、发行优先股

按照许多国家的公司法，优先股可以在公司设立时发行，也可以在公司增资发行新股时发行。有些国家的法律则规定，优先股只能在特定情况下，如公司增发新股或清偿债务时方可发行。公司发行优先股，在操作方面与发行普通股无较大差别。这里集中分析优先股的特殊之处。

（一）优先股的特征

优先股是相对于普通股而言的，是较普通股具有某些优先权利，同时也受到一定限制的股票。优先股的含义主要体现在“优先权利”上，包括优先分配股利和优先分配公司剩余财产。具体的优先条件须在公司章程中明确规定。

优先股与普通股具有某些共性，如优先股亦无到期日，公司运用优先股所筹资本，亦属股权资本。但是，它又具有公司债券的某些特征。因此，优先股被视为一种混合性证券。

优先股与普通股比较一般具有如下特征：

1. 优先分配固定的股利

优先股股东通常优先于普通股股东分配股利，且其股利一般是固定的，受公司经营状况和盈利水平的影响较少。所以，优先股类似于固定利息的债券。

2. 优先分配公司剩余财产

当公司解散、破产等进行清算时，优先股股东优先于普通股股东分配公司的剩余财产。

3. 优先股股东一般无表决权

在公司股东大会上，优先股股东一般没有表决权，通常也无权过问公司的经营管理，仅在涉及优先股股东权益问题时享有表决权。因此，优先股股东不大可能控制整个公司。

4. 优先股可由公司赎回

发行优先股的公司，按照公司章程的有关规定，根据公司的需要，可以以一定的方式将所发行的优先股赎回，以调整公司的资本结构。

（二）优先股的种类

1. 累积优先股和非累积优先股

累积优先股是指公司过去年度未支付的股利可累积计算由以后年度的利润补足付清。非累积优先股是指不能将当年未能支付的优先股股利累积到以后年度支付。

2. 可转换优先股与不可转换优先股

可转换优先股是股东可在一定时期内按一定比例把优先股股票转换为普通股股票。转换的比例是事先确定的，其数值的大小取决于优先股和普通股的市场价格。不可转换优先股是指不能转换为普通股的优先股股票。不可转换优先股只能获得固定的股利，而不能获得转换收益。

3. 参加优先股和不参加优先股

参加优先股是指当公司盈余在按规定分配给优先股和普通股后而仍有盈余可供分配股利时，能够与普通股一道参加分配额外股利的优先股，即其持有人可按规定的条件和比例将其转换为公司的普通股或公司债券。这种优先股能增加筹资和投资双方的灵活性，近年来在国外日益流行。不参加优先股是指不能参加剩余利润分配，只能取得固定股利的优先股。

4. 可赎回优先股与不可赎回优先股

可赎回优先股是指股份有限公司出于减轻股利负担的目的，可按规定以原价购回的优先股。不可赎回优先股是指公司不能购回的优先股。

（三）优先股筹资的评价

1. 优先股筹资的优点

（1）没有固定的到期日，不用偿还本金。

（2）股利支付既固定，又有一定弹性。如果财务状况不佳，则可暂时不支付优先股股利。因而，优先股股东也不能像债权人那样可能迫使公司破产。

（3）优先股属于自有资金，能增强公司信誉及借款能力。

（4）保持普通股股东对公司的控制权。当公司既想向外界筹措股权，又想保持原有股东的控制权时，利用优先股筹资尤为恰当。

2. 优先股筹资的缺点

（1）优先股成本低于普通股成本，但一般高于债券成本。

（2）对优先股筹资的制约因素较多。例如，为了保证优先股的固定股利，当企业盈利不多时普通股就可能分不到股利。

（3）可能形成较重的财务负担。优先股要求支付固定股利，但又不能在税前扣除，当盈利下降时，优先股的股利可能会成为公司一项较重的财务负担，有时也不得不延期支付，会影响公司的形象。

四、留存收益筹资

留存收益筹资也称为“内源筹资”或“内部筹资”，它是企业将实现利润的一部分甚至全部留下作为资本来源的一种筹资方式。

（一）留存收益筹资的具体形式

留存收益筹资的具体形式有按法定要求提取盈余公积金、当期利润不分配等。留存收益的实质是所有者向企业追加投资，对企业而言是一种筹资来源。

（二）留存收益筹资的评价

留存收益筹资的优点主要体现在：

（1）不发生筹资费用。

（2）可使企业的所有者获得税收上的利益。由于资本利得税率一般低于股利收益税率，股东往往愿意将收益留存于企业而通过股票价格的上涨获得资本利得，从而避免取得现金股利应交的较高的个人所得税。

（3）留存收益筹资在性质上属于权益资本，可提高企业信用和对外负债能力。

留存收益筹资的缺点主要体现在：

（1）留存收益的数量常常会受到某些股东的限制，尤其受到依靠股利维持生活的股东的反对。

（2）留存收益过多、股利支付过少，可能会影响今后的外部筹资，同时不利于股票价格的提高，影响企业在证券市场上的形象。

五、认股权证筹资

（一）认股权证的概念与特征

认股权证，又称“认股证”或“权证”，是一种约定该证券的持有人可以在规定的某段期间内，有权利（而非义务）按约定价格向发行人购买标的股票的权利凭证。按照权利内容，权证分为认购权证和认沽权证。如果在权证合同中规定持有人能以某一个价格买入标的资产，那么这种权证就叫认购权证。如果在权证合同中规定持有人能以某一个价格卖出标的资产，那么这种权证就叫认沽权证。

作为公司筹资工具的认股权证是指认购权证，它是由公司发行的授权其持有者按预定价格优先购买一定数量普通股的权证。这是一种典型意义上的选择权。这种选择权的行使对公司意味着权益资本量的增加。

认股权证所附的证券主要包括普通股与公司债券，即附认股权的普通股筹资与附认股权的债券筹资。在实际经济活动中，它常伴随着债券一同发行，旨在刺激投资者购买公司较低利率的长期债券。

认股权证可以同债券分离，也可联结在一起，可分离的认股权证可与债券分开出售，其债券持有人无须为获得认股权证价值而行使其购股权；不可分离的认股权则不能与债券分开出售，它只有在债券持有人行使了优先认股权并购买了股票之后才可以与债券分开。

认股权证对持有人而言类似于购买期权内持有人在规定的期限内可以按执行价格购入股票，也可以放弃权利，或者直接转让。执行价格是指认股权证规定的股票购买价格。促使认股权证持有人行使权力的主要原因有：

（1）股票市场价格超过认股权证的行使价格（即股票的执行价格）。

（2）公司增长潜力大，未来有盈利前景看好。

（3）公司提高股票的派息率。

（二）认股权证的理论价值

同其他选择权一样，认股权证只有在股票市场价格上升的条件下才具有价值。

$$\text{认股权证的理论价值} = N \times P - E$$

式中，N 为一张认股权证可以购买的普通股股数；P 为普通股票的市场价格；E 为凭一张认股权证购买 N 股普通股的价格。

例如，如果 A 公司普通股的市场价格为 15 元，而该公司认股权证的股票执行价格为 10 元，每张认股权证可以购买 1 股股票，则认股权证的理论价值为 5 元。

一般而言，认股权证的理论价值是出售认股权证的最低价值，即底价。如果认股权证的市场价格低于其理论价值，则套利行为就会产生，即购入认股权证，凭证购买股票，再将买来的股票抛售出去。当套利行为大量发生时，套利的最终收益等于零。

（三）认股权证筹资的评价

利用认股权证筹资的最大优点是可以降低筹资成本。对于增长速度很快的公司而言，利用债券和优先股筹资很可能被要求很高的报酬率，因为潜在投资者只有在高价位的利率水平上才能接受此类风险证券，对公司而言，其筹资成本较高；但是，如果将此类债券附上认股权证，由于收益潜在预期，公司可以降低其证券必要的报酬率。对投资者来说，如果对公司潜在收益的预期非常乐观，也将愿意接受较低的现时收益率和不很严格的市场签约条件。

然而，认股权证的价值都是建立在预期之上的。对投资者而言。由于杠杆作用的存在，使得认股权证的行使成为一种高收益的投资，但需以公司未来股价上升为基础。离开这一基础，选择权将不会被行使，其投资也会造成损失。

学习任务三 认知负债资金筹集

负债是企业所承担的能以货币计量，需以资产或劳务偿付的债务。负债资金需要按期还本付息。本章阐述负债资金的筹集主要包括银行借款、发行债券、商业信用和融资租赁等方式。

一、银行借款

银行借款是指从银行和非银行金融机构借入的款项，按借款期限的不同分为短期借教与长期借款，按是否有担保分为信用借款与担保借款。下面对短期借款和长期借款进行介绍。

（一）短期借款

短期借款是指企业向银行和其他金融机构借入的、期限在 1 年以内的借款。

1. 短期借款的种类

短期借款通常按有无担保分为信用借款和担保借款。

2. 短期借款的信用条件

按照国际惯例，银行在发放短期借款时，通常会附加一些信用条件，主要有：

（1）信用额度，或称非承诺式信贷额度，它是银行对借款企业规定的无担保贷款的最高限额，通常企业在批准的信贷额度内，可随时按需要向银行申请借款，但银行并不承担必须提供全部信贷限额的义务。如果企业信誉恶化，即使曾同意过按信贷额度提供贷款，企业也可能得不到借款。

（2）周转信贷协议，或称承诺式信贷额度，它是银行向大企业提供的、具有法律义务的、不超过一定限额的信用贷款协议。企业享用周转信贷协议，通常要就贷款限额的未使用部分，存给银行一笔承诺费。

（3）补偿性余额，是银行要求借款人在银行中保持按实际借用额的一定比例计算的最低存款余额。补偿性余额的比例，一般在 10%～20%之间。其目的是降低银行的贷款风险。但对借款企业而言，补偿性余额减少了企业借用款项的实际可用金额，从而提高了银行贷款的实际利率。

实际利率＝利息÷可用借款额

＝（借款期×名义利率）÷（借款额－借款额×补偿性余额比率）

＝［名义利率÷（1－补偿性余额比率）］×100%

【例 3-3】 某企业按年利率 10%向银行借入 200 万元，银行要求企业按借款期的 18%保持补偿性余额。因此，企业实际可用资金为 164 万元，该借款的实际利率为：

$$实际利率=\frac{200\times10\%}{164}=12.2\%$$

（4）借款抵押。银行向风险较大的借款人或对其信誉没有把握的借款人提供贷款，有时需要有抵押品担保，以减少蒙受损失的风险。短期借款的抵押品，通常是应收账款、存货、股票和债券等。银行接受抵押品后，一般按抵押品面值的30%～90%发放贷款。抵押借款的成本通常高于非抵押借款的成本。

（5）偿还条件。贷款的偿还，有到期一次偿还和在贷款期内定期（每月、季）等额偿还两种。一般来说，借款人不希望采用后一种偿还方式，这是因为此种还款方式会提高借款的实际利率，而银行不希望采用前一种偿还方式，因为它增加了借款人的拒付风险，同时会降低贷款实际利率。

3. 短期借款利息支付方式

一般来说，借款人可以用利随本清法、贴现法等方式向银行支付利息。

（1）利随本清法，又称收款法，是在借款到期时向银行支付利息的方法。银行向工商企业发放的贷款，大都采用这种方法收息。

（2）贴现法，是银行向借款企业发放贷款时，先从本金中扣除利息，而到期时借款企业再偿还全部本金的一种计息方法。采用此法，借款企业可利用的借款额只有本金减去利息部分后的差额，因此，贷款的实际利率要高于其名义利率。

4. 短期借款筹资的评价

短期借款筹资具有下列优点：

（1）筹资速度快，容易取得。借款取得所需时间短，程序较为简单，可以快速获得现金，较快地满足经营需要。

（2）筹资成本低。短期借款的成本在各种筹资方式中是最低的。

（3）借款弹性好。企业可以直接与银行接触，协商借款金额、期限和利率，可随借随还。

（4）可以取得财务杠杆利益。当企业的总资产报酬率大于借款利率时，会提高股东权益报酬率（净资产收益率）。

但短期借款筹资也有财务风险较大、筹资数量有限等缺点。

（二）长期借款

长期借款是指企业向银行或其他非银行金融机构借入的、使用期限超过1年的借款。长期借款主要用于购建固定资产和满足永久性流动资产的需要。

1. 长期借款的种类

（1）按照借款用途不同，长期借款可分为基本建设借款、更新改造借款、科技开发和新产品试制借款等。

（2）按照提供贷款的机构不同，长期借款可分为政策性银行借款、商业性银行借款及其他金融机构借款等。

（3）按照有无担保，长期借款可分为信用借款和抵押借款。与短期借款不同的是，长期借款的抵押（质押）品通常是房屋、建筑物、机器设备及土地使用权、股票、债券等权利凭证。

2. 长期借款的程序

（1）企业提出申请。企业申请借款必须符合贷款原则和条件，填写包括借款金额、借款用途、偿还能力以及还款方式等主要内容的借款申请书，并提供以下资料：借款人及保证人的基本情况；财政部门或会计师事务所核准的上年度财务报告；抵押物清单及同意抵押的证明，保证人拟同意保证的有关证明文件；项目建议书和可行性报告；贷款机构认为需要的其他资料等。

（2）贷款机构审批。贷款机构接到企业的申请后，要对企业的申请进行审查，包括对借款人的信用等级进行评估；对借款的合法性、安全性和借款人的盈利性进行调查，核实抵押物、保证人情况，测定贷款风险等，以确定是否发放贷款。

（3）签订借款合同。借款合同是规定借贷各方权利和义务的契约，其内容分为基本条款和限制条款。限制条款不是借款合同的必备条款。基本条款则是借款合同必备条款，其内容一般包括借款种类、借款用途、借款金额、借款利率、借款期限、还款资金来源及还款方式、保证条款、违约责任等。

（4）企业取得借款。借款合同生效后，企业便可取得借款。贷款人不按合同约定按期发放贷款，以及借款人不按合同的约定用款的，都要偿付违约金。

（5）企业偿还借款。待借款合同到期时，企业应按借款合同的规定按时足额还本付息。如果企业不能按期归还，应在借款到期之前，向贷款机构申请贷款展期。由贷款机构根据具体情况决定是否展期。

3. 长期借款合同的限制条款

由于长期借款的期限长、风险大，按照国际惯例，贷款机构通常对借款企业提出一些有助于保证贷款按时足额偿还的限制条件，这些条件写进借款合同中，形成了合同的限制条款。归纳起来，限制条款大致有如下三类：

（1）一般性限制条款。一般性限制条款应用于大多数借款合同，但根据具体情况会有不同内容。一般包括：企业需持有一定限度的现金及其他流动资产，保持其资产的流动性及支付能力；限制支付现金股利和股票回购；限制资本支出规模；限制借款企业借入其他长期债务；等等。

（2）例行性限制条款。它作为例行常规，在大多数借款合同中都会出现，主要包括：借款企业定期向银行报送财务报表；不准在正常情况下出售较多的资产，以保持企业正常的生产经营能力；不得为其他单位或个人提供担保；限制租赁固定资产规模，以防止过多的租金支付；及时清偿到期债务（特别是短期债务）；禁止应收账款的转让；等等。

（3）特殊性限制条款。特殊性限制条款是针对某些特殊情况而出现在少数借款合同中的，如：贷款专款专用；不准企业投资于短期内不能收回资金的项目；限制企业高级职员的薪金和奖金总额；要求企业主要领导人在合同有效期间担任领导职务；要求企业主要领导人购买人身保险；等等。

4. 长期借款筹资的评价

长期借款筹资具有下列优点：

（1）筹资速度快。借款的手续比发行证券筹资简单得多，得到借款所需要的时间较短，可以迅速地筹资。

（2）筹资成本较低。与股票筹资相比，其利息可在所得税前支付，故可减少企业实际负担的成本；与债券相比，无须支付大量的发行费用。

（3）借款弹性好。借款时企业与贷款机构直接交涉，容易就借款的时间、数量、还款方式、利率达成协议。用款期间，如企业情况发生变动，也可与贷款机构再协商修改部分合同条件，这比债券筹资方便得多。

（4）可以发挥财务杠杆的作用。只要投资报酬率大于借款利率，企业所有者将会因财务杠杆的作用而获得更多的收益。

但长期借款也有筹资风险较高、限制条款较多和筹资数额有限等缺陷。

二、发行债券

债券是债务人为筹集债务资本而发行的、约定在一定期限内向债权人还本付息的有价证券。它是一种借款人同意在未来一定时期内将本金和利息付给债券持有人的长期契约。此处涉及的债券系指公司债券。公司债券有三个基本要素：债券面值、期限和利率。

债券按发行的保证条件不同，分为信用债券、抵押债券；按债券是否记名，分为记名债券和无记名债券；按利率不同，分为固定利率债券和浮动利率债券；按能否转换为公司普通股票，分为可转换债券和不可转换债券；按债券是否上市交易，分为上市债券和非上市债券；按债券是否可赎回，分为可赎回债券和不可赎回债券。

（一）发行债券的条件

按照国际惯例，发行债券需要符合规定的条件，一般包括发行债券最高限额、发行公司净资产最低限额、公司获利能力、债券利率水平等。我国《证券法》规定，公开发行公司债券，应当符合下列条件：

（1）股份有限公司的净资产额不低于人民币 3 000 万元，有限责任公司的净资产额不低于人民币 6 000 万元。

（2）累计债券余额不超过公司净资产的 40%。

（3）最近 3 年平均可分配利润足以支付公司债券 1 年的利息。

（4）筹集的资金投向符合国家产业政策的项目。

（5）债券的利率不超过国务院限定的利率水平。

（6）国务院规定的其他条件。

公开发行公司债券筹集的资金，必须用于核准的用途，不得用于弥补亏损和非生产性支出。有下列情形之一的，不得再次发行公司债券：

（1）前一次发行的公司债券尚未募足的。

（2）对已发行的公司债券或者其债务有违约或延迟支付本息的事实，且处于持续状态。

（3）违反证券法，改变公开发行公司债券所募资金的用途。

（二）发行债券的程序

我国企业发行公司债券必须遵循《中华人民共和国公司法》（以下简称《公司法》）规定的条件和程序。公司发行债券的一般程序为：

1. 作出发行债券的决议或决定

公司发行债券由董事会制订方案，股东大会决议。决议的具体内容包括公司债券发行总额、票面金额、发行价格、募集办法、债券利率、偿还日期及方式等。

2. 提出发行债券申请

公司发行债券由国务院证券管理部门批准。公司申请时应提交公司登记证明、公司章程、公司债券募集办法、资产评估报告和验资报告等文件。

3. 公告债券募集办法

发行公司债券的申请经批准后，公开向社会发行债券，应当公告债券募集办法。其主要内容包括发行债券总额和债券面额、债券利率、还本付息的期限与方式、债券发行的起止日期、公司净资产额、债券的承销机构等。若是可转换债券，还应规定具体的转换办法。

4. 募集债券资金

公司债券的发行方式有直接向社会发行（私募发行）和由证券经营机构承销发行（公募发行）两种，我国公司债券采用公募发行，即通过证券承销机构向社会发售债券，投资者直接向承销机构付款购买，承销机构交付债券并结算预付的债券款。

（三）债券的发行价格

服务的发行价格是债券发行时所使用的价格，即投资者购买债券时所实际支付的价格。

1. 影响债券发行价格的因素

影响债券发行价格的因素主要有债券面额、票面利率、市场利率、债券期限、利息支付方式等。其中，主要的影响因素是票面利率与市场利率的一致程度。债券的票面利率在债券发行时已参照市场利率确定下来，并载明于债券票面，无法改变，但市场利率经常发生变动。在发售债券时，如果票面利率与市场利率不一致，为了协调债券购销双方在债券利率上的利益，就需要调整发行价格。当票面利率高于市场利率时，债券的发行价格低于其面额，否则以平价发行债券。

2. 债券发行价格的确定方法

债券的投资价值由债券到期还本面额按市场利率折现的现值与债券各期利息的现值决定。因此，债券发行价格的计算公式为：

$$P=\sum_{t=1}^{n}\frac{i\times F}{(1+K)^t}+\frac{F}{(1+K)^n}$$

式中，P 为债券发行价格；i 为债券票面利率；F 为债券面值；n 为债券期限；t 为付息期数；K 为贴现率（一般取市场利率）。

（四）债券评级

公司公开发行债券通常需要由债券评信机构评定信用等级。债券的信用等级对于投资者和发行公司都很重要。对投资者而言，购买债券需承担一定的风险，需要通过权威的中介评级机构对发行公司的信用作出判断。对发行公司而言，债券等级越低就意味着越高的利息成本，提高债券等级可降低筹资成本。在公司自身信用较好、盈利能力较强的时候评定信用等级，可提升筹资能力和市场财务形象。

标准普尔和穆迪投资者服务公司是两家权威性债券评级公司。国际上流行的债券等级是三等九级。AAA 为最高级，AA 为高级，A 为上中级，BBB 为中级，BB 为中下级，B 为投机级，CCC 为完全投机级，CC 为量大投机级，C 为最低级。信用评级公司划分债券等级的主要依据有：公司的财务比率，如流动比率、负债比率、利息保障倍数等，评价公司的偿债能力或付现能力；债券有无担保或抵押；债券求偿权的次序；有无偿债基金；公司经营的稳定性；债券期限；等等。

（五）债券筹资的评价

债券筹资具有下列优点：

（1）筹资成本较低。与股票筹资相比，债券的利息在所得税前支付，发行公司可享受节税利益，因而其筹资成本相应较低。

（2）可利用财务杠杆作用。由于债券的利息一般固定，不会因企业利润增加而增加持券人的收益，能为企业带来杠杆收益，增加股东财富。

（3）保障股东控制权。债券持有人一般无权参与发行公司的管理决策，公司发行债券不会像增发新股那样可能分散股东对公司的控制权。

（4）便于调整资本结构。在公司发行可赎回和可转换债券的情况下，便于调整资本结构。

但债券筹资也有下列缺点：

（1）财务风险较高。债券需到期还本付息，在公司经营不景气时，会给公司带来较大的财务压力，有时甚至导致破产。

（2）限制条件较多。发行债券的限制条件一般要比借款筹资和租赁筹资的限制条件多，从而限制了这种筹资方式的使用范围。

（3）筹资数量有限。公司利用债券筹资一般要受发行金额的限制。

三、商业信用

商业信用是商品交易中延期付款或延期交货所形成的借贷关系，是企业之间的一种直接信用关系。

（一）商业信用筹资的形式

1. 应付账款

应付账款是企业因购买货物而发生的应付未付的款项。卖方利用这种方式促销，对买方而言，延期付款相当于向卖方借用资金购进商品，可以满足短期资金的需要。应付账款由赊购商品形成的，产生于商品交换之中，是一种“自发性筹资”，它是最典型、最常见的商业信用形式。

应付账款按其是否有代价可分为三种信用形式：免费信用，指买方企业在规定的折扣期限内享受折扣而获得的信用；有代价信用，指买方企业放弃折扣付出代价而取得的信用；展期信用，指买方企业在规定的信用期限届满以后推迟付款而强制取得的信用。

应付账款筹资量的大小取决于信用额度、信用期限、现金折扣期、现金折扣率等因素。信用额度越大、信用期限越长，筹资的数量越多。同时，由于现金折扣期及现金折扣率的影响，使得企业在享有信用免费资本的同时，增加了因未享有现金折扣而产生的机会成本。因此，如何就扩大筹资数量、免费使用他人资本与享有现金折扣、减少机会成本进行比较，是应付账款管理的重点。

2. 应付票据

应付票据是买方根据购销合同，向卖方开出或承兑的商业票据，从而延期付款的一种信用。这种票据可由购货方或销货方开出，并由购货方承兑或请求其开户银行承兑，是一种正式的凭据。其付款期限由交易双方商定。在我国，一般为1～6个月，最长不超过9个月。

3. 预收账款

预收账款是指销货企业按照合同或协议规定，在交付货物之前向购货企业预先收取部分或全部货物价款的信用形式。一般在销售生产周期长、成本售价高的轮船、电梯、房产等产品中采用。

（二）在有现金折扣条件下利用商业信用的成本

在购买方企业利用商业信用筹资时，一般不会发生成本。但在销售方允许购买方在交易发生后一段时间内付款，若购买方提前付款时，销售方可以给予一定现金折扣的信用条件下，如果购买方放弃现金折扣的机会，利用商业信用将成为一种成本较高的短期筹资方式。其成本的计算公式为：

$$现金折扣成本=\frac{折扣率}{1-折扣率}\times\frac{360}{信用期-折扣期}$$

计算公式表明，放弃现金折扣的成本与折扣率的大小、折扣期的长短呈同方向变动，与信用期的长短呈反方向变化。

【例 3-4】 ABC公司赊购材料一批，销售方提供的信用条件是“2/10，n/30”（即信用期限为30天，30天内必须付款，如果10天之内付款，将给ABC公司2%的现金折扣，即只需要支付货款的98%就行了）。假如ABC公司决定放弃这项现金折扣，准备在30天到期时再付款。那么放弃该项现金折扣的成本为：

$$\frac{2\%}{1-2\%}\times\frac{360}{30-10}\times100\%=36.73\%$$

（三）利用现金折扣的决策

在附有信用条件的情况下，由于获得不同信用要付出不同的代价，买方企业便要在利用哪种信用之间作出决策，一般来说，存在以下四种情况：

（1）如果能以低于放弃现金折扣成本的利率借入资金，企业应在现金折扣期内用借入的资金支付货款，享受现金折扣。例3-4中，如果同期银行短期借款年利率为12%，则买方企业应利用银行借款在折扣期内偿还应付账款；否则，企业应放弃现金折扣。

（2）如果折扣期内，将应付账款用于短期投资的报酬率高于放弃现金折扣的成本，则企业应放弃折扣而去追求更高的投资收益。当然，为了降低放弃折扣的成本，企业应将付款日推迟至信用期内的最后一天，如例3-4中的第30天。

（3）如果企业因缺乏资金而逾期付款，随着逾期时间的增加，其放弃折扣的成本会相应降低，但这种成本的降低是以失去企业信誉为代价的，会导致将来失去更多的收益。因此，企业需在降低的成本与逾期付款带来的损失之间作出选择。

（4）如果有多家提供不同信用条件的卖方，在其他情况相同的条件下，买方企业应通过计算放弃折扣成本的大小来选择信用成本最小的一家。

（四）商业信用筹资的评价

商业信用筹资的具有下列优点：

（1）筹资便利。利用商业信用筹资非常方便，因为商业信用与商品买卖同时进行，是一种自然性筹资。

（2）筹资成本低。如果没有现金折扣，或企业不放弃现金折扣，则利用商业信用筹资没有实际资本成本。

（3）限制条件少。如果企业利用银行借款筹资，银行往往对贷款的使用规定一些限制条件，而利用商业信用则限制较少。

但商业信用筹资的时间一般较短，如果企业取得现金折扣，则时间会更短，如果放弃现金折扣，也存在较高的机会成本。

四、融资租赁

（一）融资租赁的含义

融资租赁又称资本租赁，是由出租人按照承租人的要求购买设备，并在契约或合同规定的较长期限内提供给承租人使用的信用业务。它是通过融物来达到融资的目的，是现代租赁的主要形式。融资租赁的特征恰好与经营租赁相反：

（1）出租人能够得到完全补偿。租赁期较长，租赁开始日租赁付款额的现值不小于租赁资产公允价值的大部分。因此，租赁资产的大部分风险可看作已转移给了承租人。

（2）出租人不提供设备维护和维修服务。

（3）承租人通常拥有在到期日续租的权利。

（4）融资租赁通常是不能被撤销的，即承租人必须支付全部租金或面临破产风险。

（二）融资租赁的形式

从出租人角度，按其所出租资产的投资来源不同，融资租赁有以下三种具体形式：

1. 直接租赁

它是承租人直接向出租人承租所需的资产，并向出租人交付租金的形式。直接租赁的出租人可以是制造商、租赁公司或金融机构等。除制造商外，其他出租人都向制造商或供应商购买租赁资产后再出租给承租人。这是融资租赁最典型的形式。

2. 售后回租

它是承租人根据协议将其资产卖给出租人然后又将其租回使用并按期向出租人支付租金的一种租赁形式。在这种形式下，承租人可获得出售资产的现金，同时又获得资产的使用权。

3. 杠杆租赁

这是国际上比较流行的一种融资租赁形式。它一般要涉及承租人、出租人和贷款人三方当事人。从承租人的角度看，它与其他融资租赁形式并无区别，同样是按合同的规定，在租期内获得资产的使用权，按期支付租金。但对出租人却不同，出租人只垫支购买资产所需现金的一部分（一般为 20%～40%），其余部分（为 60%～80%）则以该资产为担保向贷款人借资支付。因此，在这种情况下，租赁公司既是出租人又是借资人，据此既要收取租金又要支付债务，并要求其租赁收益大于借款成本支出。由于出租人借款购物出租可获得财务杠杆利益，故被称为杠杆租赁。

（三）融资租赁的程序

融资租赁业务，具有融资与融物的双重性质，其业务程序要比一般信贷业务复杂得多。

融资租赁的般程序是：

（1）选择租赁公司。企业决定采取融资租赁方式筹取某项设备时，要在多家租赁公司之间进行比较，了解各公司经营的范围、业务能力、资信情况、融资条件、租贷费率等情况，择优选定。

（2）办理租赁委托。企业选定租赁公司后，便可向其提出申请，办理委托。筹资企业需填写“租赁申请书”，说明所需固定资产的具体要求，并提供企业财务状况文件，如财务报表等。

（3）签订购货协议。由承租企业与租赁公司的一方或双方合作组织选定设备制造厂商，并与其进行技术和商务谈判，签订购货协议。

（4）签订租赁合同。租赁合同由承租企业与租赁公司签订，它是租赁业务的重要法律文件。融资租赁合同的内容可分为一般条款和特殊条款两部分。

（5）办理验货和投保。

（6）依约支付租金。

（7）处理租赁期满的固定资产。

租赁期满，承租人付清租金及有关手续费后，对租赁固定资产可以按合同规定续租、退租或留购。租赁期满的固定资产通常都以低价卖给承租企业或无偿赠送给承租企业。

（四）融资租赁的租金

租金的数额和支付方式对承租企业的未来财务状况具有直接的影响，也是租赁筹资决策的重要依据。

1. 融资租赁租金的构成

（1）设备价款。这是租金的主要内容，它由设备的买价、运杂费和途中保险费构成。

（2）租息，又可分为租赁公司的融资成本和租赁手续费两部分。融资成本是指租赁公司为购买租赁设备所筹资金的成本，即设备租赁期间的利息。租赁手续费包括租赁公司承办租赁设备的营业费用和一定的盈利。租赁手续费的数额一般由租赁公司和承租企业协商而定。

2. 租金的支付方式

租金的支付方式也影响到租金的计算。支付租金的方式一般有以下种类：

（1）按支付时期长短，可以分为年付、半年付、季付和月付等方式。

（2）按支付时间先后，可分为先付租金（期初支付）和后付租金（期末支付）两种。

（3）按每期支付的金额，可分为等额支付和不等额支付两种。

3. 租金的计算方法

在我国融资租赁业务中，计算租金大多采用平均分摊法和等额年金法。

（1）平均分摊法就是先以商定的利率和手续费率计算租赁期间的利息和手续费，然后连同设备成本按支付次数进行平均。这种方法没有充分考虑资金的时间价值因素。平均分摊法下每次应付租金的计算公式为：

$$A=[(C-S)+I+F]/N$$

式中，A 为每次支付的租金；C 为租赁设备的购置成本；S 为租赁设备的预计残值；I 为租赁期间的利息；F 为租赁期间的手续费；N 为租期。

【例 3-5】 ABC 公司于 2020 年 1 月 1 日采用融资租赁方式从某租赁公司租入一设备，设备价值 400 000 元。租期 8 年，年利率 8%，租赁设备的预计残值为 10 000 元，归租赁公司。租赁手续费率为设备价值的 1%，租金每年末支付一次，该设备在租赁期间每年末支付租金的计算如下：

$$A=[(400\,000-10\,000)+400\,000\times(1+8\%)^8-400\,000+400\,000\times1\%]\div8=91\,800(\text{元})$$

（2）等额年金法。等额年金法是利用年金现值的计算公式经变换后计算每期支付租金的方法。

假如承租企业与租赁公司商定的租金支付方式为后付等额租金，即普通年金，则从 $P=A\times(P/A,i,n)$，可推导后付租金方式下每年年末支付租金数额的计算公式：

$$A=P\div(P/A,i,n)$$

假如承租企业与租赁公司商定的租金支付方式为先付等额租金，即先付年金，则从 $P=A\times[(P/A,i,n-1)]$，可推导出先付租金方式下每年年初支付租赁数额的计算公式：

$$A=P\div[(P/A,i,n-1)+1]$$

【例 3-6】 ABC 公司采用融资方式于 2020 年 1 月 1 日从某租赁公司租入一设备，设备价款 40 000 元，租期为 8 年，到期后设备归承租企业所有。为了保证租赁公司完全弥补融资成本、相关手续费并有一定的盈利，双方商定采用 18%的贴现率。试计算该企业每年年末应支付的等额租金。

$$A=40\,000\div(P/A,18\%,8)=40\,000\div4.077\,6\approx9\,809.69\ (\text{元})$$

如果本例采用先付等额租金方式，则每年年初支付的等额租金计算如下：

$$A=40\,000\div[(P/A,18\%,7)]=40\,000\div(3.811\,5+1)\approx8\,313.42\ (\text{元})$$

（五）融资租赁筹资评价

融资租赁作为一种特殊的筹资方式，近年来已得到迅速的发展，这主要是由于租赁筹资具有下列优点：

（1）租赁能迅速获得所需的资产。租赁比借款筹资购买设备更迅速、更灵活，因为它使企业以融物代替了融资，使筹资与设备购买同时进行，缩短了设备的购进、安装时间，尽快形成生产经营能力。

（2）租赁筹资限制条件较少。企业采用发行股票、债券和银行借款等筹资方式，往往都有相当多的条件限制和条款限制。相比之下，租赁可避免债务上的限制性契约条款。

（3）租金的分期支付，可适当降低企业不能偿付的风险，并且全部租金的支付可根据租赁资产带来收益的时间周期来安排，使企业现金流入与现金流出同步，有利于现金调度与协调，增加资金调度的灵活性。

（4）租金的支付可为承租企业带来节税利益。经营租赁租金费用的支付直接减少税前利润，融资租赁租金费用通过计提折旧的方式抵减税前利润，它们在不同程度上减少金企业应纳所得税额，为企业带来节税利益。

（5）租赁能减少设备陈旧过时的风险。这主要是针对经营租赁而言的。由于经营租赁期限较短，可将设备陈旧过时的风险转嫁给出租人。

但与债券、借款等筹资方式相比较，租金费用通常要高于利息费用，即筹资成本高，这在承租企业发生财务困难时会成为其沉重的财务负担。另外，在租赁国外设备时，汇率风险较高。

学习任务四　认知资本成本与资本结构

一、资本成本

（一）资本成本的概念

资本成本也称资金成本，是企业为筹集和使用资金付出的代价。它包括筹资费用和用资费用。

1. 筹资费用

筹资费用是指企业在资金筹措过程中支付的各种费用，包括发行股票、债券支付的印刷费、发行手续费、律师费、广告费等。筹资费用通常是在筹措资金时一次性支付的，在资金使用过程中不再发生。因而，通常是将其作为所筹资本额的减项扣除。

2. 用资费用

用资费用是指企业因使用资金而支付的费用，如股票的股利、银行借款和债券的利息等。用资费用一般与所筹资本金额和使用时间长短有关，它构成了资本成本的主要内容。

（二）资本成本的表示方法

资本成本既可以用绝对数表示，也可以用相对数表示。资本成本用绝对数表示，是指企业为筹集和使用一定量的资本而付出的筹资费用和用资费用的总和；资本成本用相对数表示，是指企业为筹集和使用一定量的资本而付出的年用资费用与有效筹资额的比率，即资本成本率。在财务管理中，资本成本一般用相对数表示。

$$资本成本=\frac{用资费用}{筹资净额}=\frac{用资费用}{筹资净额\times（1-筹资费率）}$$

（三）资本成本的作用

资本成本在企业筹资与投资决策中具有重大作用。

1. 资本成本在企业筹资决策中的作用

（1）资本成本是影响企业筹资总额的重要因素。随着筹资数额的增加，资本成本不断变化。当企业筹资数额很大，资本的边际成本超过企业承受能力时，企业便不宜再增加筹资数额。因此，资本成本是限制企业筹资数额的一个重要因素。

（2）资本成本是企业选择资金来源的基本依据。可供企业选择的资金来源渠道很多，企业究竟通过何种渠道筹资，首先要考虑的因素就是资本成本的高低。

（3）资本成本是企业选择筹资方式的参考标准。企业筹资的目标之一，是以最小的代价筹集所需的资金。所以，在面临多种筹资方式可供选择时，资本成本的高低就成为重要的考虑因素。

（4）资本成本是确定最优资金结构的主要参数。不同的资金结构，会给企业带来不同的风险和成本。在确定最优资金结构时，考虑的因素主要有资本成本和财务风险。

2. 资本成本在投资决策中的作用

资本成本是企业分析评价投资项目可行性并做出正确投资决策的主要标准。一般而言，资本成本被视为投资方案能否被接受的最低报酬率。国际上通常将资本成本视为投资项目的“取舍率”。

（四）个别资本成本的测算

个别资本成本是指单一融资方式的资本成本，主要包括银行借款资本成本、公司债券资本成本、普通股资本成本和留存收益成本等。其中，前两类是债务资本成本，后两类是权益资本成本。个别资本成本可用于比较和评价各种筹资方式。

1. 银行借款资本成本的计算

银行借款资本成本包括借款利息和借款手续费。利息费用税前支付，可以起到抵税作用，一般计算税后资本成本率，税后资本成本率与权益资本率具有可比性。

银行借款的资本成本计算公式为：

$$K_L=\frac{I_L\ (1-T)}{L\ (1-F_L)}$$

式中，K_L 为长期借款成本；I_L 为长期借款年利息；T 为企业所得税税率；L 为借款筹资总额；F_L 为长期借款筹资费用率。

【例 3-7】 AB 公司欲从银行取得一笔长期借款，金额为 1000 万元，手续费 0.1%，年利率 5.994%，期限 3 年，每年结息一次，到期一次还本。公司所得税率 25%，则：

$$银行借款资本成本=\frac{1000\times5.994\%\times(1-25\%)}{1000\times(1-0.1\%)}\times100\%=4.5\%$$

2. 公司债券资本成本的计算

债券成本中的利息在税前支付，具有节税效应。债券的筹资费用一般较高，这类费用主要包括申请发行债券的手续费、债券注册费、印刷费等。

债券的资本成本计算公式为：

$$K_B=\frac{I_B\ (1-T)}{B\ (1-F_B)}$$

式中，K_B 为债券的资本成本；I_B 为债券年利息；T 为企业所得税税率；B 为债券筹资额，按债券的发行价格确定；F_B 为债券筹资费用率。

【例 3-8】 AB 公司发行一笔 5 年期债券，面值 1000 万元，票面利率为 9.7%，每年付息一次，发行价为 1 020 元，发行费率为 3%，所得税税率 25%，债券按面值等价发行，则：

$$债券资本成本=\frac{1000\times9.7\times(1-25\%)}{1020\times(1-3\%)}=7.35\%$$

3. 优先股成本的计算

企业发行优先股，既要支付筹资费用，又要定期支付股利。它与负债筹资不同的是股利在税后支付，且没有固定到期日。

优先股资本成本计算公式为：

$$K_P=\frac{D}{P(1-F_P)}$$

式中，K_P 为优先股资本成本；D 为优先股年股利额，按面值和固定的股利率确定；P 为优先股筹资额，按发行价格确定；F_P 为优先股筹资费用率。

【例 3-9】 AB 公司按面值发行 100 万元的优先股，筹资费率为 4%，每年支付 9.6%的股利，则：

$$优先股资本成本=\frac{100\times 9.6\%}{100\times(1-4\%)}=10\%$$

4. 普通股资本成本的计算

普通股资本成本主要是向股东支付的各期股利。由于各期股利并不一定固定，随企业各期收益波动，因此，普通股的资本成本只能按折现模型计算，并假定各期股利的变化具有一定的规律性。此外，普通股资本成本的测算还有资本资产定价模型和债券收益加风险溢价法等。

1）股利折现模型

股利折现模型的基本形式是：

$$P_0=\sum_{t=1}^{n}\frac{D_t}{(1+K_c)}$$

式中，P_0 为普通股筹资净额，即发行价格扣除发行费用；D_t 为普通股第 t 年的股利；K_c 为普通股投资必要收益率，即普通股资本成本率。

运用上面的模型测算普通股资本成本率，因具体的股利政策而有所不同。

如果公司采用固定股利政策，即每年固定分派现金股利 D 元，则资本成本可按下式计算：

$$K_c=\frac{D}{P_0}$$

【例 3-10】 AB 公司拟发行一批普通股，发行价格 10 元，每股筹资费用 2 元。预定每年分派的现金股利每股 1.2 元，则：

$$K_c=\frac{1.2}{10-2}\times 100\%=15\%$$

如果公司采用固定股利增长率的政策，股利固定增长率为 g，则资本成本率需按下式测算：

$$K_c=\frac{D_1}{P_0}+g$$

【例 3-11】 接例 3-10，AB 公司准备增发普通股，每股发行价格 10 元，筹资费率为 20%。预定第一年分派现金股利每股 1.2 元，预计以后每年增长 2.5%，则：

$$K_c=\frac{1.2}{10\times(1-20\%)}+2.5\%=17.5\%$$

2）资本资产定价模型

资本资产定价模型给出了普通股期望收益率 K_c 与它的市场风险 β 之间的关系，公式为：

$$K_c = R_f + \beta \times (R_m - R_f)$$

式中，K_c 为普通股成本；R_m 为市场投资组合的期望收益率；R_f 为无风险利率；β 为某公司股票收益率相对于市场投资组合期望收益率的变动幅度。

【例 3-12】 接例 3-11，AB 公司普通股股票的 β 的风险溢价估计为 10%，而无风险利率为 5%，则该公司普通股股票筹资的资本成本为：

$$K_c = 5\% + 1.2 \times (10\% - 5\%) = 11\%$$

3）债券收益加风险溢价法

根据某项投资“风险越大、要求的报酬率越高”的原理，普通股股东对企业的投资风险大于债券投资者，因而会在债券投资者要求的收益率上再要求一定的风险溢价。依照这一理论，普通股资本成本的公式为：

$$K_c = K_b + RP_c$$

式中，K_c 为普通股成本；K_b 为债务资金成本；RP_c 为股东比债权人承担更大风险所要求的风险溢价。

5. 留存收益成本的计算

留存收益是经过股东同意，不作为股利分配，留存在企业供继续使用的税后净利润。它是股东对企业追加的投资，股东对这部分投资与以前缴给企业的股本一样，也要求一定的报酬。因此，留存收益的资金成本应视同普通股的资金成本，不同之处只是它不必考虑发行费用。

（1）普通股股利固定的情况下，留存收益的资本成本的计算公式为：

$$K_E = \frac{D}{P_0}$$

式中，K_E 为留存收益资本成本；D 为固定的普通股股利；P_0 为普通股市价。

（2）普通股股利逐年固定增长的情况下，留存收益资本成本的计算公式为：

$$K_E = \frac{D_1}{P_0} + g$$

式中，K_E 为留存收益资本成本；D_1 为预期第 1 年年末的股利；P_0 为普通股市价；g 为不变的股利增长率。

（五）加权平均资本成本的测算

加权平均资本成本是指多元化融资方式下的综合资本成本，反映了企业资本成本总体水平的高低。在衡量和评价单一融资方案时，需要计算个别资本成本；在衡量和评价企业筹资成本的经济性时，需要计算企业的加权平均资本成本。加权平均资本成本用于衡量企业资本成本水平，确立企业理想的资本结构。

加权平均资本成本是以个别资本在企业总资本中的比重为权数，对各项个别资本成本率加权平均而得到的总资本成本率。计算公式为：

$$K_w = \sum w_j K_j$$

式中，K_w 为加权平均资本成本；w_j 为第 j 种资金占总资金的比重；K_j 为第 j 种资金的成本。

【例 3-13】AB公司筹资总额1 000万元。其中：发行普通股500万元，资本成本为15%；发行债券300万元，资本成本为8%；银行借款200万元，资本成本为7%。计算加权平均资本成本。

（1）计算各种资金所占比重：

普通股占资金总额的比重=500/1 000×100%=50%

债券占资金总额的比重=300/1 000×100%=30%

银行借款占资金总额的比重=200/1 000×100%=20%

（2）计算加权平均资本成本：

加权平均资金成本=15%×50%+8%×30%+7%×20%=11.3%

二、杠杆原理

财务管理中，由于特定费用的存在，当某一财务变量以较小幅度变动时，另一相关财务变量会以较大幅度变动，这就是所谓的“杠杆原理”。合理运用杠杆原理，有助于企业规避风险，提高财务管理水平。财务管理中的杠杆效应有三种形式，即经营杠杆、财务杠杆和复合杠杆。

要了解这些杠杆的原理，需要首先了解成本习性和变动成本法收益指标等相关概念。

（一）成本习性与变动成本法收益指标

1. 成本习性及分类

成本习性，又称为成本性态，是指成本总额与业务量之间在数量上的依存关系。按照习性标准，成本可以划分为固定成本、变动成本和混合成本三类。

（1）固定成本。固定成本是指在一定时期和一定业务量范围内，总额不随业务量发生任何变动的成本。属于固定成本的主要有按直线法计提的折旧费、保险费，管理人员工资、办公费等，这些费用每年支出水平基本相同，即使产销业务量在一定范围内变动，它们也保持固定不变。由于固定成本的总额始终保持固定不变，因而，单位固定成本将随产量的增加而逐渐变小。固定成本还可进一步区分为约束性固定成本和酌量性固定成本两类。

（2）变动成本。变动成本是指总额随着业务量成正比例变动的成本。直接材料、直接人工等都属于变动成本。但从产品的单位成本来看，则恰好相反，产品的单位变动成本则保持固定不变。与固定成本相同，变动成本也存在着“相关范围”。

（3）混合成本。混合成本是指总额随业务量的变动而变动，但不成同比例变动的成本。常见的混合成本包括半变动成本和半固定成本。

半变动成本。它通常有一个初始量，类似于固定成本，在这个初始量的基础上随产量的增长而增长，又类似于变动成本。例如，在租用机器设备时，有的租约规定租金同时按如下两种标准计算：第一种，每年支付一定租金数额（固定部分）；第二种，每运转一小时支付一定租金数额（变动部分）。此外，电话费也属于典型的半变动成本。

半固定成本。这类成本随产量的变化而呈阶梯形增长，产量在一定的限度内，这种成本不变，当产量增长到一定限度后，这种成本就跳跃到一个新水平。化验员、质量检查人员的工资都属于这类成本。

（4）总成本习性模型。成本按习性可分为变动成本、固定成本和混合成本三类，但混合成本又可以按一定方法分解成变动部分和固定部分，这样，总成本习性模型可用下式表示：

$$y=a+bx$$

式中，y 为总成本；a 为固定成本；b 为单位变动成本；x 为产销量。

显然，若能求出公式中 a 和 b 的值，就可以利用这个直线方程来进行成本预测、成本决策和其他短期决策，所以，总成本习性模型是一个非常重要的模型。

2. 变动成本法收益指标

（1）边际贡献。边际贡献是指销售收入总额减去变动成本总额以后的差额，其计算公式为：

$$M=px-bx=(p-b)x=mx$$

式中，M 为边际贡献；p 为销售单价；b 为单位变动成本；x 为产销量；m 为单位边际贡献。

（2）息税前利润。息税前利润是指企业支付利息和缴纳所得税之前的利润。计算公式为：

$$\mathrm{EBIT}=px-bx-a=(p-b)x-a=M-a$$

式中，EBIT 为息税前利润；a 为固定成本。

（3）每股收益。每股收益是指归属于普通股的净利润已发行在外的普通股股数。在没有优先股的情况下，每股收益可用以下公式计算：

$$\mathrm{EPS}=(\mathrm{EBIT}-I)\times(1-T)\div N$$

式中，I 为利息额；T 为所得税税率；N 为发行在外的普通股股数。

（二）经营杠杆

1. 经营杠杆的含义

【例 3-14】 AB 公司产销一种产品，单价 100 元/件，单位变动成本 50 元/件，固定成本 30 000 元，以 1 000 件为基数，计算不同产销量下的收益指标见表 3-3。

表 3-3　AB 公司不同产销量下的收益表

产销量（件）	1 000	1 100	1 500	900	800
单价（元）	100	100	100	100	100
单位变动成本（元）	50	50	50	50	50
边际贡献（万元）	5	5.5	7.5	4.5	4
固定成本（万元）	3	3	3	3	3
息税前利润（万元）	2	2.5	4.5	1.5	1
产销量变动比率（%）	—	10	50	−10	−20
息税前利润变动比率（%）	—	25	125	−25	−50

从上例中不难看出随着产销量的变化，该公司的息税前利润也发生变化。在其他条件不变的情况下，由于固定成本在相关范围内保持固定不变，随着产销量的增加，产品单位固定成本下降，从而提高单位利润，使息税前利润的增长率大于产销量的增长率。反之，产销量的减少会提高单位固定成本，降低单位利润，使息税前利润下降率大于产销量下降率。如果不存在固定成本，所有成本都是变动的，那么边际贡献就是息税前利润，这时息税前利润变动率就同产销量变动率完全一致。这种由于固定成本的存在而导致息税前利润变动率大于产销量变动率的杠杆效应，称为经营杠杆。

2. 经营杠杆的计量

只要企业存在固定成本，就存在经营杠杆效应。但不同企业或同一企业不同产销量基础上的经营杠杆效应的大小是不完全一致的，为此，需要对经营杠杆进行计量。对经营杠杆进行计量最常用的指标是经营杠杆系数。所谓经营杠杆系数，是指息税前利润变动率相当于产销量变动率的倍数。其公式为

$$\text{经营杠杆系数（DOL）}=\frac{\text{息税前利润变动率}}{\text{产销量变动率}}=\frac{\Delta\text{EBIT}/\text{EBIT}}{\Delta x/x}$$

式中，DOL 为经营杠杆系数；EBIT 为变动前的息税前利润；ΔEBIT 为息税前利润的变动额；x 为变动前的产销量；Δx 为产销量的变动数。

上述公式是计算经营杠杆系数的理论公式，但利用该公式，必须以已知变动前后的相关资料为前提，比较麻烦，而且无法预测未来的经营杠杆系数。经营杠杆系数还可以按以下简化公式计算：

$$\text{经营杠杆系数}=\frac{\text{基期边际贡献}}{\text{基期息税前利润}}$$

【例 3-15】 AB 公司有关资料见表 3-4，试计算该企业 2023 年的经营杠杆系数。

表 3-4 AB 公司 2022、2023 年各项数据

项目	2022 年	2023 年	变动额	变动率
销售额（万元）	1 000	1 200	200	20%
变动成本（万元）	600	720	120	20%
边际贡献（万元）	400	480	80	20%
固定成本（万元）	200	200	0	—
息税前利润（万元）	200	280	80	40%

2023 年经营杠杆系数＝(80÷200)÷(200÷1 000)＝40%÷20%＝2

或：

2023 年经营杠杆系数＝400÷200＝2

3. 经营杠杆的作用

（1）衡量企业经营风险的大小。引起企业经营风险的主要原因是市场需求和成本等因素的不确定性，经营杠杆本身并不是利润不稳定的根源。但是，经营杠杆扩大了市场和生产等不确定因素对利润变动的影响。经营杠杆系数越高，利润变动越剧烈，企业的经营风险就越大。

（2）帮助企业调整成本结构。经营杠杆现象的根本原因是固定成本的存在。经营杠杆系数随固定成本变化呈同方向变化，即在其他因素一定的情况下，固定成本越高，经营杠杆系数就越大，利润变动的幅度也就越大。因此，当企业产品供不应求，市场销售前景看好时，企业应选择资本密集型生产方式，提高成本结构中的固定成本比重，充分利用经营杠杆效用，促使利润大幅度增长；反之，当产品供过于求时，企业应选择人工密集型生产方式，降低成本结构中的固定成本比重，减小经营杠杆系数，避免企业利润大幅下降的风险。

（3）预测规划企业未来的营业利润和业务量水平。

【例 3-16】 AB 公司 2023 年的息税前利润为 20 万元，经营杠杆系数为 3。预计 2024 年的产销量比 2023 年增长 50%，则该公司 2024 年预计的息税前利润为：

EBIT＝20×（1＋50%×3）＝50（万元）

【例 3-17】 AB 公司 2023 年的息税前利润为 20 万元，产销量为 10 000 件，2024 年的经营杠杆系数为 2。2024 年息税前利润目标为 30 万元，该公司 2024 年的产销量应达到多少？

2024 年息税前利润变动率＝（30－20）÷20＝50%

因为：　2024 年的经营杠杆系数＝息税前利润变动率÷产销量利润变动率＝2

2024 年预计产销量的变动率＝50%÷2＝25%

2024 年产销量＝10 000×（1＋25%）＝12 500（件）

（三）财务杠杆

1. 财务杠杆的含义

【例 3-18】 甲、乙公司 2022 年发行在外的普通股分别为 2 000 万股和 1 000 万股，每股面值均为 100 元；甲公司无负债，乙公司负债为 100 000 万元，利率为 8%；息税前资本利润率为 10%。2023 年息税前利润率均增长 50%，所得税率均为 25%，其他因素不变。计算各公司 2023 年的每股收益变动情况见表 3-5。

表 3-5　甲、乙公司的资金结构与普通股利润表

2022 年			2023 年		
项　目	甲公司	乙公司	项　目	甲公司	乙公司
发行在外普通股（万股）	2 000	1 000	息税前利润增长率	50%	50%
股本额（万元）	200 000	100 000	增长后的息税前利润（万元）	30 000	30 000
负债额（万元）	0	100 000	债务利息（万元）	0	8 000
资本总额（万元）	200 000	200 000	税前利润总额（万元）	30 000	22 000
息税前利润总额（万元）	20 000	20 000	所得税（万元）	7 500	5 500
债务利息额（万元）	0	8 000	净利润（万元）	22 500	16 500
税前利润总额（万元）	20 000	12 000	每股收益（元）	11.25	16.5
所得税额（万元）	5 000	3 000	每股收益增加额（元）	3.75	7.5
净利润额（万元）	15 000	9 000	普通股每股收益增长率	50%	83.33%
每股收益（元）	7.5	9			

由上例可知：甲、乙两个公司的资本总额相等，息税前利润相等；不同的只是资金结构，甲公司全部资金都是普通股，乙公司的资金中普通股和负债各占一半。在甲、乙两公司息税前利润均增长50%的情况下，甲公司每股收益增长50%，而乙公司却增长了83.33%。因为，不论企业营业利润多少，债务的利息和优先股的股利通常都是固定不变的。当息税前利润增大时，每1元盈余所负担的固定财务费用（如利息、优先股股利、融资租赁租金等）就会相对减少，这能给普通股股东带来更多的盈余；反之，当息税前利润减少时，每1元盈余所负担的固定财务费用就会相对增加，这就会大幅度减少普通股的盈余。这种由于固定财务费用的存在而导致每股利润变动率大于息税前利润变动的杠杆效应，称作财务杠杆。

2. 财务杠杆的计量

从上述分析可知，只要在企业的筹资方式中有固定财务费用支出的债务和优先股，就会存在财务杠杆效应。但不同企业财务杠杆的作用程度是不完全一致的，为此，需要对财务杠杆进行计量。对财务杠杆进行计量的最常用指标是财务杠杆系数。所谓财务杠杆系数，是普通股每股收益的变动率相当于息税前利润变动率的倍数。其计算公式为：

$$\text{财务杠杆系数（DFL）}\frac{\text{普通股每股收益变动率}}{\text{息税前利润变动率}}=\frac{\Delta EPS/EPS}{\Delta EBIT/EBIT}$$

式中，DFL为财务杠杆系数；ΔEPS为普通股每股收益变动额；EPS为基期每股收益。

通常可用以下简化公式计算，公式如下：

$$\text{财务杠杆系数（DFL）}=\frac{\text{基期息税前利润}}{\text{基期税前利润}}$$

【例3-19】 以表3-5中所列甲、乙公司为例，将有关资料带入上述公式，可求得甲乙两企业2023年的财务杠杆系数：

$$
\begin{aligned}
DFL_{甲} &= 50\% \div 50\% = 1 \\
&= 20\,000 \div (20\,000 - 0) = 1 \\
DFL_{乙} &= 83.33\% \div 50\% = 1.67 \\
&= 20\,000 \div (20\,000 - 8\,000) = 1.67
\end{aligned}
$$

3. 财务杠杆的作用

（1）衡量企业风险的大小。财务风险是指企业利用负债筹资而引起的到期不能偿还本息的风险。企业负债比例越高，负担的利息就越重，财务杠杆系数就越大。当息税前利润增大时，每1元盈余所负担的固定财务费用（如利息、优先股股利、融资租赁租金等）就会相对减少，这能给普通股股东带来更多的盈余；反之，当息税前利润减少时，每1元盈余所负担的固定财务费用就会相对增加，这就会大幅度减少普通股的盈余。从而增加了破产机会或普通股利润大幅度变动的机会。一旦企业息税前利润下降，不足以补偿固定利息支出，企业的每股利润就会下降得更快。因此，财务杠杆系数越大，企业面临的财务风险就越大。

（2）帮助企业调整资本结构。产生财务杠杆现象的根本原因是固定利息费用的存在。财务杠杆系数随着固定利息费用变化呈同方向变化，即在其他因素一定的情况下，负债比例越高，利息费用就越高，财务杠杆系数就越大，每股收益变动的幅度也就越大。因此，当企业息税前利润呈稳步增长时，企业应提高资本结构中的负债比重，充分利用财务杠杆效用，促使每股收益的大幅度增长；反之，当企业息税前利润逐步下降时，企业应降低资本结构中的负债比重，减小经营杠杆系数，避免企业每股收益大幅下降的风险。

（四）复合杠杆

1. 复合杠杆的概念

由于存在固定成本，产生经营杠杆效应，使息税前利润的变动率大于产销量的变动率；同样，由于存在固定财务费用，产生财务杠杆效应，使企业每股收益的变动率大于息税前利润的变动率。如果两种杠杆共同起作用，那么销量稍有变动就会使每股收益产生更大的变动。这种由于固定成本和固定财务费用的共同存在而导致的每股收益变动率大于产销量变动率的杠杆效应，称为复合杠杆。

【例 3-20】AB 公司有关资料见表 3-6。

表 3-6　AB 公司有关资料

项　　目	2021 年	2022 年	变动率	2023 年	变动率
销售收入（万元）（单价 10 元/件）	1 000	1 200	+20%	840	−30%
变动成本（万元）（单位变动成本 4 元/件）	400	480	+20%	336	−30%
边际贡献（万元）	600	720	+20%	504	−30%
固定成本（元）	400	400	0	400	0
息税前利润（EBIT）（万元）	200	320	+60%	104	−67.5%
利息（万元）	80	80	0	80	0
税前利润总额（万元）	120	240	+100%	24	−90%
所得税（所得税税率 25%）（万元）	30	60	+100%	6	−90%
净利润（万元）	90	180	+100%	18	−90%
普通股发行在外股数（万股）	100	100	0	100	0
每股收益 EPS（元）	0.9	0.8	+100%	0.18	−90%

从表中不难看出：该公司 2022 年的销售比 2021 年增长了 20%，与此同时，每股收益却增长了 100%。2023 年的销售比上年减少了 30%，与此同时，每股收益却减少了 90%。究其原因，是因为表 3-6 中，固定成本和利息始终保持不变，一旦销售增加，单位产品分摊的固定成本和利息减少，每股收益随之提高；反之，一旦销售下降，单位产品分摊的固定成本和利息增加，每股收益随之下降。在此，经营杠杆和财务杠杆共同发挥效用，使得企业每股收益的变动幅度大大超过销售的变动幅度。

2. 复合杠杆的计量

从以上分析中得知，只要企业同时存在固定成本和固定财务费用等支出，就会存在复合杠杆的作用。但不同企业，复合杠杆作用的程度是不完全一致的，为此，需要对复合杠杆作用的程度进行计量。对复合杠杆进行计量的常用指标是复合杠杆系数（DLC）。所谓复合杠杆系数，是指每股收益变动率相当于产销量变动率的倍数，又称为总杠杆系数（DTL）。其理论公式为：

$$复合杠杆系数=\frac{普通股每股收益变动率}{产销量变动率}=\frac{\Delta EPS/EPS}{\Delta x/x}$$

复合杠杆系数还可以直接按以下公式计算：

$$复合杠杆系数=\frac{基期边际贡献}{基期税前利润}$$

根据表 3-6 中的有关数据可以求出 2022 年该公司的复合杠杆系数为：

$$DLC=100\%\div 20\%=5$$

或

$$DLC=600\div 120=5$$

复合杠杆系数与经营杠杆系数、财务杠杆系数之间的关系可用下式表示：

$$DLC=DOL\times DFL$$

3. 复合杠杆与企业风险的关系

从上面分析看到，在复合杠杆的作用下，当企业经济效益好时，每股利润会大幅度上升，当企业经济效益差时，每股利润会大幅度下降。企业复合杠杆系数越大，每股利润的波动幅度越大。由于复合杠杆作用使每股利润大幅度波动而造成的风险，称为复合风险。在其他因素不变的情况下，复合杠杆系数越大，企业风险越大，复合杠杆系数越小，企业风险越小。

三、资本结构决策

（一）资本结构概述

1. 资本结构的含义

资本结构是指企业各种资金的构成及其比例关系。资本结构有广义和狭义之分。狭义的资本结构仅指长期资金结构，通常称为资本结构；广义的资本结构是指全部资本（包括长期资金和短期资金）的结构。本部分所涉及的是狭义的资本结构。

2. 影响资本结构的主要因素

（1）企业财务状况。企业财务状况通过短期流动性、长期安全性和盈利性来体现。企业变现能力越强、获利能力越强、财务状况越好，就越有能力负担财务上的风险，举债投资就越有吸引力，同时又充分发挥财务杠杆效应。

（2）企业资产结构。企业不同的资产结构也会影响企业的资金结构。一般而言，拥有大量固定资产的企业主要通过长期负债和发行股票筹集资金；拥有较多流动资产的企业，则更多依赖流动负债来筹集资金；所拥有资产适合于抵押贷款公司，往往举债较多；而以技术研究开发为主的公司则负债很少。

（3）企业产品销售情况。企业产品销售是否稳定对企业资金结构也具有重要影响。如果企业的销售比较稳定，其获利能力也相对稳定，则企业负担固定财务费用的能力相对较强；如果销售具有较强的周期性，则负担固定财务费用将冒较大的财务风险。另外，企业销售的增长速度也决定财务杠杆能在多大程度上扩大每股利润，如果销售增长较快，使用具有固定财务费用的债务筹资，就会扩大普通股的每股利润。

(4) 投资者和管理人员的态度。企业的决策者、企业投资者和管理人员的态度同样会影响资金结构。投资者为了防止控制权旁落和追求最大的财务杠杆效应，往往偏好负债筹资。喜欢冒险的财务管理人员，可能会安排较高的负债比例；反之，一些持稳健态度的财务人员则会使用较少的债务。

(5) 贷款人和信用评级机构的影响。一般而言，大部分贷款人都不希望企业的负债比例太大，以避免负债过高带来的风险。同样，如果企业债务太多，信用评级机构可能会降低企业的信用等级，从而影响企业的筹资能力。

(6) 行业因素。不同行业，资金结构有很大差别。比如，房地产企业、金融企业以负债筹资为主；而高风险的创业投资企业则以权益资金为主。

(7) 所得税税率的高低。企业利用负债可以获得节税效应。因此，所得税税率越高，企业就越倾向于负债筹资。

(8) 利率水平的变动趋势，利率水平的变动趋势也会影响企业的资金结构。如果预期利率将上升，企业便会大量发行长期债券，从而在若干年内把利率固定在较低水平上。

(二) 资本结构的优化决策

企业利用负债资金具有双重作用，适当利用负债，可以降低企业资金成本；但当企业负债比率太高时，会带来较大的财务风险。为此，企业必须权衡财务风险和资金成本的关系，确定最优的资本结构。所谓最优资本结构，是指在一定条件下使企业加权平均资金成本最低、企业价值最大的资本结构。确定最佳资金结构的方法有每股收益无差别点法、比较资金成本法和公司价值分析法。

1. 每股收益无差别点法

资本结构是否合理可以通过分析每股收益的变化来衡量。通常，能提高每股收益的资本结构是合理的资本结构。按每股收益的大小判断资本结构的优劣可以运用每股收益无差别点法。每股收益无差别点法又称为息税前利润-每股收益分析法，即 EBIT-EPS 分析法，是通过分析资本结构与每股收益之间的关系，计算各种资本结构方案的每股收益无差别点，进而来确定合理的资本结构的方法。而每股收益的无差别点，则是指使两种资本结构方案的每股收益相等时的息税前利润。两种资本结构每股收益相等，即：

$$\frac{(\overline{\mathrm{EBIT}}-I_1)\times(1-T)}{N_1}=\frac{(\overline{\mathrm{EBIT}}-I_2)\times(1-T)}{N_2}$$

所以每股收益无差别点时的息税前利润公式为：

$$\overline{\mathrm{EBIT}}=\frac{N_2\times I_1\times(1-T)-N_1\times I_2\times(1-T)}{(N_2-N_1)\times(1-T)}=\frac{N_2\times I_1-N_1\times I_2}{N_2-N_1}$$

运用每股收益无差别点法时，如果企业预期的息税前利润超过无差别点的息税前利润，负债比例较高的资本结构方案的每股收益最大，该方案为最优资本结构方案；相反，如果企业预期的息税前利润低于无差别点的息税前利润，此时，权益资金比例较高的资本结构方案的每股收益最大，该方案为最优资本结构方案。

【例 3-21】AB公司现有资本4 000万元，因扩大经营规模需要追加筹资1 000万元，追加筹资既可以利用发行股票来筹集，也可以利用发行债券来筹集。债券按面值发行，股票发行价为每股20元，所得税税率25%，预计追加筹资后，公司的息税前利润将达到600万元，表3-7列示了原资本结构和追加筹资后资本结构的情况。

表 3-7 AB 公司资金结构变化情况表

筹资方式	原资本结构	追加筹资后资本结构	
		增发普通股（A方案）	增发公司债券（B方案）
公司债券（万元）（利率8%）	1 000	1 000	2 000
普通股（万元）（每股面值10元）	2 000	2 500	2 000
资本公积（万元）	500	1 000	500
留存收益（万元）	500	500	500
资金总额合计（万元）	4 000	5 000	5 000
普通股股数（万股）	200	250	200

根据资本结构的变化情况，我们可采用EBIT-EPS分析法分析资本结构对普通股每股收益的影响。

$$\frac{(\overline{EBIT}-1\,000\times 8\%)\times(1-25\%)}{250}=\frac{(\overline{EBIT}-2\,000\times 8\%)\times(1-25\%)}{200}$$

得
$$\overline{EBIT}=480\ (万元)$$
$$EPS_1=EPS_2=1.2\ (元/股)$$

由于该公司追加筹资后预计的息税前利润将达到600万元，超过了无差别点的息税前利润（480万元），因此利用发行公司债券的形式筹集资金能使每股收益最大（此时EPS=1.65），B方案为最优资本结构方案。

这种分析方法只考虑了资本结构对每股收益的影响，并假定每股收益最大，股票价格也就最高。却把资本结构对风险的影响置于视野之外，难免带有片面性。其决策目标实际上是公司每股收益的最大化，而不是公司价值的最大化。通常适用于资本规模不大、资本结构不太复杂的企业。

2. 比较资金成本法

比较资金成本法，又称平均资金成本法，是通过计算各资本结构方案综合资金成本，并选择综合资金成本最低的方案作为最佳资本结构方案的方法。

【例 3-22】AB公司原来的资本结构是债券1000万元，年利率10%；普通股4 000万元（每股面值1元，发行价格10元），今年期望股利为每股1元，预计以后每年增加股利5%。该企业适用的所得税税率假设为25%，假设发行的各种证券均无筹资费用。该企业现拟增资5 000万元，以扩大生产经营规模，现有如下甲、乙两个方案可供选择。

甲方案：增加发行5 000万元的债券，债券利率10%，预计普通股股利不变，但由于风险加大，普通股市价降至8元/股。

乙方案：发行年利率10%的债券2 000万元，发行普通股300万股，每股发行价格10元。

为了确定上述两个方案哪个最好，下面分别计算其综合资金成本。

(1) 计算甲方案的综合资金成本。

债券资金比重=6 000÷10 000=60%；增资后普通股资金比重=4 000÷10 000=40%。

债券成本=10%×(1−25%)=7.5%；普通股成本=1÷8+5%=17.5%。

甲方案的综合资金成本=60%×7.5%+40%×17.5%=11.5%。

(2) 计算乙方案的综合资金成本。

债券比重=(1 000+2 000)÷10 000=30%。

普通股比重=(4 000+3 000)÷10 000=70%。

债券成本=10%×(1−25%)=7.5%；普通股成本=1÷10+5%=15%。

乙方案的综合资金成本=30%×7.5%+70%×15%=12.75%。

(3) 从以上计算可以看出，甲方案的综合资金成本最低，所以应选用甲方案，即该企业的最优资本结构为负债占60%，普通股占40%。

3. 公司价值分析法

公司价值分析法，是通过计算和比较各种资本结构下公司的市场总价值，并选择市场价值最大的资本结构方案为最佳资本结构的方法。

公司的市场总价值=股票的总价值+债券的价值

为简化起见，假设债券的市场价值等于其面值。股票市场价值的计算公式如下：

股票市场价格=[(息税前利润利息)×(1−所得税率)]÷普通股资金成本

这种方法更符合公司价值最大化的财务管理目标，但其计算较为复杂，因此，通常适用于资本规模较大的上市公司。

(三) 资本结构的调整

当企业现有资本结构与目标资本结构存在较大差异时，企业需要通过下列方法进行资本结构的调整：

1. 存量调整

在不改变现有资产规模的基础上，根据目标资本结构要求，对现有资本结构进行必要的调整。存量调整的方法有以下几种：

(1) 债转股、股转债。

(2) 增发新股偿还债务。

(3) 调整现有负债结构，如与债权人协商将短期负债转为长期负债，或将长期负债转为短期负债。

(4) 调整权益资金结构，如优先股转换为普通股，以资本公积转增股本。

2. 增量调整

通过追加筹资，以增加总资产的方式来调整资本结构。其主要途径是从外部取得增量资本，如发行新债、举借新贷款、进行筹资租赁、发行新股票等。

3. 减量调整

通过减少资产总额的方式来调整资本结构，如提前归还借款、收回发行在外的可提前收回的债券、股票回购减少公司股本、进行企业分立等。

【素质园地】

坚持制度自信，深刻领会新时代中国特色社会主义思想，充分认识发展壮大国有经济包括国有金融企业的重要性。增强服务意识，坚持金融服务实体经济的正确方向，提高资本市场资源配置效率，实现我国企业和经济高质量发展。

练 习 题

一、单项选择题

1. 下列(　　)可以为企业筹集自有资金。

A. 内部积累　　B. 融资租赁　　C. 发行债券　　D. 向银行借款

2. 按照资金的来源渠道不同可将筹资分为(　　)。

A. 内源筹资和外源筹资　　B. 直接筹资和间接筹资

C. 权益筹资和负债筹资　　D. 表内筹资和表外筹资

3. 按照筹资结果是否在资产负债表上得以反映，可将筹资分为(　　)。

A. 内源筹资和外源筹资　　B. 直接筹资和间接筹资

C. 权益筹资和负债筹资　　D. 表内筹资和表外筹资

4. 下列(　　)可以为企业筹集短期资金。

A. 融资租赁　　B. 商业信用

C. 内部积累　　D. 发行股票

5. 我国目前各类企业最为重要的资金来源是(　　)。

A. 银行信贷资金　　B. 国家财政资金

C. 其他企业资金　　D. 企业自留资金

6. 下列各项中(　　)不属于吸收直接投资的优点。

A. 有利于增强企业信誉　　B. 有利于尽快形成生产能力

C. 资本成本较低　　D. 有利于降低财务风险

7. 普通股和优先股筹资方式共有的缺点包括(　　)。

A. 财务风险大　　B. 筹资成本高

C. 容易分散控制权　　D. 筹资限制多

8. 认股权证的特点不包括(　　)。

A. 在认股之前持有人对发行公司拥有股权

B. 它是一种促销手段

C. 在认股之前持有人对发行公司拥有股票认购权

D. 认证权证具有价值和市场价格

9. 下列各项中与认股权证的理论价值反向变动的因素是(　　)。

A. 换股比率　　B. 普通股市价

C. 执行价格　　D. 剩余有效期间

10. 某公司发行认股权证筹资，每张认证股权证可按10元/股的价格认购2股普通股，假设股票的市价是12元/股，则认股权证的理论价值是(　　)元/股。

A. 10　　B. 14　　C. 5　　D. 4

11. 某企业与银行商定的周转信贷额为800万元，年利率2%，承诺费率为5%，年度内企业使用了500万元，平均使用10个月，则企业本年度应向银行支付的承诺费为(　　)万元。

A. 6.83　　B. 0.42　　C. 1.92　　D. 1.50

12. 某企业向银行借款100万元，企业要求按照借款总额的10%保留补偿性余额，并要求按照贴现法支付利息，借款的利率为6%，则借款实际利率为(　　)。

A. 7.14%　　B. 6.67%　　C. 6.38%　　D. 7.28%

13. 与其他负债资金筹集方式相比，下列各项属于融资租赁缺点的是(　　)。

A. 资本成本较高　　B. 财务风险大

C. 税收负担重　　D. 筹资速度慢

14. 下列各项中不属于利用商业信用筹资形式的是(　　)。

A. 赊购商品　　B. 预收货款　　C. 短期借款　　D. 商业汇票

15. 政府财政资本通常只有(　　)才能利用。

A. 外资企业　　B. 民营企业

C. 国有独资或国有控股企业　　D. 非营利组织

16. 企业外部筹资的方式有很多，但不包括(　　)。

A. 投入资本筹资　　B. 企业利润再投入

C. 发行股票筹资　　D. 长期借款筹资

17. 下列关于直接筹资和间接筹资的说法中，错误的是(　　)。

A. 直接筹资是指企业不借助银行等金融机构，直接与资本所有者协商融通资本的一种筹资活动

B. 间接筹资是指企业借助银行等金融机构而融通资本的筹资活动

C. 相对于间接筹资，直接筹资具有广阔的领域，可利用的筹资渠道和筹资方式比较多

D. 间接筹资因程序比较复杂，准备时间较长，故筹资效率较低，筹资费用较高

18. 筹集投入资本时，要对(　　)的出资形式规定最高比例。

A. 现金　　B. 流动资产　　C. 固定资产　　D. 无形资产

19. 无记名股票中，不记载的内容是(　　)。

A. 股票数量　　B. 编号

C. 发行日期　　D. 股东的姓名或名称

20. 在股票发行中的溢价发行方式下，发行公司获得发行价格超过股票面额的溢价款应列入(　　)。

A. 资本公积　　B. 盈余公积　　C. 未分配利润　　D. 营业外收入

21. 借款合同所规定的保证人，在借款方不履行偿付义务时，负有(　　)的责任。

A. 监督借贷双方严格遵守合同条款　　B. 催促借款方偿付

C. 连带偿付本息　　D. 以上都不对

22. 根据《公司法》规定，累计债券总额不超过公司净资产的(　　)。

A. 60%　　B. 40%　　C. 50%　　D. 30%

23. 融资租赁又称财务租赁，有时也称为资本租赁。下列不属于融资租赁范围的是(　　)。

A. 根据协议，企业将某项资产卖给出租人，再将其租回使用

B. 由租赁公司融资融物，由企业租入使用

C. 租赁期满，租赁物一般归还给出租者

D. 在租赁期间，出租人一般不提供维修设备的服务

24. 由出租人向承租企业提供租赁设备，并提供设备维修保养和人员培训等的服务性业务，这种租赁形式称为(　　)。

A. 融资租赁　　B. 营运租赁

C. 直接租赁　　D. 资本租赁

25. 配股权证是确认股东配股权的证书，它按(　　)定向派发，赋予股东以优惠的价格认证发行公司一定份数的新股。

A. 优先股的持有比例　　B. 公司债券的持有比例

C. 公司管理层的级别　　D. 股东的持股比例

26. 债券发行申请未获核准的上市公司，自中国证监会做出不予核准的决定之日起(　　)个月后，可再次提出债券发行申请。

A. 1　　B. 3　　C. 6　　D. 12

二、多项选择题

1. 筹资的动机有(　　)。

A. 并购性动机　　B. 扩张性动机

C. 调整性动机　　D. 混合性动机

2. 下列(　　)属于企业自留资金。

A. 法定盈余公积金　　B. 任意盈余公积金

C. 资本公积金　　D. 未分配利润

3. 企业进行筹资需要遵循的基本原则包括(　　)。

A. 效益性原则　　B. 合理性原则

C. 及时性原则　　D. 合法性原则

4. 股票的特征包括(　　)。

A. 法定性　　B. 收益性

C. 价格波动性　　D. 参与性

5. 普通股股东的权利包括(　　)。

A. 投票权　　B. 查账权

C. 出让股份权　　D. 优先分配剩余财产权

6. 股票上市的好处包括(　　)。

A. 利用股票收购其他公司　　B. 利用股票可激励职员

C. 提高公司知名度　　D. 增强经理人员操作的自由度

7. 企业发行优先股的动机包括(　　)。

A. 防止股权分散化　　B. 调剂现金余缺

C. 改善公司的资本结构　　D. 维持举债能力

8. 银行借款筹资的优点包括(　　)。

A. 筹资速度快　　B. 筹资成本低

C. 限制条款少　　D. 借款弹性好

9. 债券与股票的区别在于(　　)。

A. 债券是债务凭证，股票是所有权凭证

B. 债券的投资风险大，股票的投资风险小

C. 债券的收入一般是固定的，股票的收入一般是不固定的

D. 股票在公司剩余财产分配中优先于债券

10. 按照有无抵押担保可将债券分为(　　)。

A. 收益债券　　B. 信用债券　　C. 抵押债券　　D. 担保债券

11. 企业需要长期资本的原因主要有(　　)。

A. 购建固定资产　　B. 取得无形资产

C. 支付职工的月工资　　D. 开展长期投资

12. 筹集投入资本，投资者的投资形式可以是(　　)。

A. 现金　　B. 有价证券　　C. 固定资产　　D. 无形资产

13. 下列(　　)表述符合股票的含义。

A. 股票是有价证券　　B. 股票是书面凭证

C. 股票是债权凭证　　D. 股票是所有权凭证

14. 股票按发行对象和上市地区的不同，可以分为(　　)。

A. A 股　　B. B 股　　C. N 股　　D. H 股

15. 普通股的特点包括(　　)。

A. 普通股股东享有公司的经营管理权

B. 公司解散清算时，普通股股东对公司剩余财产的请求权位于优先股股东之后

C. 普通股股利分配在优先股股利分配之后进行，并依据公司盈利情况而定

D. 公司增发新股时，普通股股东具有认购优先权，可以优先认购公司所发行的股票

16. 我国《公司法》等法规规定了股票发定价的原则要求，主要有(　　)。

A. 同次发行的股票，每股发行价格应该相同

B. 任何单位或个人所认购的股份，每股应当支付相同的价款

C. 股票发行价格可以按票面金额，也可以超过票面金额，但不得低于票面金额

D. 发行股票的企业都可以自行决定发行价格

17. 下列属于发行债券的要素的是(　　)。

A. 债券面额　　B. 票面利率　　C. 市场利率　　D. 债券期限

18. 与股票相比，债券具有以下(　　)特点。

A. 债券代表一种债权关系　　B. 债券的求偿权优先于股票

C. 债券投资的风险小于股票　　D. 可转换债券按规定可转换为股票

三、判断题

1. 与直接筹资相比，间接筹资具有灵活便利、规模经济、提高资金使用效率的优点。（　　）

2. 优先认股权是优先股股东的优先权。（　　）

3. 可转换优先股对股东是有利的，可赎回优先股对公司也是有利的。（　　）

4. 认股权证不能为企业筹集额外的现金。（　　）

5. 信贷额度是银行从法律上承诺向企业提供不超过某一最高限额的贷款协定。（　　）

6. 抵押借款由于有抵押品担保，所以其资本成本往往较非抵押借款低。（　　）

7. 发行认股权证是上市公司的一种特殊筹资手段，其主要功能就是辅助公司的股权性筹资，但不可以直接筹措现金。（　　）

8. 企业发行浮动利率债券的目的是对付通货膨胀。（　　）

9. 可转换债券的利率一般低于普通债券。（　　）

10. B股是指专门供境外投资者买卖的，以人民币标明面值但以外币认购和交易的股票。（　　）

四、计算题

1. NY公司2023年12月31日的简要资产负债表见表3-8。假定NY公司2023年销售额为10000万元，销售净利率为10%，利润留存率为40%。2024年销售额预计增长20%，公司有足够的生产能力，无须追加固定资产投资。

表3-8 资产负债表（简表）

2023年12月31日

资　产	金额（万元）	与销售的关系	负债及所有者权益	金额（万元）	与销售的关系
货币资金	500	5%	短期借款	2500	—
应收账款	1500	15%	应付账款	1000	10%
存货	3000	30%	其他应收款	500	5%
固定资产	3000	—	应付债券	1000	—
			实收资本	2000	—
			留存收益	1000	—
资产总计	8000	50%	负债及所有者权益总计	8000	15%

要求：

（1）确定企业增加的资金需要量。

（2）确定企业外部融资需求量。

2. 某公司2024年预计销售收入为50000万元，预计销售净利率为10%，股利支付率为60%。

要求：测算该公司2024年内部资金来源的金额。

3. 已知：某公司2023年的销售收入为20000元，2023年12月31日的资产负债表（简表）见表3-9。

表 3-9　资产负债表（简表）

2023 年 12 月 31 日　　单位：万元

资　产	期末余额	负债及所有者权益	期末余额
货币资金	1 000	应付账款	1 000
应收账款	3 000	应付票据	2 000
存货	6 000	长期借款	9 000
固定资产	7 000	实收资本	4 000
无形资产	1 000	留存收益	2 000
资产总计	18 000	负债及所有者权益总计	18 000

该公司 2024 年的计划销售收入比上年增长 20%，为实现这一目标，公司需新增设备一台，需要 320 万元资金。据历年财务数据分析，公司流动资产与流动负债随销售额同比率增减。假定该公司 2024 年的销售净利率可达到 10%，净利润的 60%分配给投资者。

要求：

（1）计算 2024 年流动资产增加额。

（2）计算 2024 年流动负债增加额。

（3）计算 2024 年公司需增加的营运资金。

（4）计算 2024 年的留存收益。

（5）预测 2024 年需要对外筹集的资金量。

项目四　投资活动财务管理

【学习目标】

知识目标

1. 了解项目投资的概念及分类。
2. 理解项目计算期和现金流量的构成内容。
3. 掌握项目投资决策指标选择及计算方法。

技能目标

实际工作中为企业预判投资项目的可行性，选择最优方案进行投资。

【项目导入】

M集团以尖端的生物技术为依托，吸收中医学精华，开发高品质系列保健品。M集团为保证公司长远有序的发展，准备投资开发新的项目，以此挖掘集团新的利润增长点。

经项目团队商讨给出两个投资方案如下：

方案一：

原始投资共有1000万元（全部来源于自有资金），其中包括：固定资产投资750万元，流动资金投资200万元，无形资产投资50万元。该项目的建设期为2年，经营期为10年。固定资产和无形资产投资分两年平均投入，流动资金投资在项目完工时（第二年年末）投入。固定资产的寿命期限为10年（考虑预计的净残值37.5万元）。无形资产投资从年初起分10年摊销完毕，流动资产于终结点一次收回。预计项目投产后，每年发生的相关营业收入（不含增值税）和经营成本分别为600万元和200万元，所得税率为25%，该行业的基准折现率为14%。

方案二：

比方案一多加80万元的固定资产投资，建设期为1年，固定资产和无形资产在项目开始时一次投入，流动资金在建设期末投放，经营期不变，经营期各年的现金流量为300万元，其他条件不变。

思考：假设M集团确定要进入新市场，作为项目团队一员的你对于上述两个方案该如何抉择？

学习任务一　了解投资管理

一、企业投资的含义与意义

企业投资，是企业为获取未来收益而向一定对象投放资金的经济行为。企业通过投资配置资产，形成企业生产能力，从而取得未来的经济利益。

（一）投资是企业生存与发展的基本前提

企业的生产经营，就是企业资产的运用和资产形态的转换过程。投资是一种资本性支出行为，通过投资支出，企业购建流动资产和长期资产，形成生产条件和生产能力。实际上，不论是新建一个企业，还是建造一条生产流水线，都是一种投资行为。通过投资，确立企业的经营方向，配置企业的各类资产，并将它们有机地结合起来，形成企业的综合生产经营能力。如果企业想要进军一个新兴行业，或者开发一种新产品，都需要先进行投资。因此，投资决策的正确与否，直接关系到企业的兴衰成败。

（二）投资是企业获取利润的基本前提

企业投资的目的，是要通过支付一定数量的货币或实物形态的资本，购建和配置形成企业的各类资产，从事某类经营活动，获取未来的经济利益。通过投资形成生产经营能力，企业才能开展具体的经营活动，获取经营利润。那些以购买股票、债券等有价证券方式对其他单位的投资，可以通过取得股利或债息来获取投资收益，也可以通过转让证券来获取资本利得，除购买股票债券外，企业也可通过购买基金的方式获得基金收益。

（三）投资是企业风险控制的重要手段

企业经营面临着各种风险，有来自市场竞争的风险，有资金周转的风险，还有原材料涨价、费用居高不下等成本风险。投资，是企业风险控制的重要手段。通过投资可以将资金投向企业生产经营的薄弱环节，使企业的生产经营能力配套、平衡、协调。通过投资，可以实现多元化经营，将资金投放于经营相关程度较低的不同产品或不同行业，分散风险，稳定收益来源，降低资产的流动性风险、变现风险，增强资产的安全性。

二、企业投资管理的特征

企业的投资活动与经营活动是不同的，投资活动对企业经济利益有长期影响。企业投资涉及的资金多、经历的时间长，对企业未来的财务状况和经营活动都有较大的影响。与日常经营活动相比，企业投资的主要特点见表 4-1。

表 4-1　企业投资管理的特点

特点	说　明
属于企业的战略性决策	企业的投资活动先于经营活动，并且往往需要一次性地投入大量的资金，并在一段较长的时期内发生作用，对企业经营活动的方向产生重大影响
属于企业的非程序化管理	企业的投资活动涉及企业的未来经营发展方向和规模等重大问题，属于非例行性活动，具有一次性和独特性的特点，属于非程序化管理
投资价值的波动性大	投资项目的价值是由投资的标的物资产的内在获利能力决定的。然而标的物资产的形态是不断转换的，未来收益具有较强的不确定性，其价值也具有较大的波动性

三、企业投资的分类

将企业投资进行科学分类，有利于分清投资的性质，按不同的特点和要求进行投资决策，加强投资管理。企业投资分类表见表 4-2。

表 4-2 企业投资分类表

分类标准	种类	含义及特点
按投资活动与企业本身的生产经营活动的关系	直接投资	是将资金直接投放于形成生产经营能力的实体性资产，直接谋取经营利润的企业投资。通过直接投资，购买并配置劳动力、劳动资料和劳动对象等具体生产要素，开展生产经营活动
	间接投资	是将资金投放于股票、债券等权益性资产上的企业投资。通过这些投资方式筹集到资金后，再将这些获利资金投放于生产经营能力的实体性资产，以获取经营利润
按投资对象的存在形态和性质	项目投资	购买具有实质内涵的经营资产，包括有形资产和无形资产。形成具体的生产经营能力，开展实质性的生产经营活动，谋取经营利润。项目投资的目的在于改善生产条件、扩大生产能力，以获取更多的经营利润。项目投资属于直接投资
	证券投资	购买属于综合生产要素的权益性证券资产的投资，间接控制被投资企业的生产经营活动，获取投资收益。证券投资属于间接投资
按投资活动对企业未来生产经营前景的影响	发展性投资	也称为战略性投资，是指对企业未来的生产经营发展全局有重大影响的企业投资，如企业间兼并合并的投资、转换新行业和开发新产品投资、大幅度扩大生产规模的投资等
	维持性投资	也称为战术性投资，是为了维持企业现有的生产经营正常进行，不会改变企业未来生产经营发展全局的企业投资。如更新替换旧设备的投资、配套流动资金投资、生产技术革新的投资等
按投资活动资金投出的方向	对内投资	是指在本企业范围内部的资金投放，用于购买和配置各种生产经营所需的经营性资产
	对外投资	通过联合投资、合作经营、换取股权、购买证券资产等投资方式，向企业外部其他单位投放资金
按投资项目之间的相互关联关系	独立投资	是相容性投资，各个投资项目之间互不关联、互不影响、可以同时并存
	互斥投资	是非相容性投资，各个投资项目之间相互关联、相互替代、不能同时并存

直接投资与间接投资、项目投资与证券投资，两种投资分类方式的内涵和范围是一致的，只是分类角度不同。直接投资与间接投资强调的是投资的方式性，项目投资与证券投资强调的是投资的对象性。

四、投资管理的原则

投资管理程序包括投资计划制订、可行性分析、实施过程控制、投资后评价等。为了适应投资项目的特点和要求，实现投资管理的目标，作出合理的投资决策，需要制订投资管理的基本原则，据以保证投资活动的顺利进行。

（一）可行性分析原则

投资项目的金额大，资金占用时间长，一旦投资后具有不可逆转性，对企业的财务状况和经营前景影响重大。因此，在投资决策之时，必须建立严密的投资决策程序，进行科学的可行性分析。

投资项目可行性分析是投资管理的重要组成部分，其主要任务是对投资项目实施的可行性进行科学的论证，主要包括环境可行性、技术可行性、市场可行性、财务可行性等方面。

项目可行性分析将对项目实施后未来的运行和发展前景进行预测，通过定性分析和定量分析比较项目的优劣，为投资决策提供参考。

环境可行性，要求投资项目对环境的不利影响最小，并能带来有利影响，包括对自然环境、社会环境和生态环境的影响。技术可行性，要求投资项目形成的生产经营能力具有技术上的适应性和先进性，包括工艺、装备、地址等。市场可行性，要求投资项目形成的产品能够被市场所接受，具有市场占有率，进而才能带来财务上的可行性。财务可行性，要求投资项目在经济上具有效益性，这种效益性是明显的和长期的。财务可行性是在相关的环境、技术、市场可行性完成的前提下，着重围绕技术可行性和市场可行性而开展的专门经济性评价。同时，一般也包含资金筹集的可行性。

财务可行性分析是投资项目可行性分析的主要内容，因为投资项目的根本目的是经济效益，市场和技术上可行性的落脚点也是经济上的效益性，项目实施后的业绩绝大部分表现在价值化的财务指标上。财务可行性分析的主要内容包括：收入、费用和利润等经营成果指标的分析；资产、负债、所有者权益等财务状况指标的分析；资金筹集和配置的分析；资金流转和回收等资金运行过程的分析；项目现金流量、净现值、内含收益率等项目经济性效益指标的分析；项目收益与风险关系的分析；等等。

（二）结构平衡原则

由于投资往往是一个综合性的项目，不仅涉及固定资产等生产能力和生产条件的购建，还涉及使生产能力和生产条件正常发挥作用所需要的流动资产的配置。同时，由于受资金来源的限制，投资也常常会遇到资金需求超过资金供应的矛盾。如何合理配置资源，使有限的资金发挥最大的效用，是投资管理中资金投放所面临的重要问题。可以说，一个投资项目的管理就是综合管理。资金既要投放于主要生产设备，又要投放于辅助设备；既要满足长期资产的需要，又要满足流动资产的需要。投资项目在资金投放时，要遵循结构平衡原则，合理分布资金，具体包括固定资金与流动资金的配套关系、生产能力与经营规模的平衡关系、资金来源与资金运用的匹配关系、投资进度和资金供应的协调关系、流动资产内部的资产结构关系、发展性投资与维持性投资的配合关系、对内投资与对外投资的顺序关系、直接投资与间接投资的分布关系等。

投资项目在实施后，资金就较长期地固化在具体项目上，退出和转向都不太容易。只有遵循结构平衡原则，投资项目实施后才能正常顺利地运行，才能避免资源的闲置和浪费。

（三）动态监控原则

投资的动态监控，是指对投资项目实施过程中的进程控制。特别是对于那些工程量大、工期长的建造项目来说，有一个具体的投资过程，需要按工程预算实施有效的动态投资控制。

投资项目的工程预算，是对总投资中各工程项目以及所包含的分步工程和单位工程造价规划的财务计划。建设性投资项目应当按工程进度，对分项工程、分步工程、单位工程的完成情况，逐步进行资金拨付和资金结算，控制工程的资金耗费，防止资金浪费。在项目建设完工后，通过工程决算，全面清点所建造的资产数额和种类，分析工程造价的合理性，合理确定工程资产的账面价值。

对于间接投资而言，投资前首先要认真分析投资对象的投资价值，根据风险与收益均衡原则合理选择投资对象。在持有金融资产过程中，要广泛收集投资对象和资本市场的相关信息，全面了解被投资单位的财务状况和经营成果，保护自身的投资权益。有价证券类金融资产投资，其投资价值不仅由被投资对象的经营业绩决定，还受资本市场制约。这就需要分析资本市场上资本的供求关系状况，预计市场利率的波动和变化趋势，动态地估算投资价值，寻找转让证券资产和收回投资的最佳时机。

学习任务二　认知投资项目财务评价指标

企业在众多可行投资方案中进行抉择时，需要对各个可行方案进行客观的分析、评价以及比较，最终确定投资方向，在这一评价的过程中需要采用一些专门的评价指标和方法帮助其选择出最优方案。常用的财务可行性评价指标有净现值、年金净流量、现值指数、内含收益率和回收期等，围绕这些指标进行投资项目财务评价就产生了净现值法、内含收益率法、回收期法等评价方法。同时，按照是否考虑了货币时间价值来分类，这些评价指标可以分为静态评价指标和动态评价指标，考虑了货币时间价值因素的称为动态评价指标，没有考虑货币时间价值因素的称为静态评价指标。

一、项目现金流量

（一）现金流量的含义

现金流量是指在计算期内特定项目引起的企业现金支出和现金收入增加的金额，包括现金流出量、现金流入量和现金净流量（net cash flow，NCF）。其中，现金净流量是指现金流入量与现金流出量相抵后的余额。在一般情况下，投资决策中的现金流量通常指现金净流量。

所谓的现金，既指库存现金、银行存款等货币性资产，也可以指相关非货币性资产（如原材料、设备等）的变现价值。

项目计算期是指投资项目从投资建设开始到最终清理结束整个过程的全部时间，(为三个时点阶段：投资期（建设期）、营业期和终结点，如图 4-1 所示。

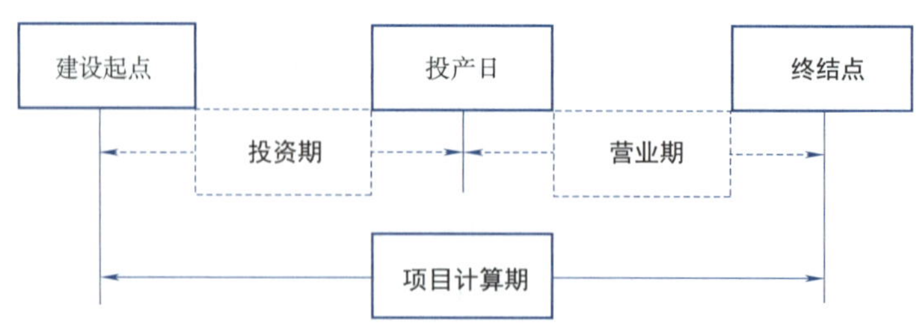

图 4-1　项目计算期时间轴示意图

现金流量作为投资项目财务可行性分析的主要分析对象，对于净现值、内含收益率、回收期等财务评价指标，均是以现金流量为对象来进行可行性评价。

（二）投资项目现金流量的估计

1. 投资期（建设期）**现金流量**（初始现金流量）

投资阶段的现金流量主要是现金流出量，即在该投资项目上的原始投资，包括在长期资产上的投资和垫支的营运资金。表 4-3 所示为投资期主要项目示例。

表 4-3　投资期主要投项目示例

投资项目	示　例
长期资产投资	如固定资产、无形资产、递延资产等的购置成本、运输费、安装费等
营运资金垫支	指项目形成了生产能力，需要在流动资产上追加的投资

投资期（建设期）某年的现金净流量＝－该年年末发生的原始投资额

＝－(长期资产投资＋营运资本垫支)

2. 营业期现金流量（不考虑所得税）

营业阶段是投资项目的主要阶段，该阶段既有现金流入量，也有现金流出量。现金流入量主要是营运各年的营业收入，现金流出量主要是营运各年的付现营运成本，如大修理支出、所得税。

营业现金流量＝营业收入－付现成本－所得税费用

＝税后营业利润＋非付现成本

＝收入×(1－所得税税率)－付现成本×(1－所得税税率)＋

非付现成本×所得税税率

式中，非付现成本指的是企业在经营期不以现金支付的成本费用，一般包括固定资产的折旧、无形资产的摊销额、开办费的摊销额以及全投资假设下经营期间发生的借款的利息支出，与之对应的概念是付现成本。

3. 终结点现金流量

终结点的现金流量主要是现金流入量，包括固定资产变现净收入、处置固定资产净损失抵税（固定资产变现净损失抵税、固定资产变现净收益纳税）和垫支营运资本的收回。

将终结点作为一个单独阶段，该阶段没有营业活动。一般而言，项目终结时间短，因此和营业期的最后一年合并计算年度现金流量。

关于现金流量的时间点假设：

（1）以第一笔现金流出的时间为“现在”时间，即“零”时点，不管它的日历时间是几月几日。在此基础上，一年为一个计息期。

（2）对于原始投资，如果没有特殊指明均假设现金在每个“计息期初”支付。

（3）对于收入、成本、利润，如果没有特殊指明，均假设在“计息期末”取得。

【例 4-1】某公司计划增添一条生产流水线，以扩充生产能力。现方案一计划投资 50 000 元，垫支营运资金 20 000 元。生产流水线预计使用寿命为 5 年，采用直线法计算折旧，预计残值为 2 000 元，并且预计年销售收入为 100 000 元，第 1 年付现成本为 66 000 元，以后在此基础上每年增加维修费 1 000 元。公司企业所得税税率为 25%。根据上述资料，计算此方案营业期间现金流量的测算过程。

解析　上述投资方案现金流量计算见表 4-4 和表 4-5，图 4-2 为该投资方案现金流量示意图，表 4-4 所示为投资项目营业期间现金流量的具体计算过程，表 4-5 所示为投资项目每年现金流量。

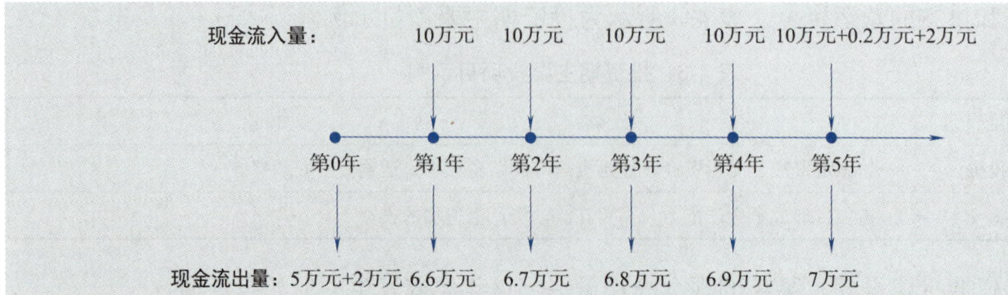

图 4-2　现金流量示意图

表 4-4　营业期现金流量计算表　　单位：元

项　目	第 1 年	第 2 年	第 3 年	第 4 年	第 5 年
销售收入①	100 000	100 000	100 000	100 000	100 000
付现成本②	66 000	67 000	68 000	69 000	70 000
折旧③	9 600	9 600	9 600	9 600	9 600
营业利润④=①-②-③	24 400	23 400	22 400	21 400	20 400
所得税⑤=④×25%	6 100	5 850	5 600	5 350	5 100
税后营业利润⑥=④-⑤	18 300	17 550	16 800	16 050	15 300
营业现金净流量⑦=③+⑥	27 900	27 150	26 400	25 650	24 900

表 4-5　投资项目每年现金流量　　单位：元

项　目	第 0 年	第 1 年	第 2 年	第 3 年	第 4 年	第 5 年
固定资产投资	-50 000					
营运资金垫支	-20 000					
营业现金流量		27 900	27 150	26 400	25 650	24 900
固定资产残值						2 000
营运资金回收						20 000
现金流量合计	-70 000	27 900	27 150	26 400	25 650	46 900

二、净现值

（一）基本原理

一个投资项目，其未来现金净流量现值与原始投资额现值之间的差额，称为净现值（net present value，NPV）。计算公式为：

净现值=未来现金净流量现值-原始投资额现值

采用净现值法来评价投资方案，一般有以下步骤：

（1）测定投资方案各年的现金流量，包括现金流出量和现金流入量。

（2）设定投资方案采用的贴现率。

（3）按设定的贴现率，分别将各年的现金流出量和现金流入量折算成现值。

（4）根据净现值对项目进行评价。

【提示】 贴现率是投资者所期望的最低投资收益率，确定贴现率的参考标准可以是：

（1）以市场利率为标准。

（2）以投资者希望获得的预期最低投资收益率为标准。

（3）以企业平均资本成本率为标准。

（二）计算公式

$$NPV=\sum_{t=1}^{n}\frac{NCF_t}{(1+k)^t}-I$$

式中，t 为项目期限；NCF_t 表示第 t 年的现金净流量；I 为原始投资额；k 为折现率。

（三）决策原则

（1）NPV＞0 时，表明投资报酬率大于资本成本，项目可以增加股东财富，应予采纳。

（2）NPV＝0 时，表明投资报酬率等于资本成本，项目不改变股东财富，采纳与否均可。

（3）NPV＜0 时，表明投资报酬率小于资本成本，项目将会减损股东财富，应予放弃。

所以，其他条件相同时，净现值越大方案越好。

（四）对净现值法的评价

1. 优点

（1）适用性强，能基本满足项目年限相同的互斥投资方案的决策。

（2）能灵活地考虑投资风险。

2. 缺点

（1）所采用的贴现率不易确定。

（2）不适用于独立投资方案的比较决策。

（3）净现值不能直接用于对寿命期不同的互斥投资方案进行决策。

【例 4-2】 此时为了扩充生产能力，除了例 4-1 的方案外还存在方案二，此方案需要投资 75 000 元，垫支营运资金 25 000 元，新生产线预计使用寿命为 5 年，依然采用直线法计提折旧，预计残值为 3 000 元。并且每年预计销售收入为 140 000 元，年付现成本 105 000元。企业所得税税率 25%。

解析　第二个投资方案现金流量计算见表 4-6 和表 4-7，图 4-3 所示为该投资方案现金流量示意图，表 4-6 所示为投资项目营业期间现金流量的具体计算过程，表 4-7 所示为投资项目每年现金流量。

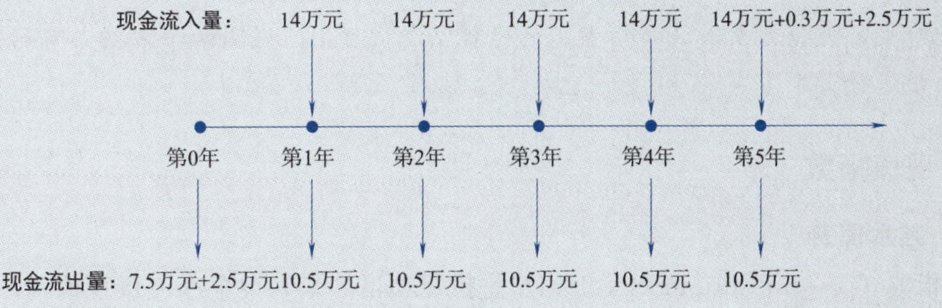

图 4-3　现金流量示意图

表 4-6 营业期现金流量计算表 单位：元

项 目	第 1 年	第 2 年	第 3 年	第 4 年	第 5 年
销售收入①	140 000	140 000	140 000	140 000	140 000
付现成本②	105 000	105 000	105 000	105 000	105 000
折旧③	14 400	14 400	14 400	14 400	14 400
营业利润④＝①－②－③	20 600	20 600	20 600	20 600	20 600
所得税⑤＝④×25%	5 150	5 150	5 150	5 150	5 150
税后营业利润⑥＝④－⑤	15 450	15 450	15 450	15 450	15 450
营业现金净流量⑦＝③＋⑥	29 850	29 850	29 850	29 850	29 850

表 4-7 投资项目每年现金流量 单位：元

项 目	第 0 年	第 1 年	第 2 年	第 3 年	第 4 年	第 5 年
固定资产投资	－75 000					
营运资金垫支	－25 000					
营业现金流量		29 850	29 850	29 850	29 850	29 850
固定资产残值						3 000
营运资金回收						25 000
现金流量合计	－100 000	29 850	29 850	29 850	29 850	57 850

假设折现率为 10%，则：

方案一的净现值＝46 900×（P/F，10%，5）＋25 650×（P/F，10%，4）＋26 400×（P/F，10%，3）＋27 150×（P/F，10%，2）＋27 900×（P/F，10%，1）－70 000

＝46 900×0.620 9＋25 650×0.683 0＋26 400×0.751 3＋27 150×0.826 4＋27 900×0.909 1－70 000

＝44 274.13（元）

方案二的净现值＝57 850×（P/F，10%，5）＋29 850×（P/A，10%，4）－100 000

＝57 850×0.620 9＋29 850×3.169 9－100 000

＝30 540.58（元）

由此可见，无论方案一还是方案二的净现值都大于 0，说明两个方案都可行，那么二选一时，该选择那个方案呢？

三、现值指数

（一）基本原理

现值指数（present value index，PVI）是投资项目的未来现金净流量现值与原始投资额现值之比。

（二）计算公式

$$现值指数=\frac{未来现金净流量现值}{原始投资额现值}$$

（三）现值指数决策原则

（1）PVI>1 时，表明投资报酬率大于资本成本，项目可以增加股东财富，应予采纳。

（2）PVI=1 时，表明投资报酬率等于资本成本，项目不改变股东财富，采纳与否均可。

（3）PVI<1 时，表明投资报酬率小于资本成本，项目将会减损股东财富，应予放弃。

（4）对于独立投资方案而言，现值指数越大方案越好。

（四）对现值指数法的评价

（1）优点：便于对投资规模不同的独立投资方案进行比较和评价（是净现值法的辅助方法，是一个相对数指标，反映了投资效率）。

（2）缺点：所采用的贴现率不易确定（与净现值一样），不便于寿命不同的独立投资方案比较和评价。

（3）现值指数属于净现值法的辅助方法，在各方案原始投资额相同时，实质上就是净现值法。

【例 4-3】有两个独立投资方案，投资年限相同，相关资料见表 4-8。

表 4-8　净现值计算表　　单位：元

项　　目	方案一	方案二
初始投资额现值	300 000	30 000
未来现金净流量现值	315 000	42 000
净现值	15 000	12 000

从净现值的绝对数来看，方案一大于方案二，似乎应采用方案一；但从投资额来看，方案一的初始投资额现值是方案二初始投资额的 10 倍。仅用净现值来判断方案的优劣有失公允。

按现值指数法计算：

$$方案一的现值指数=\frac{315\,000}{300\,000}=1.05$$

$$方案二的现值指数=\frac{42\,000}{30\,000}=1.40$$

由此可见，方案二的现值指数大于方案一，应当选择方案二合适。

四、年金净流量

（一）基本原理

投资项目的未来现金净流量与原始投资额，构成该项目的全部现金净流量。项目期间内全部现金净流量总额的总现值或总终值折算为年金形式的现金净流量，称为年金净流量（annuity net cash flow，ANCF）。

(二) 计算公式

年金净流量＝现金流量总现值(即净现值)÷年金现值系数

＝现金流量总终值÷年金终值系数

(三) 决策原则

(1) 年金净流量指标的结果大于零，说明每年平均的现金流入能抵补现金流出，方案可行。

(2) 在两个以上寿命期不同方案比较时，年金净流量越大，方案越好。

年金净流量法属于净现值法的辅助方法，在各方案寿命期相同时，实质上就是净现值法。

(四) 对年金净流量的评价

(1) 优点：适用于期限不同的投资方案决策（与净现值的区别）。

(2) 缺点：所采用的贴现率不易确定、不便于对原始投资额不相等的独立投资方案进行决策（与净现值相同）。

【例 4-4】 存在寿命期不同的两个项目，设企业的折现率为 10%，$(P/A,10\%,2)=1.7355$；$(P/A,10\%,4)=3.1699$；其余资料见表 4-9，判断两个项目的优劣。

表 4-9 净现值计算表

单位：元

项 目	方案一	方案二
初始投资额现值	100	100
未来现金净流量现值	150	180
净现值	50	80
寿命	2 年	4 年

解析：

两个项目寿命不同，净现值不具有可比性，不能作为参考依据。应该考虑这两个项目的年金净流量。

方案一年金净流量＝净现值/年金现值系数＝50÷1.7355＝28.81（万元/年）

方案二年金净流量＝净现值/年金现值系数＝80÷3.1699＝25.24（万元/年）

综上所示，应该选择方案一。

五、内含收益率

(一) 基本原理

内含收益率（internal rate of return，IRR），又称内含报酬率，是指对投资方案的每年现金净流量进行贴现，使所得的现值恰好与原始投资额现值相等，从而使净现值等于零时的贴现率。

当 $\text{NPV}=\sum_{t=1}^{n}\frac{\text{NCF}_t}{(1+k)^t}-I=0$ 时，k 即为内含收益率(IRR)。

1. 当未来每年现金净流量相等时

每年现金净流量相等是一种年金形式，通过查年金现值系数表，结合内插法求出内含收益率。

【例 4-5】公司预购 20 辆大巴车对外出租经营，预计投资 200 万元，在未来 8 年内每年获取现金流入量为 45 万元，计算该项投资的收益率为多少？

内含收益率是令对每年现金净流量进行贴现，使得净现值等于零的贴现率。

$$NPV=45\times(P/A,i,8)-200=0$$

得出：$(P/A,i,8)=4.4444$

查找年金现值系数表，确定 4.444 4 介于 4.487 3（对应折现率 $i=15\%$）和 4.343 6（对应的折现率 $i=16\%$）之间，由此可见所求收益率介于 15%与 16%之间，利用插值法计算内含报酬率：

$$IRR=\frac{4.4873-4.4444}{4.4873-4.3436}\times(16\%-15\%)+15\%=15.3\%$$

2. 当未来每年现金净流量不相等时

通过逐步测试找到最相近的两个折现率，使项目净现值一个大于 0，一个小于 0，然后通过内插法求出内含收益率。

（二）决策原则

当内含收益率高于投资人期望的最低投资收益率时，投资项目可行。

（三）对内含收益率法的评价

1. 优点

（1）反映了投资项目可能达到的收益率，易于被高层决策人员所理解。

（2）适合独立方案的比较决策。

2. 缺点

（1）计算复杂，不易直接考虑投资风险大小。

（2）在互斥方案决策时，如果各方案的原始投资额现值不相等，有时无法做出正确的决策。

六、基本指标总结

（一）基本指标计算总结

基于净现值、现值指数以及内含收益率三项指标都以未来现金净流量总现值为出发点，通过比较该三项基本指标，寻找彼此间相同点与不同点。设 PV 为未来现金净流量总现值、I 为原始投资额现值，该三项基本指标公式如图 4-4 所示。

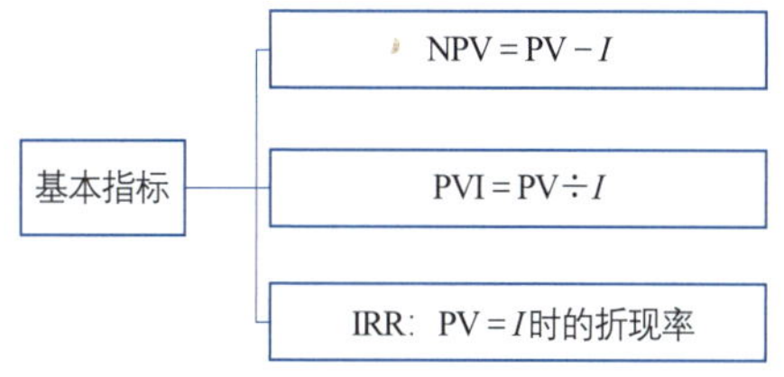

图 4-4　基本指标计算公式总结图

（二）基本指标间的关系

1. 相同点

（1）都考虑了资金的时间价值。

（2）都考虑了项目期限内的全部的现金流量。

（3）都受建设期的长短、回收金额的有无以及现金净流量的大小的影响。

（4）在评价单一方案可行与否的时候，结论一致：

- 当净现值>0 时，现值指数>1，内含收益率>资本成本率。
- 当净现值=0 时，现值指数=1，内含收益率=资本成本率。
- 当净现值<0 时，现值指数<1，内含收益率<资本成本率。

2. 不同点

基本指标间的不同点见表 4-10。

表 4-10　基本指标间不同的对比表

指标	净现值	年金净流量	现值指数	内含收益率
是否受设定贴现率的影响	√	√	√	×
是否反映项目投资方案本身收益率	×	×	×	√
指标性质	绝对数，反映投资收益		相对数，反映投资效率	

七、回收期

回收期（payback period，PP），是指投资项目的未来现金净流量与原始投资额相等时所经历的时间，即原始投资额通过未来现金流量回收所需要的时间。

（一）静态回收期

1. 含义

静态回收期是指在不考虑货币时间价值的条件下，收回全部原始投资额所需要的时间。即投资项目现金净流量累计等于 0 时所经历的时间。

2. 计算方法

（1）未来每年现金净流量相等时：

$$静态回收期=原始投资额\div每年现金净流量$$

（2）未来每年现金净流量不相等时，根据累计现金流量来确定回收期。

设 M 是收回原始投资额的前一年：

$$静态回收期=M+第\ M\ 年的尚未回收额\div第\ M+1\ 年的现金净流量$$

【例 4-6】 企业购入一台机床价为 36 000 元，投入使用后，每年现金流量均为 8 000 元，折现率为 9%。已知：$(P/A,9\%,6)=4.4859$；$(P/A,9\%,7)=5.0330$。计算此购入机床的静态投资回收期。

解析　通过题干已知每年现金流相等，所以静态回收期=原始投资额÷每年现金净流量。

$$PP=36\,000\div8\,000=4.5\text{（年）}$$

【例 4-7】 企业有一投资项目，需投资 15 万元，使用年限为 5 年，每年的现金流量不相等，折现率为 5%，有关资料见表 4-11。计算该投资项目的静态回收期。

表 4-11　项目寿命期的现金流量表　　单位：万元

年份	现金净流量	累计净流量
0	−15	−15
1	3	−12
2	3.5	−8.5
3	6	−2.5
4	5	2.5
5	4	6.5

解析　通过题干已知每年现金流不相等，所以静态回收期＝M＋第 M 年的尚未回收额÷第 M＋1 年的现金净流量

$$PP=3+2.5\div5=3.5\ (年)$$

（二）动态回收期

1. 含义

动态回收期是指在考虑货币时间价值的条件下，以投资项目现金净流量的现值抵偿原始投资额现值所需要的时间。即投资项目累计折现现金流量等于 0 所需要的时间。

2. 计算方法

（1）未来每年现金净流量相等时，利用年金现值系数表，利用插值法计算。

$$(P/A,i,n)=原始投资额现值\div每年现金净流量$$

（2）未来每年现金净流量不相等时，根据累计现金流量现值来确定回收期。设 M 是收回原始投资额现值的前一年：

动态回收期＝M＋(第 M 年的尚未回收的现值)÷第(M＋1)年的现金净流量的现值

【例 4-8】 企业购入一台机床价为 36 000 元，投入使用后，每年现金流量均为 8 000 元，折现率为 9%。已知：$(P/A,9\%,6)=4.4859$；$(P/A,9\%,7)=5.0330$。计算此购入机床的静态投资回收期。

解析： 通过题干已知每年现金流相等，所以 $(P/A,i,n)$＝原始投资额现值÷每年现金净流量。

$$(P/A,9\%,n)=36\,000\div8\,000=4.5$$

则：$(P/A,9\%,n)=4.5$，根据内插法计算 n 的值。

$$\frac{5.0330-4.5}{5.0330-4.4859}=\frac{7-n}{7-6}$$

得：$n=6.03$

【例 4-9】 企业有一投资项目，需投资 15 万元，使用年限为 5 年，每年的现金流量不相等，折现率为 5%，有关资料见表 4-12。计算该投资项目的静态回收期。

表 4-12 项目寿命期的现金流量表 单位：万元

年份	现金净流量	净流量现值	累计净流量
0	−15	−15	−15
1	3	3×(P/F,5%,1)=2.856	−12.144
2	3.5	3.5×(P/F,5%,2)=3.175	−8.969
3	6	6×(P/F,5%,3)=5.184	−3.785
4	5	5×(P/F,5%,4)=4.115	0.33
5	4	4×(P/F,5%,5)=3.136	3.466

解析： 通过题干已知每年现金流不相等，所以动态回收期$=M+$(第M年的尚未回收的现值)÷第$(M+1)$年的现金净流量的现值。

动态回收期$=3+3.785\div4.115=3.92$（年）

（三）对投资回收期的评价

1. 优点

回收期法计算简便，并且容易为决策人所理解，回收期越短，所承担的风险越小。

2. 缺点

（1）静态回收期忽视时间价值，动态回收期和静态回收期都没有考虑回收期以后的现金流量。

（2）不能计算出较为准确的投资经济效益。

（3）可能导致企业短期行为，放弃具有战略意义的长期项目。

八、会计报酬率法

（一）特点

方法计算简便，应用范围很广。它在计算时使用会计报表上的数据。

（二）计算

会计报酬率＝年平均净利润÷原始投资额×100%

（三）指标分析

1. 优点

一种衡量盈利性的简单方法，使用的概念易于理解；数据容易取得；考虑了整个项目寿命期的全部利润。

2. 缺点

使用账面利润而非现金流量，忽视了折旧对现金流量的影响；忽视了净利润的时间分布对于项目经济价值的影响。

九、投资项目财务评价指标的运用

（一）独立投资方案的决策

（1）决策的实质：

①独立投资方案的决策属于筛选决策，首先评价各方案本身是否可行，即方案本身是否

达到某种预期的可行性标准。

②独立投资方案之间比较时，如何确定各种可行方案的投资顺序，即各独立方案之间评价方案的优先次序。

（2）决策的方法：内含收益率法。

（二）互斥投资方案的决策

1. 决策的实质

决策的实质在于选择最优方案，属于选择决策。

2. 决策的方法

（1）项目寿命期相同时（无论初始投资额是否相同），决策指标为净现值和年金净流量。

【提示】在寿命期相同时，净现值与年金净流量指标的决策结论一致。

（2）项目寿命期不同时，决策指标为年金净流量和最小公倍寿命期法。

【例 4-10】现有甲、乙两个机床购置方案，所要求的最低投资收益率为 10%。甲机床投资额 10 000 元，可用 2 年，无残值，每年产生 8 000 元现金净流量。乙机床投资额 20 000 元，可用 3 年，无残值，每年产生 10 000 元现金净流量。其中，$(P/A,10\%,2)=1.735\,5$，$(P/A,10\%,3)=2.486\,9$。

问：两方案何者为优？

互斥投资方案的选优决策见表 4-13。

表 4-13　互斥投资方案的选优决策

项目	甲机床	乙机床
净现值（NPV）（元）	3 888	4 870
年金净流量（ANCF）（元）	2 238	1 958
内含收益率（IRR）	38%	23.39%

分析：

方法：年金净流量法。

（1）甲方案：

年金净流量＝3 888÷(P/A,10%,2)＝3 888÷1.735 5＝2 238（元）

（2）乙方案：

年金净流量＝4 870÷(P/A,10%,3)＝4 870÷2.486 9＝1 958（元）

年金净流量甲方案大于乙方案，则甲方案优于乙方案。

【素质园地】

2023 年中央经济工作会议于 12 月在北京举行。会议认为，2023 年是全面贯彻党的二十大精神的开局之年，我国经济回升向好，高质量发展扎实推进。现代化产业体系建设取得重要进展，科技创新实现新的突破，改革开放向纵深推进，安全发展基础巩固夯实。会议指出，进一步推动经济回升向好仍需要克服一些困难和挑战，主要是有效需求不足、部分行业产能过剩、社会预期偏弱、风险隐患仍然较多，国内大循环存在堵点，外部环境的复杂性、严峻性、不确定性上升。

面对这样一个机遇与挑战并存的经济大环境，消费市场结构正在悄悄发生改变，新的市场需求相继出现。这是“危”还是“机”，值得企业思考。数字化和智能化是制造业转型升级的重要手段，但一直未得到广泛的推广和应用。中央经济工作会议对科技创新引领现代化产业体系建设和扩大国内消费市场的需求等方面的重视，让更多的企业意识到科技创新和潜在消费市场的重要性，同时制造业智能化和数字化作为一道催化剂，促使企业主动拥抱工业互联和智能化。

企业应审时度势，紧跟党中央的领导和经济社会发展的需求，把握这次机会，优化自己的战略，理清发展思路，调整业务方向，赢得发展。

练习题

一、单项选择题

1. 下列投资活动中，属于间接投资的是（　　）。

A. 建设新的生产线　　B. 开办新的子公司
C. 吸收合并其他企业　　D. 购买公司债券

2. 某投资项目某年的营业收入为600 000元，付现成本为400 000元，折旧额为100 000元，所得税税率为25%，则该年营业现金净流量为（　　）。

A. 250 000　　B. 175 000　　C. 75 000　　D. 100 000

3. 在考虑所得税影响的情况下，下列可用于计算营业现金净流量的算式中，正确的有（　　）。

A. 税后营业利润＋非付现成本
B. 营业收入－付现成本－所得税
C. （营业收入－付现成本）×（1－所得税税率）
D. 营业收入×（1－所得税税率）＋非付现成本×所得税税率

4. 下列投资决策方法中，最适用于项目寿命期不同的互斥投资方案决策的是（　　）。

A. 净现值法　　B. 静态回收期法　　C. 年金净流量法　　D. 动态回收期法

5. 某企业拟进行一项固定资产投资项目决策，必要收益率为12%，有三个方案可供选择。其中：甲方案的寿命期为10年，净现值为1 000万元；乙方案的内含报酬率为10%；丙方案的寿命期为11年，其年均净现值为150万元。已知：$(P/A,12\%,10)=5.650\,2$。最优的投资方案是（　　）。

A. 甲方案　　B. 乙方案　　C. 丙方案　　D. 无法判断

6. 项目营业现金流量不包括（　　）。

A. 销售收入　　B. 人工工资　　C. 折旧　　D. 所得税

7. 某项目的初始投资金额是150万元，各年的营业现金流量金额分别为：第1年40万元；第2年35万元；第3年30万元；第4年30万元；第五年30万元。则该项目的投资回收期为（　　）年。

A. 1.67　　B. 3　　C. 3.5　　D. 4.5

8. 下列选项中，对净现值适用情况的表述，正确的是(　　)。

A. 净现值指标可以对原始投资额不同、寿命期相同的独立方案进行决策

B. 净现值指标可以对原始投资额不同、寿命期相同的互斥方案进行决策

C. 净现值指标可以对原始投资额相同、寿命期不同的独立方案进行决策

D. 净现值指标可以对原始投资额相同、寿命期不同的互斥方案进行决策

二、多项选择题

1. 按照企业投资的分类，下列各项中，属于发展性投资的有（　　）。

A. 企业间兼并收购的投资　　B. 更新替换旧设备的投资

C. 大幅度扩大生产规模的投资　　D. 开发新产品的投资

2. 采用净现值法评价投资项目可行性时，贴现率选择的依据通常有（　　）。

A. 市场利率　　B. 期望最低投资收益率

C. 企业平均资本成本率　　D. 投资项目的内含收益率

3. 某项目需要在第一年年初投资 76 万元，寿命期为 6 年，每年末产生现金净流量20 万元。已知（P/A,14%,6)=3.8887，(P/A,15%,6)=3.7845。若公司根据内含收益率法认定该项目具有可行性，则该项目的必要投资收益率不可能为（　　）。

A. 16%　　B. 13%　　C. 14%　　D. 15%

4. 下列投资项目评价指标中，考虑了资金时间价值因素的有（　　）。

A. 内含收益率　　B. 净现值　　C. 年金净流量　　D. 动态回收期

5. 运用年金成本法对设备重置方案进行决策时，应考虑的现金流量有（　　）。

A. 旧设备年营运成本　　B. 旧设备残值变价收入

C. 旧设备的初始购置成本　　D. 旧设备目前的变现价值

6. 某投资项目某年的营业收入为 600 000 元，付现成本为 400 000 元，折旧额为 100 000 元，所得税税率为 20%，则该年营业现金净流量为(　　)元。

A. 250 000　　B. 175 000　　C. 75 000　　D. 100 000

7. 下列投资项目评价指标中，考虑了货币时间价值因素的有(　　)。

A. 现值指数　　B. 内含报酬率　　C. 静态回收期　　D. 净现值

8. 与日常经营活动相比，企业投资的主要特点有（　　）。

A. 属于企业的战略性决策　　B. 属于企业的程序化管理

C. 属于企业的非程序化管理　　D. 投资价值的波动性大

9. 假设不存在利息费用，在考虑所得税影响的情况下，下列可用于计算营业现金净流量的算式中，正确的有（　　）。

A. 税后净利＋折旧

B. 营业收入－付现成本－所得税

C. （营业收入－付现成本）×(1－所得税税率)＋折旧

D. （营业收入－付现成本－折旧）×(1－税率)－折旧

三、判断题

1. 某投资者进行间接投资，与其交易的筹资者是在进行直接筹资；某投资者进行直接

投资，与其交易的筹资者是在进行间接筹资。（ ）

2. 投资项目是否具有财务可行性，完全取决于该项目在整个寿命周期内获得的利润总额是否超过整个项目投资成本。（ ）

3. 对单个投资项目进行财务可行性评价时，利用净现值法和现值指数法所得出的结论是一致的。（ ）

4. 在固定资产投资决策中，当税法规定的净残值和预计净残值不同时，终结期现金流量的计算一般应考虑所得税的影响。（ ）

5. 净现值法可直接用于对寿命期不同的互斥投资方案进行决策。（ ）

6. 任何投资项目，如果它预期的投资报酬率小于该项目使用资金的资本成本率，则该项目在经济上就是可行的。（ ）

7. 在各方案原始投资额现值相同时，现值指数法实质上就是净现值法。（ ）

8. 在互斥投资方案的决策中，当项目的寿命期相等时，只有方案的原始投资额相同时，净现值最大的方案，方为最优方案。（ ）

9. 对内投资主要是直接投资，对外投资主要是间接投资。（ ）

10. 投资决策中的现金指的是库存现金、银行存款等货币性资产，与非货币性资产无关。（ ）

项目五　经营活动财务管理

【学习目标】

知识目标

1. 了解现金管理、应收账款管理和存货管理的目标。
2. 掌握最佳现金持有量的决策方法以及现金日常管理方法。
3. 掌握应收账款信用政策的决策方法以及应收账款的日常管理方法。
4. 掌握存货经济批量基本模型，熟悉存货的日常管理方法。

技能目标：

结合企业日常经营目标，对现金、应收账款、存货选择更加科学的管理办法。

【项目导入】

A公司目前各部门都存在一定的怨言，主要是：

采购部门抱怨：财务部门特别严苛，每次采购资金都不能足额及时提供，导致不能进行大批量采购，供应商给的数量折扣很难享受到。

仓储部门抱怨：生产这么多产品，已经库存近半年了，每个月管理费用都很高。

销售部门抱怨：生产部门总是让人担心，每次交货都是快到合同期了。一旦哪次没有及时完成生产，订单就得泡汤。

生产部门抱怨：仓库每次都不能及时发料。

财务部门抱怨：销售总是回款太慢，有些应收账款，都逾期快半年了，销售部门也不管，反正我们是没有时间和人去收。

问题：

（1）针对公司以上各部门存在的抱怨，请分析公司日常营运管理存在哪些问题？

（2）如果你作为公司财务经理，你会向公司提供怎样的管理建议？

学习任务一　了解营运资本管理

一、营运资本的概念及特点

（一）营运资本的概念

营运资本是指在企业生产经营活动中占用在流动资产上的资金。

广义是指一个企业流动资产的总额，狭义是指流动资产减去流动负债后的余额。

本教材指的是狭义的营运资本。营运资本的管理既包括流动资产的管理，也包括流动负债的管理。

（二）营运资本的特点

1. 营运资本的来源具有灵活多样性

企业筹集长期资金的方式一般较少，只有吸收直接投资、发行股票、发行债券等方式。与筹集长期资金的方式相比，企业筹集营运资本的方式较为灵活多样，通常有银行短期借款、短期融资券、商业信用、应交税费、应付股利、应付职工薪酬等多种内外部融资方式。

2. 营运资本的数量具有波动性

流动资产的数量会随企业内外条件的变化而变化，时高时低，波动很大。季节性企业如此，非季节性企业也如此。随着流动资产数量的变动，流动负债的数量也会相应发生变动。

3. 营运资本的周转具有短期性

企业占用在流动资产上的资金，通常会在 1 年或超过 1 年的一个营业周期内收回，对企业影响的时间比较短。根据这一特点，营运资本可以用商业信用、银行短期借款等短期筹资方式来加以解决。

4. 营运资本的实物形态具有变动性和易变现性

企业营运资本的占用形态是经常变化的，营运资本的每次循环都要经过采购、生产、销售等过程，一般按照现金、材料、在产品、产成品、应收账款、现金的顺序转化。为此，在进行流动资产管理时，必须在各项流动资产上合理配置资金数额，做到结构合理，以促进资金周转顺利进行。同时以公允价值计量且其变动计入当期损益的金融资产、应收账款、存货等流动资产一般具有较强的变现能力，如果遇到意外情况，企业出现资金周转不灵、现金短缺时，便可迅速变卖这些资产，以获取现金，这对财务上应付临时性资金需求具有重要意义。

二、营运资本的管理原则

企业的营运资本在全部资本中占有相当大的比重，而且周转期短，形态易变，因此，营运资本管理是企业财务管理工作的一项重要内容。企业进行营运资本管理应遵循以下原则：

（一）满足合理的资金需求

企业应认真分析生产经营状况，合理确定营运资本的需要数量。企业营运资本的需求数量与企业生产经营活动有直接关系。一般情况下，当企业产销两旺时，流动资产会不断增加，流动负债也会相应增加；而当企业产销量不断减少时，流动资产和流动负债也会相应减少。因此，企业财务人员应认真分析生产经营状况，采用一定的方法预测营运资本的需要数量，营运资本的管理必须把满足正常合理的资金需求作为首要任务。

（二）提高资金使用效率

营运资本的周转是指企业的营运资本从现金投入生产经营开始，到最终转化为现金的过程。加速资金周转是提高资金使用效率的主要手段之一。提高营运资本使用效率的关键是采取得力措施，缩短营业周期，加速变现过程，加快营运资本周转。因此，企业要千方百计地加速存货、应收账款等流动资产的周转，以便用有限的资金服务于更大的产业规模，为企业取得更优的经济效益提供条件。

（三）降低资金使用成本

在营运资本管理中，必须正确处理保证生产经营需要和节约资金使用成本两者之间的关系。要在保证生产经营需要的前提下，尽力降低资金使用成本。一方面，要挖掘资金潜力，加速资金周转，精打细算地使用资金；另一方面，积极拓展融资渠道，合理配置资源，筹措低成本资金，服务于生产经营。

（四）保持足够的短期偿债能力

偿债能力是企业财务风险高低的标志之一。合理安排流动资产与流动负债的比例关系，保持流动资产结构与流动负债结构的适配性，保证企业有足够的短期偿债能力，是营运资金管理的重要原则之一。流动资产、流动负债以及两者之间的关系能较好地反映企业的短期偿债能力。流动负债是在短期内需要偿还的债务，而流动资产则是在短期内可以转化为现金的资产。因此，如果一个企业的流动资产比较多，流动负债比较少，说明企业的短期偿债能力较强；反之，则说明短期偿债能力较弱。但如果企业的流动资产太多，流动负债太少，也不是正常现象，这可能是因流动资产闲置或流动负债利用不足所致。

三、营运资本管理策略

营运资本管理策略主要解决两个问题：企业运营需要多少流动资产——流动资产投资策略；如何筹集企业所需流动资产——流动资产融资策略。

（一）流动资产的投资策略

营运资本的管理必须把满足正常合理的资金需求作为首要任务。

1. 流动资产投资策略的种类

这里的流动资产通常只包括生产经营过程中生产的存货、应收款项以及现金等生产型流动资产，而不包括股票、债券等金融资产性流动资产。不同投资策略指标分析见表 5-1。

表 5-1　不同投资策略指标分析

投资策略	流动资产与销售收入比率	流动资产持有成本（机会成本）	流动资产短缺成本	财务与经营风险	企业的收益水平
紧缩的流动资产投资策略	维持低水平	较低	较高	较高	较高
宽松的流动资产投资策略	维持高水平	较高	较低	较低	较低

流动资产短缺成本是指随着流动资产投资水平降低而增加的成本；流动资产持有成本（机会成本）是随着流动资产投资水平的上升而增加的成本。

风险收益对等原则：高风险高收益，低风险低收益。

2. 如何选择流动资产投资策略

1）权衡资产的收益性与风险性

从理论上来说，最优的流动资产投资规模等于流动资产的持有成本（机会成本）与短缺成本之和最低时的流动资产占用水平。

2）充分考虑企业经营的内外部环境

流动性是债权人确定信用额度和借款利率的主要依据之一，因此银行和其他借款人会对企业流动性水平非常重视。融资困难的企业，通常采用紧缩的投资策略。

3）可能还受产业因素的影响

在销售边际毛利较高的产业，如果从额外销售中获得的利润超过额外应收账款所增加的成本，宽松的信用政策可能为企业带来更为可观的收益。

4）企业政策的决策者

（1）保守的决策者更倾向于宽松的流动资产投资策略，而风险承受能力较强的决策者则倾向于紧缩的流动资产投资策略。

（2）运营经理通常喜欢高水平的原材料，以便满足生产所需；销售经理喜欢高水平的产成品存货，以便满足顾客的需要，而且喜欢宽松的信用政策以便刺激销售；财务经理喜欢使存货和应收账款最小化，以便使流动资产融资的成本最低。

（二）流动资产的融资策略

1. 分类

1）流动资产的分类

（1）永久性流动资产：指满足企业长期最低需求的流动资产，其占有量通常相对稳定。

（2）波动性流动资产（临时性流动资产）：指那些由于季节性或临时性的原因而形成的流动资产，其占有量随当时的需求而波动。

2）流动负债的分类

（1）临时性负债（筹资性流动负债）：为了满足临时性流动资产需要所发生的负债，临时性负债一般只能供企业短期使用，如商业零售企业春节前为满足节日销售需要，超量购入货物而举借的短期银行借款。

（2）自发性负债（经营性流动负债）：直接产生于企业持续经营中的负债，如商业信用筹资和日常运营中产生的其他应付款以及应付职工薪酬、应付利息、应交税费等，自发性负债可供企业长期使用。

2. 流动资产融资策略的种类及特点

1）期限匹配型融资策略

（1）基本内容：在期限匹配融资策略中，永久性流动资产和非流动资产以长期来源（负债或权益）融通，波动性流动资产用短期来源融通，如图 5-1 所示。

短期来源＝波动性流动资产

长期来源＝永久性流动资产＋非流动资产

<table>
<tr><td>资产划分</td><td>非流动资产</td><td>永久性流动资产</td><td>波动性流动资产</td></tr>
<tr><td>期限匹配</td><td colspan="2">长期来源</td><td>短期来源</td></tr>
</table>

图 5-1 期限匹配型融资策略资产期限匹配图

（2）主要特点：收益和风险居中。

2）保守型融资策略

（1）基本内容：在保守融资策略中，长期融资支持非流动资产、永久性流动资产和某部分波动性流动资产，公司通常以长期融资来源来为波动性流动资产的平均水平融资，如图 5-2所示。

短期来源＜波动性流动资产

长期来源＞永久性流动资产＋非流动资产

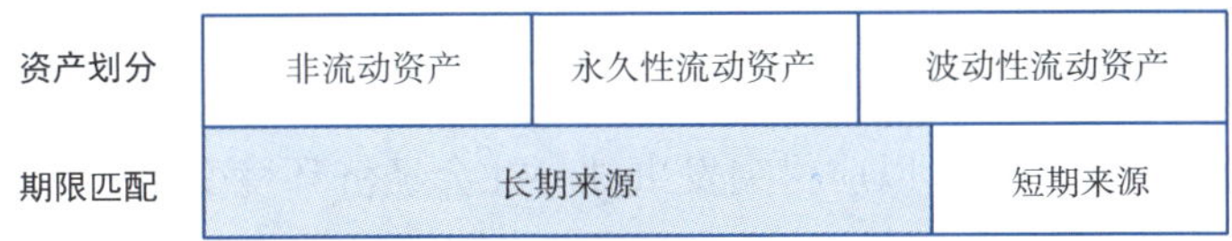

图 5-2　保守型融资策略资产期限匹配图

（2）主要特点：风险与收益较低。

3）激进型融资策略

（1）基本内容。在激进融资策略中，公司以长期负债和股东权益为所有的固定资产融资，仅对一部分永久性流动资产使用长期融资方式融资。短期融资方式支持剩下的永久性流动资产和所有的临时性流动资产，如图 5-3 所示。

短期资金＞波动性流动资产

长期资金＜永久性流动资产＋固定资产

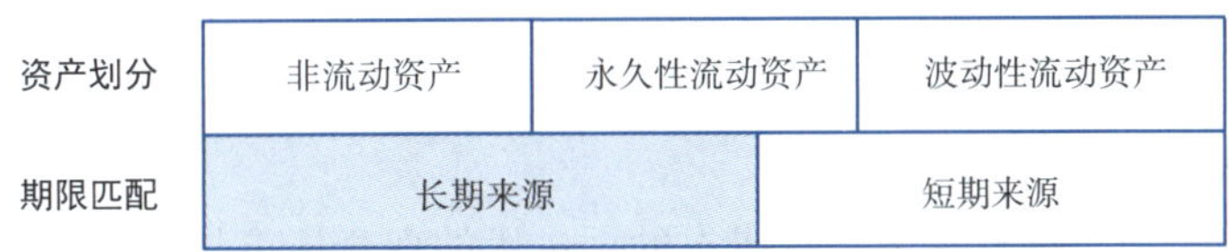

图 5-3　激进型融资策略资产期限匹配图

（2）主要特点：风险和收益较高。

学习任务二　认知现金管理

现金有广义、狭义之分。广义的现金是指在生产经营过程中以货币形态存在的资金，包括库存现金、银行存款和其他货币资金等。狭义的现金仅指库存现金。这里所讲的现金是指广义的现金。现金是变现能力最强的资产，代表着企业直接的支付能力和应变能力，可以用来满足生产经营的各种需要，也是还本付息和履行纳税义务的保证。

一、持有现金的动机

持有现金是出于三种需求：交易性需求、预防性需求和投机性需求。

（一）交易性需求

为维持日常周转及正常商业活动所需持有的现金额。

企业日常现金支出与现金收入在数额上不相等及时间上不匹配使企业需要持有一定现金来调节，以使生产经营活动能持续进行。

在许多情况下，企业向客户提供的商业信用条件和它从供应商那里获得的信用条件不同，使企业必须持有现金。如供应商提供的信用条件是 30 天付款，而企业迫于竞争压力，则向顾客提供 45 天的信用期，这样，企业必须筹集满足 15 天正常运营的资金来维持企业运转。

另外，企业业务的季节性，要求企业逐渐增加存货以等待季节性的销售高潮。这时，一般会发生季节性的现金支出，企业现金余额下降，随后又随着销售高潮到来，存货减少，现金又逐渐恢复到原来的水平。

（二）预防性需求

企业需要持有一定量的现金以应付突发事件（社会经济环境变化、大客户违约）。

持有现金额的多少取决于：

（1）企业愿冒现金短缺风险的程度。

（2）企业预测现金收支可靠的程度。

（3）企业临时融资的能力。

（三）投机性需求

企业需要持有一定量的现金以抓住突然出现的获利机会，如证券价格的突然下跌，企业若没有用于投机的现金，就会错过这一机会。

企业的现金持有量一般小于三种需求下的现金持有量之和，因为某一需求持有的现金可以用于满足其他需求。

二、目标现金余额的确定

（一）成本模型

成本模型强调的是，持有现金是有成本的，最优的现金持有量是使得现金持有成本最小化的持有量，如图 5-4 所示。

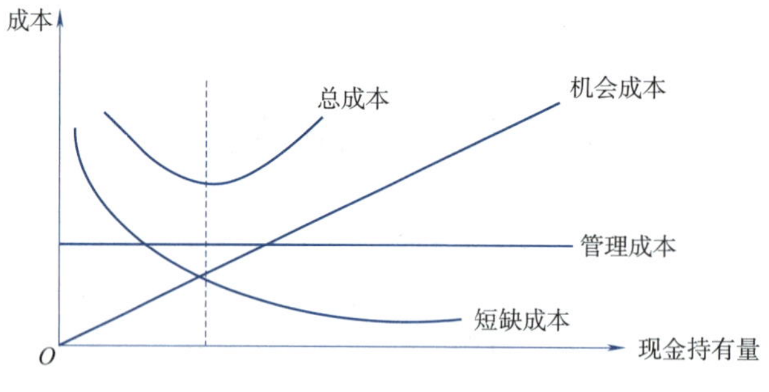

图 5-4　现金成本模型图

考虑的现金持有成本项目如下：

1. 机会成本

机会成本指企业因持有一定现金余额丧失的再投资收益。机会成本与现金持有量同方向变化，即现金持有量越大，机会成本越大，反之就越小。

2. 管理成本

管理成本指企业因持有一定数量的现金而发生的管理费用，如管理人员的工资、安全措施费等。一般认为这是一种固定成本，在一定范围内与现金持有量之间没有明显的比例关系。

3. 短缺成本

短缺成本指在现金持有量不足，又无法及时通过有价证券变现加以补充所给企业造成的损失。与现金持有量反方向变化。

成本模型是根据持有现金的各项成本，分析预测其总成本最低时现金持有量的一种方法，其计算公式为：

最佳现金持有量下的现金持有总成本＝min（管理成本＋机会成本＋短缺成本）

其中，管理成本属于固定成本，机会成本是正相关成本，短缺成本是负相关成本。因此，要找到机会成本、管理成本和短缺成本所组成的总成本曲线中最低点所对应的现金持有量，把它作为最佳现金持有量，如图 5-4 所示。

（二）存货模型

将存货模型用于确定目标现金持有量。

1. 基本原理

找出现金管理相关成本最小的现金持有量。

机会成本：是指企业因保留一定现金余额而丧失的再投资收益。

交易成本：有价证券转换现金所付出的代价，如支付的手续费用。

交易成本和机会成本之和最小的每次现金转换量，就是最佳现金持有量。

企业年初无现金，要进行现金转换，企业持有的转换现金随着生产经营逐渐消耗，现金为 0 时再次予以转换，周而复始。其中现金持有量平均数就是每次现金转换量的一半，如图 5-5 所示。

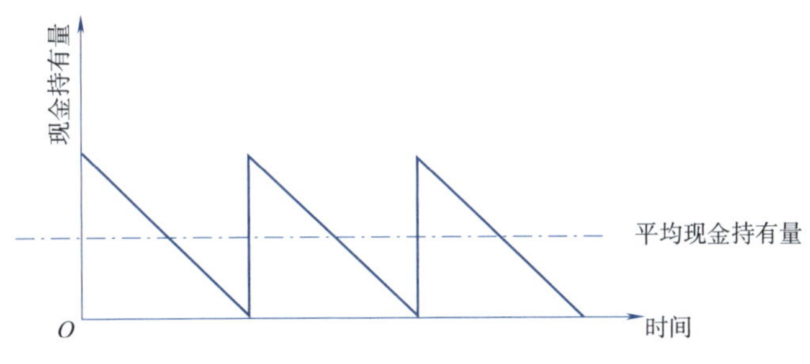

图 5-5　现金成本模型图

2. 基本公式

（1）机会成本：

$$机会成本＝平均现金持有量×机会成本率＝(C÷2)×K$$

式中，C 为现金持有量；K 为机会成本率。

（2）交易成本：

$$交易成本＝交易次数×每次交易成本＝(T÷C)×F$$

式中，T 为一定期间内的现金需求量，F 为每次交易成本。

（3）总成本：

$$总成本＝机会成本＋交易成本＝(C÷2)×K＋(T÷C)×F$$

（4）最佳持有量及其相关公式。机会成本、交易成本与现金持有量之间的关系如图 5-6 所示。

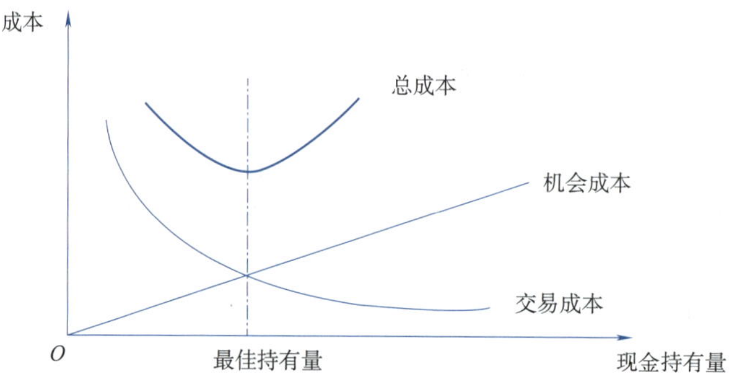

图 5-6　现金成本模型图

当机会成本与交易成本相等时，相关总成本最低，此时的持有量即为最佳持有量。由此可以得出：

最佳现金持有量（C^*）应当满足：机会成本＝交易成本，即：

$(C^*\div 2)\times K=(T\div C^*)\times F$，可知：

最佳现金持有量$=C^*=\sqrt{\dfrac{2TF}{K}}$

此时，相关总成本＝机会成本＋交易成本$=(C\div 2)\times K+(T\div C)\times F=2\times(C^*\div 2)\times K=2\times(T\div C^*)\times F=2\times\sqrt{\dfrac{2TF}{K}}\div 2\times K=2\times\left(T\div\sqrt{\dfrac{2TF}{K}}\right)\times F$。

所以，相关总成本$=TC$（C^*）$=\sqrt{2TFK}$

最佳交易次数$=N^*=T\div C^*$

最佳交易间隔期＝预算期天数$\div N^*$

式中，T 为定期间内的现金需求量；F 为每次出售有价证券以补充现金所需的交易成本；K 为持有现金的机会成本率；C^* 为最佳现金持有量。

【例 5-1】 某企业每月现金需求总量 5 200 000 元，每次现金的转换成本为 1 000 元，持有现金的机会成本率约为 10%，则该企业的最佳现金持有量为多少？

$$C^*=\sqrt{\frac{2TF}{K}}=\sqrt{\frac{2\times 5\,200\,000\times 1\,000}{10\%}}=322\,490\text{（元）}$$

（三）随机模型

1. 控制原理

在实际工作中，企业现金流量往往具有很大的不确定性。假定每日现金流量的分布接近正态分布，每日现金流量可能低于也可能高于期望值，其变化是随机的。由于现金流量波动是随机的，只能对现金持有量确定一个控制区域，定出上限和下限。当企业现金余额在上限和下限之间波动时，表明企业现金持有量处于合理的水平，无须进行调整；当现金余额达到上限时，则将部分现金转换为有价证券；当现金余额下降到下限时，则卖出部分证券。

图 5-7 是现金管理的随机模型（米勒-奥尔模型），该模型有两条控制线和一条回归线。

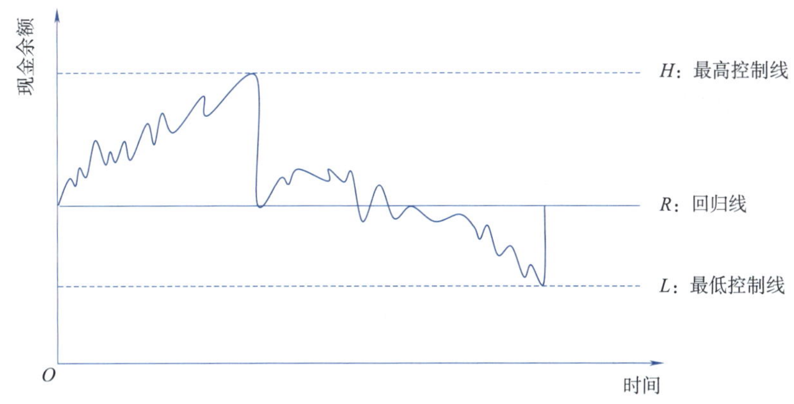

图 5-7　现金持有量的随机模式图

2. 三条线的确定

（1）最低控制线 L 在综合考虑以下因素的基础上确定：

①短缺现金的风险程度。

②公司借款能力。

③公司日常周转所需资金。

④银行要求的补偿性余额。

（2）回归线 R 的计算公式：

$$R=\sqrt[3]{\frac{\delta^2\times3b}{4i}}+L$$

式中，b——证券转换为现金或者现金转换为证券的成本；（成正比）

δ——企业每日现金流量变动的标准差；（成正比）

i——以日为基础计算的现金机会成本；（成反比）

L——下限。（成正比）

（3）最高控制线 H 的计算公式为：$H=3R-2L$。

3. 决策

（1）现金持有额$\leqslant L$，出售有价证券以补充现金，使现金升至回归线。

（2）$L<$现金持有额$<H$，不需要控制。

（3）现金持有额$\geqslant H$，购买有价证券以减少现金，使现金降至回归线。

【例 5-2】 某公司采用随机模型计算得出目标现金余额为 500 万元，最低限额为 120 万元，则根据该模型计算的现金上限为多少万元？

解析　随机模型上限 $H=3R-2L=3\times500-2\times120=1\,260$（万元），当现金量高于 1 260 万元时购买有价证券，使资金量返回到 500 万元；现金量低于 120 万元时，出售有价证券获取现金，使资金量返回到 500 万元。

4. 适用范围及特点

运用随机模型求现金最佳持有量符合随机思想，即企业现金支出是随机的，收入是无法预知的，所以，适用于所有企业现金最佳持有量的测算。另外，随机模型建立在企业的现金未来需求总量和收支不可预测的前提下，因此，计算出来的现金持有量比较保守。

三、现金收支日常管理

（一）现金周转期

1. 现金周转期的含义

企业的经营周期是指从取得存货开始到销售存货并收回现金为止的时期。其中，从收到原材料，加工原材料，形成产成品，到将产成品卖出的这一时期，称为存货周转期；但是企业购买原材料并不用立即付款，这一延迟的付款时间段就是应付账款周转期或收账期。现金周转期，是指介于企业支付现金与收到现金之间的时间段，它等于经营周期减去应付账款周转期。现金持有量的随机模式图如图 5-8 所示。

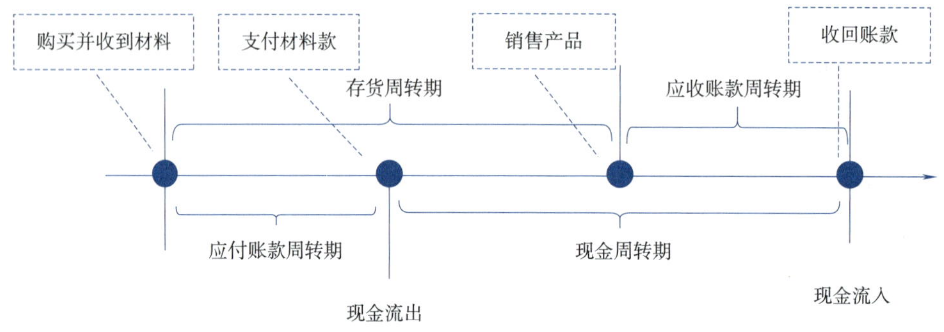

图 5-8　现金持有量的随机模式图

2. 计算公式

经营周期＝存货周转期＋应收账款周转期＝应付账款周转期＋现金周转期

现金周转期＝存货周转期＋应收账款周转期－应付账款周转期

其中：

存货周转期＝平均存货/每天的销货成本

应收账款周转期＝平均应收账款/每天的销货收入

应付账款周转期＝平均应付账款/每天的购货成本

3. 减少现金周转期的措施

（1）加快制造与销售产成品——减少存货周转期。

（2）加速应收账款的回收——减少应收账款周转期。

（3）减缓支付应付账款，放弃现金折扣——延长应付账款周转期。

（二）收款管理

1. 收款系统

一个高效率的收款系统能够使收款成本和收款浮动期达到最小，同时能够保证与客户汇款及其他现金流入来源相关的信息的质量。

1）收款成本

（1）浮动期成本（机会成本）。

（2）管理收款系统相关费用。

（3）第三方处理费用或清算相关费用。

2）收款浮动期

从支付开始到企业收到资金的时间间隔，收款浮动期主要是由纸基支付工具导致的，有以下三种类型：

（1）邮寄浮动期（寄出支票到收款人处理系统收到支票）。

（2）处理浮动期（支票接受方处理支票和存入银行）。

（3）结算浮动期（银行系统进行支票结算）。

2. 收款方式的改善

电子支付方式对比纸基（或称纸质）方式的一种改进。电子支付方式提供了如下好处：

（1）结算时间和资金可用性可以预计。

（2）向任何一个账户或任何金融机构的支付具有灵活性，不受人工干扰。

（3）客户的汇款信息可与支付同时传达，更容易更新应收账款。

（4）客户的汇款从纸基方式转向电子方式，减少或消除了收款浮动期，降低了收款成本，收款过程更容易控制，并且提高了预测精度。

（三）付款管理

1. 目标

现金付款管理的主要目标是尽可能延缓现金的支出时间（合理合法延缓）。

2. 措施

（1）使用现金浮游量。现金浮游量是指企业账户上现金余额与银行账户上的存款余额之间的差额。

（2）推迟应付款的支付。

（3）汇票代替支票。与支票不同的是汇票不是见票即付。

（4）改进员工工资支付模式。企业可以为支付工资专门设立一个工资账户，通过银行向职工支付工资。为了最大限度地减少工资账户的存款余额，企业要合理预测开出支付工资的支票到职工去银行兑现的具体时间。

（5）透支。企业开出支票的金额大于活期存款余额。它实际上是银行向企业提供的信用。透支的限额由银行和企业共同商定。

（6）争取现金流出与现金流入同步。

（7）使用零余额账户。

企业与银行合作，保持一个主账户和一系列子账户。企业只在主账户保持一定的安全储备，而在一系列子账户不需要保持安全储备。当某个子账户签发的支票需要现金时，所需要的资金立即从主账户划拨过来，从而使更多的现金可以用作他用。

学习任务三 认知应收账款管理

一、应收账款的功能与成本

（一）应收账款的功能

企业通过提供商业信用，采取赊销、分期付款等方式可以扩大销售，增强竞争力，获得利润。应收账款作为企业为扩大销售和盈利的一项投资，也会发生一定的成本，所以企业需要在应收账款所增加的盈利和所增加的成本之间作出权衡。应收账款管理就是分析赊销的条件，使赊销带来的盈利增加大于应收账款投资产生的成本费用增加，最终使企业利润增加，企业价值上升。

应收账款的功能指其在生产经营中的作用。主要有以下两个方面：

1. 增加销售的功能

在激烈的市场竞争中，通过提供赊销可有效地促进销售。因为企业提供赊销不仅向顾客提供了商品，也在一定时间内向顾客提供了购买该商品的资金，顾客将从赊销中得到好处。所以赊销会带来企业销售收入和利润的增加，特别是在企业销售新产品、开拓新市场时，赊销更具有重要的意义。

提供赊销所增加的产品一般不增加固定成本，因此，赊销所增加的收益等于销量的增加与单位边际贡献的乘积，计算公式如下：

增加的收益＝增加的销售量×单位边际贡献

2. 减少存货的功能

企业持有一定产成品存货会相应地占用资金，形成仓储费用、管理费用等，产生成本；而赊销则可避免这些成本的产生。所以，无论是季节性生产企业还是非季节性生产企业，当产成品存货较多时，一般会采用优惠的信用条件进行赊销，将存货转化为应收账款，减少产成品存货，存货资金占用成本、仓储与管理费用等会相应减少，从而提高企业收益。

（二）应收账款的成本

1. 应收账款的机会成本

因投放于应收账款而放弃其他投资所带来的收益，即为应收账款的机会成本。其计算公式如下：

应收账款占用资金的应计利息（即机会成本）＝应收账款占用资金×资本成本率

应收账款占用资金＝应收账款平均余额×变动成本率

只有应收账款中的变动成本才是因为赊销而增加的成本（投入的资金）。

应收账款平均余额＝日销售额×平均收现期

应收账款周转期＝平均应收账余额/每天的销货收入

【例 5-3】 某企业预计下年度销售净额为 2160 万元，应收账款周转天数为 90 天（一年按 360 天计算），变动成本率为 50%，资本成本为 20%，则应收账款的机会成本是多少？

应收账款机会成本＝2 160÷360×90×50%×20%＝54（万元）

2. 应收账款的管理成本

应收账款的管理成本主要是指在进行应收账款管理时，所增加的费用，主要包括：调查顾客信用状况的费用、收集各种信息的费用、账簿的记录费用、收账费用等。

3. 应收账款的坏账成本

在赊销交易中，债务人由于种种原因无力偿还债务，债权人就有可能无法收回应收账款而发生损失，这种损失就是坏账成本。

坏账成本一般用下列公式测算：

应收账款的坏账成本＝赊销额×预计坏账损失率

（三）应收账款的管理目标

只有当应收账款所增加的盈利超过所增加的成本时，才应当实施应收账款赊销。

二、信用政策

（一）应收账款信用政策的主要内容

1. 信用标准

信用标准是指信用申请者获得企业提供信用所必须达到的最低信用水平，通常以预期的坏账损失率作为判别标准。

2. 信用条件

信用条件是销货企业要求赊购客户支付货款的条件，由信用期限、折扣期限和现金折扣三个要素组成。

3. 收账政策

收账政策是指信用条件被违反时，企业采取的收账策略。企业如果采取较积极的收账政策，可能会减少应收账款投资，减少坏账损失，但要增加收账成本。如果采用较消极的收账政策，则可能会增加应收账款投资，增加坏账损失，但会减少收账费用。企业需要作出适当的权衡。一般来说，可以参照评价信用标准、信用条件的方法来评价收账政策。

（二）信用标准确定

1. 信息来源

1）内部来源

（1）信用申请人执行信用申请（协议）的情况。

（2）企业自己保存的有关信用申请人还款历史的记录。

2）外部来源

（1）申请人的财务报表。

（2）商业参考资料或申请人过去获得赊销的供应商。

（3）银行或其他贷款机构（如商业贷款机构或租赁公司）提供的申请人财务状况和可使用信用额度。

（4）地方性和国家性的信用评价机构收集、评价和报告有关申请人信用状况的历史信息，如还款历史、财务信息、最高信用额度、可获得的最长信用期限和所有未了解的债务诉讼。

应考虑因素：信息的类型、数量和成本、成本与预期的收益的对比。

2. 信用的定性分析

信用的定性分析是对申请人“质”的分析。常用的信用定性分析法是5C信用评价系统，即评估申请人信用品质的五个方面：品质、能力、资本、抵押和条件，见表5-2。

3. 信用的定量分析

企业进行商业信用的定量分析可以从考察信用申请人的财务报表开始。通常使用比率分析法评价顾客的财务状况。

（1）流动性和营运资本比率。如流动比率、速动比率以及现金对负债总额比率。

（2）债务管理和支付比率。如利息保障倍数、长期债务对资本比率、带息债务对资产总额比率，以及负债总额对资产总额比率。

表 5-2　5C 信用评价指标说明表

5C	含　　义	衡　　量
品质（character）	指个人或企业申请人的诚实和正直表现，反映了申请人在过去还款中体现出的还款意图和愿望，是 5C 中最重要的因素	设法了解申请人过去的付款记录，看其是否有按期如数付款的一贯做法
能力（capacity）	指申请人的偿债能力	着重了解申请人流动资产的数量、质量以及流动比率的高低，必要时还可实地考察申请人的日常运营状况
资本（capital）	指如果申请人当期的现金流不足以还债，申请人在短期和长期内可以使用的财务资源，反映对于负债的保障程度	调查了解企业资本规模和负债比率，反映企业资产或资本对负债的保障程度
抵押（collateral）	当公司或个人不能满足还款条款时，可以用作债务担保的资产或其他担保物	分析担保抵押手续是否齐备，抵押品的估值和出售有无问题，担保人的信誉是否可靠等
条件（condition）	条件是指影响申请人还款能力和还款意愿的经济环境	对企业的经济环境，包括企业发展前景、行业发展趋势、市场需求变化等进行分析，预测其对企业经营效益的影响

（3）盈利能力。如销售回报率、总资产回报率和净资产收益率。

（三）信用条件

信用条件是销货企业要求赊购客户支付货款的条件，由信用期限、折扣期限和现金折扣三个要素组成。

1. 信用期限

信用期限是企业允许顾客从购货到付款之间的时间，或者说是企业给予顾客的最长付款时间，一般简称为信用期。

信用期的确定，主要是分析改变现行信用期对收入和成本的影响。延长信用期，会使销售额增加，产生有利影响；与此同时，应收账款、收账费用和坏账损失增加，会产生不利影响。当前者大于后者时，可以延长信用期，否则不宜延长。如果缩短信用期，情况则与此相反。

2. 折扣条件

（1）现金折扣，是企业对顾客在商品价格上的扣减。向顾客提供这种价格上的优惠，主要目的在于吸引顾客为享受优惠而提前付款，缩短企业的平均收款期。

（2）折扣期限，是顾客享受折扣的付款期限，超过该期限即不能享受折扣。

（四）收款政策

收账政策是指信用条件被违反时，企业采取的收账策略。企业如果采取较积极的收账政策，可能会减少应收账款投资，减少坏账损失，但要增加收账成本。如果采用较消极的收账政策，则可能会增加应收账款投资，增加坏账损失，但会减少收账费用。企业需要作出适当的权衡。一般来说，可以参照评价信用标准、信用条件的方法来评价收账政策。

三、应收账款的监控

（一）应收账款周转天数

1. 目的

应收账款周转天数或平均收账期是衡量应收账款管理状况的一个指标。

2. 指标计算

应收账款的周转天数＝应收账款平均余额/平均日销售额

平均逾期天数＝应收账款周转天数－平均信用期天数

【例 5-4】 某企业 2021 年 3 月底应收账款平均余额为 455 000 元，信用条件为在 60 天内按全额付清货款，过去三个月的赊销情况为：

一月份：150 000 元；二月份：100 000 元；三月份：95 000 元。

要求：

（1）确定应收账款周转天数。

（2）确定应收账款平均逾期天数。

解析：

应收账款周转天数的计算：

平均日销售额＝(150 000＋100 000＋95 000)÷90＝3 833.33（元）

应收账款周转天数＝应收账款平均余额/平均日销售额＝455 000÷3 833.33＝118.70（天）

平均逾期天数：

平均逾期天数＝应收账款周转天数－平均信用期天数＝118.70－60＝58.70（天）

（二）账龄分析表

账龄分析表比应收账款周转天数更能揭示应收账款变化趋势，因为账龄分析表给出了应收账款分布的模式，而不仅仅是一个平均数。

如表 5-3 所示，假定 A 公司信用期限为 30 天，下列账龄分析表反映出该公司 30％的应收账款为逾期账款。

表 5-3　A 公司 2021 年应收账款账龄分析表

账龄（天）	应收账款金额（元）	占应收账款总额的百分比（％）
0～30	1 800 000	70
31～60	370 000	15
61～90	250 000	10
91 以上	120 000	5
合计	2 540 000	100

（三）应收账款账户余额的模式

应收账款账户余额的模式反映一定期间（如一个月）的赊销额在发生赊销的当月月末及随后的各月仍未偿还的百分比。企业收款的历史决定了其正常的应收账款余额的模式，企业管理部门通过将当前的模式和过去的模式进行对比来评价应收账款余额模式的任何变化。企业还可以运用应收账款账户余额的模式来计划应收账款金额水平，衡量应收账款的收账效率以及预测未来的现金流。

【例 5-5】 某企业 1 月份实现销售 250 000 元，企业收款模式为：

（1）销售的当月收回销售额的 5％。

（2）销售后的第一个月收回销售额的 40％。

(3) 销售后的第二个月收回销售额的35%。

(4) 销售后的第三个月收回销售额的20%。

要求：计算1月份的销售在3月末仍未收回的应收账款。

解析 各月份销售及收款情况见表5-4。

表5-4 各月份销售及收款情况 单位：元

1月份销售：	—	250 000.00
1月份收款（销售额的5%）	0.05×250 000	12 500.00
2月份收款（销售额的40%）	0.40×250 000	100 000.00
3月份收款（销售额的35%）	0.35×250 000	87 500.00
收款合计：	—	200 000.00
1月份的销售在3月末仍未收回的应收账款：	250 000−200 000	50 000

计算未收回应收账款的另外一个方法是将销售三个月后未收回销售额的百分比（20%）乘以销售额（250 000元），即：0.2×250 000=50 000（元）

（四）ABC分析法

ABC分析法是现代经济管理中广泛应用的一种“抓重点、照顾一般”的管理方法，又称重点管理法。它将企业的所有欠款客户按其金额的多少进行分类排队，然后分别采用不同的收账策略的一种方法。

1. A类客户

应收账款逾期金额占应收账款逾期金额总额的比重大。这类客户作为催款的重点对象；可以发出措辞较为严厉的信件催收，或派专人催收，或委托收款代理机构处理，甚至可以通过法律解决。

2. B类客户

应收账款逾期金额占应收账款逾期金额总额的比重居中。可以多发几封信函催收，或打电话催收。

3. C类客户

应收账款逾期金额占应收账款逾期金额总额的比重较小。对C类客户只需要发出通知其付款的信函即可。

【例5-6】 甲公司应收账款逾期金额为260万元，为了及时收回逾期贷款，该公司采用ABC分析法来加强应收账款回收的监控。具体数据见表5-5。

先按所有客户应收账款逾期金额的多少分类排队，并计算出逾期金额所占比重。从表5-5中可以看出，应收账款逾期金额在25万元以上的有3家，占客户总数的6%，逾期总额为165万元，占应收账款逾期金额总额的63.46%，将其划入A类，这类客户是催款的重点对象。应收账款逾期金额在10万元～25万元的客户有5家，占客户总数的10%，其逾期金额占应收账款逾期金额总数的30.77%，我们将其划入B类。欠款在10万元以下的客户有42家，占客户总数的84%，但其逾期金额仅占应收账款逾期金额总额的5.77%，我们将其划入C类。

对这三类不同的客户，应采取不同的收款策略。例如，对A类客户，可以发出措辞较为严厉的信件催收，或派专人催收，或委托收款代理机构处理，甚至可通过法律解决；对B类客户则可以多发几封信函催收，或打电话催收；对C类客户只需要发出通知其付款的信函即可。

表5-5　欠款客户ABC分类法（共50家客户）

顾客	逾期金额（万元）	逾期期限	逾期金额所占比重（%）	类别
A	85	4个月	32.69	A
B	46	6个月	17.69	
C	34	3个月	13.08	
小计	165		63.46	
D	24	2个月	9.23	B
E	19	3个月	7.31	
F	15.5	2个月	5.96	
G	11.5	55天	4.42	
H	10	40天	3.85	
小计	80		30.77	
I	6	30天	2.31	C
J	4	28天	1.54	
…	…	…	…	
小计	15		5.77	
合计	260		100	

四、应收账款日常管理

当企业的信用政策建立后，还应加强对应收账款的日常管理。

（一）客户的信用调查

对顾客的信用进行评价是应收账款日常管理的重要内容。只有正确地评价顾客的信用状况，才能合理地执行企业的信用政策。要想合理地评价顾客的信用，必须对顾客信用进行调查，搜集有关的信息资料。信用调查有两类：

1. 直接调查

直接调查是指调查人员与被调查单位接触，通过当面采访、询问、观看、记录等方式获取信用资料的一种方法。直接调查能保证搜集资料的准确性和及时性，但若不能得到被调查单位的合作，则会使调查资料不完整。

2. 间接调查

间接调查是以被调查单位以及其他单位保存的有关原始记录和核算资料为基础，通过加工整理获得被调查单位信用资料的一种方法。这些资料主要来自以下几个方面：

（1）财务报表。有关单位的财务报表，是信用资料的重要来源。通过财务报表分析，基本上能掌握一家企业的财务状况和盈利状况。

(2) 信用评估机构。许多国家都有信用评估的专门机构，定期发布有关企业的信用等级报告。

(3) 银行。银行是信用资料的一个重要来源，因为许多银行都设有信用部，为其顾客提供服务。但银行的资料一般仅愿意在同业之间交流，而不愿向其他单位提供。因此，如外地有一笔较大的买卖，需要了解顾客的信用状况，最好通过当地开户银行，向其征询有关信用资料。

(4) 其他。如财税部门、消费者协会、工商管理部门、企业的上级主管部门、证券交易部门等。另外，书籍、报纸、杂志等也可提供有关顾客的信用情况。

(二) 客户的信用评估

搜集好信用资料后，要对这些资料进行分析，并对顾客信用状况进行评估。信用评估的方法很多。

1. 5C 评估法

5C 评估法是指通过重点分析影响信用的五个方面来评价顾客信用的一种方法。五个方面是品质 (character)、能力 (capacity)、资本 (capital)、抵押 (collateral) 和条件 (conditions)。

通过以上五个方面的分析，基本上可以判断顾客的信用状况，为最后决定是否向顾客提供商业信用做好准备。

2. 信用评分法

信用评方法是先对一系列财务比率和信用情况指标进行评分，然后进行加权平均，得出顾客综合的信用分数，并以此进行信用评估的一种方法。进行信用评分的基本公式是：

$$Y = a_1x_1 + a_2x_2 + \cdots + a_nx_n = \sum_{i=1}^{n} a_ix_i$$

式中，Y 为某企业的信用评分；a_i 为事先拟定的对第 i 种财务比率和信用品质进行加权的权数 ($\sum a_i = 1$)；x_i 为第 i 种财务比率或信用品质的评分。

现以表 5-6 来说明这种方法。

表 5-6 中，第 (1) 栏是根据收集来的资料及对其分析后确定的；第 (2) 栏是根据第 (1) 栏的资料确定的；第 (3) 栏是根据财务比率和信用品质的重要程度确定的。

表 5-6　信用评分表

项　　目	财务比率和信用品质 (1)	分数 (2)	预计权数 (3)	加权平均分数
流动比率	1.9	90	0.20	18.00
资产负债率 (%)	50	90	0.10	9.00
销售净利润 (%)	10	85	0.10	8.50
信用评估等级	AA	85	0.25	21.25
付款历史	好	85	0.25	21.25
企业未来预计	尚好	75	0.05	3.75
其他因素	好	85	0.05	4.25
合计	—	—	100%	86.00

（三）客户的管理

1. 做好基础记录

基础记录工作包括企业与客户建立信用关系的日期，企业对客户提供的信用条件，客户的付款时间，享受现金折扣的情况，欠款情况和客户信用等级变化等。企业只有在掌握这些信息后，才能及时采取相应的对策。

2. 检查客户是否突破信用额度

根据企业对客户提供的每一笔赊销业务，检查是否已超过信用期，债务总额是否突破信用额度。

3. 掌握客户已过信用期限的债务

企业应密切关注客户已到期债务的增减动态，以便及时采取措施与客户联系，催促其尽快付款。

（四）收账程序与方法

企业对客户拖欠的应收账款要及时催收。催收账款的程序一般是：信函通知、电话、电报、传真催收、派人上门催讨和法律行动等。但是，企业一般并不轻易采用法律手段，因为法院诉讼费及相应费用比较高，而且经法院判决后收回的账款可能极为有限，还会使企业与客户关系恶化。

企业在向客户收账的过程中，对于不同的客户应采取不同的催讨方法，还应对客户由于不同原因拖欠款项采取不同的催讨方式。若客户遇到暂时困难无法偿债，可进行债权重组；接受欠款客户非货币性资产如固定资产按公允实价抵债；修改债务条件，延长付款期或减少部分本金，激励客户还款；改变债务形式为长期应付款，确定合理的利率，使客户按照分期偿债计划还款或将债权转变为对客户的长期投资，协助客户经济增长，达到收款的目的。

若客户即将达到破产临界点，或故意拖欠不还，屡经催收无望，应向法院起诉，以得到债权的部分或全部清偿。

（五）建立坏账准备制度

不论企业采用怎样严格的信用政策，只要存在着商业信用行为，坏账损失的发生总是不可避免的。企业应当在期末分析各项应收账款的可收回性，并预计可能产生的坏账损失。对预计可能发生的坏账损失，计提坏账准备，企业计提坏账准备的方法由企业自行确定。企业应当制定计提坏账准备的政策，明确计提坏账准备的范围、计提方法、账龄的划分和提取比率，按法律、行政法规的规定报有关各方备案，并备置于企业所在地。坏账准备计提方法一经确定，不得随意变更，应当在会计报表批注中予以说明。

（六）监督应收账款的回收情况

企业可以采取以下方法实施对应收账款回收情况的监督。

1. 采用 ABC 分析法

采用 ABC 分析法即重点管理法（抓住重点、照顾一般），把金额较大、欠款期限较久的应收账款列为管理重点，将最危险的客户往前排。

2. 账龄分析法

账龄分析法是通过编制账龄分析表，以显示应收账款账龄的长短，并按时间长短进行排序。企业应实施严密的监督，随时掌握应收账款的回款情况。对应收账款实施全程监督，并编制账龄分析表帮助分析。

通过账龄分析表，企业财务管理部门可以掌握以下信息：有多少客户能够在折扣期限内付款；企业有多少应收账款超过了信用期；有多少客户能够在信用期限过后付款；有多少应收账款拖欠太久，可能会成为坏账。

一般来说，逾期拖欠时间越长，收回的难度越大，也越可能形成坏账。通过账龄分析法，做好信用记录，可以研究制定新的信用政策和收账政策。因此，对不同拖欠时间的欠款，企业应采取不同的收账方法，制定出经济、可行的收账政策。对可能发生的坏账损失，则应提前做出准备，估计这一因素对应收账款的影响。

学习任务四　认知存货管理

一、存货管理的目标

存货是指企业在生产经营过程中为销售或者耗用而储备的物资，包括原材料、燃料、低值易耗品、在产品、半成品、协作件、外购商品等。

企业持有存货一方面是为了保证生产或销售的经营需要，另一方面是出自价格的考虑，零购物资的价格往往较高，而整批购买通常能取得价格优惠。但是，过多的存货要占用较多资金，并且会增加包括仓储费、保险费、维护费、管理人员工资在内的各项开支。因此，存货管理的目标，就是在保证生产或销售需要的前提下，最大限度地降低存货成本。具体包括以下几个方面：

第一，保证生产正常进行。生产过程中需要的原材料和在产品，是生产的物质保证。一定量的存货储备，可以有效避免生产中断、停工待料的发生，保证生产的正常进行。

第二，有利于销售。一定数量的存货储备能够增加企业适应市场变化的能力，防止在市场需求量激增时因产品储备不足失去销售良机。同时，由于顾客为节约采购成本和其他费用，一般倾向于成批采购；企业为了达到运输上的最优批量也会组织成批发运，所以保持一定量的存货有利于市场销售。

第三，便于维持均衡生产，降低产品成本。针对季节性产品或需求波动大的产品，若根据需求组织生产，可能导致生产能力有时得不到充分利用，有时又超负荷，使得生产成本上升。一定量的原材料和产成品储备可以有效缓解这一问题，实现均衡生产，降低生产成本。

第四，降低存货取得成本。企业大批量集中进货，可以减少订货次数，更容易享受价格折扣，降低购置成本和订货成本，从而使总的进货成本降低。

第五，防止意外事件的发生。企业在采购、运输、生产和销售过程中，都可能发生意料之外的事故，保持必要的存货保险储备，可以避免或减少意外事件带来的损失。

二、存货的成本

（一）取得成本

取得成本是指为取得某种存货而支出的成本，通常用 TC_a 来表示，其又分为订货成本和购置成本。

1. 订货成本

订货成本指取得订单的成本，如办公费、差旅费、邮资、电话费、运输费等支出。订货成本中有一部分与订货次数无关，如常设采购机构的基本开支等，称为订货的固定成本，用 F_1 表示；另一部分与订货次数有关，如差旅费、邮资等，称为订货的变动成本。每次订货的变动成本用 K 表示；订货次数等于存货年需要量 D 与每次进货量 Q 之商。订货成本的计算公式为：

$$订货成本=F_1+\frac{D}{Q}K$$

式中，F_1 为订货固定成本；D 为存货年需要量；Q 为每次进货量；K 为每次订货的变动成本。

2. 购置成本

购置成本指为购买存货本身所支出的成本，即存货本身的价值，经常用数量与单价的乘积来确定。年需要量用 D 表示，单价用 U 表示，于是购置成本为 DU。

订货成本加上购置成本，就等于存货的取得成本。其公式可表达为：

$$\begin{aligned}取得成本&=订货成本+购置成本\\&=订货固定成本+订货变动成本+购置成本\end{aligned}$$

$$TC_a=F_1+\frac{D}{Q}K+DU$$

式中，TC_a 为取得成本；DU 为购置成本。

（二）储存成本

储存成本指为保持存货而发生的成本，包括存货占用资金所应计的利息、仓库费用、保险费用、存货破损和变质损失等，通常用 TC_c 来表示。储存成本也分为固定成本和变动成本。

固定储存成本与存货数量的多少无关，如仓库折旧、仓库职工的固定工资等，常用 F_2 表示。

变动储存成本与存货的数量有关，如存货资金的应计利息、存货的破损和变质损失、存货的保险费用等，等于年平均仓库存量乘以单位变动储存成本，单位变动储存成本用 K_c 来表示。

用公式表达的储存成本为：

$$储存成本=固定储存成本+变动储存成本$$

$$TC_c=F_2+K_c\frac{Q}{2}$$

式中，TC_c 为储存成本；F_2 为固定存储成本；K_c 为单位变动储存成本；Q 为每次进货量。

（三）缺货成本

缺货成本指由于存货供应中断而造成的损失，包括材料供应中断造成的停工损失、产成品库存缺货造成的拖欠发货损失和丧失销售机会的损失及造成的商誉损失等。如果生产企业以紧急采购代用材料解决库存材料中断之急，那么缺货成本表现为紧急额外购入成本。缺货成本用 TC_s表示。

如果以 TC 来表示储备存货的总成本，它的计算公式为：

$$\begin{aligned} TC &= TC_a + TC_c + TC_s \\ &= F_1 + \frac{D}{Q}K + DU + F_2 + K_c\frac{Q}{2} + TC_s \end{aligned}$$

式中，TC 为储备存货的总成本；TC_a为取得成本；TC_c为储存成本；TC_s为缺货成本；F_1为订货固定成本；D 为存货年需要量；Q 为每次进货量；K 为每次订货的变动成本；DU 为购置成本。F_2为固定存储成本；K_c为单位变动储存成本。

企业存货的最优化，就是使企业存货总成本即上式中的 TC 值最小。

三、最优存货量的确定

（一）经济订货基本模型

1. 经济订货批量的概念

使存货总成本最低的进货批量，称为经济订货批量或经济批量。

2. 经济订货批量基本模型需满足的假设前提

（1）存货总需求量是已知常数。

（2）订货提前期是常数。

（3）货物是一次性入库。

（4）单位货物成本为常数，无批量折扣。

（5）库存储存成本与库存水平呈线性关系。

（6）货物是一种独立需求的物品，不受其他货物影响。

（7）不允许缺货，即无缺货成本。

（8）企业现金充足，不会因现金短缺而影响进货。

3. 基本公式

相关成本包括变动订货成本和变动储存成本。无关成本包括购置成本、固定订货成本、固定储存成本和缺货成本。

决策原则：企业存货的最优化，就是使企业存货相关总成本最小。

相关总成本：

min（存货总成本）＝min（变动订货成本＋变动储存成本）

变动订货成本＝年订货次数×每次订货成本＝$(D \div Q) \times K$

变动储存成本＝年平均库存×单位变动储存成本＝$(Q \div 2) \times K_c$

式中，D 为存货年需要量；Q 为每次进货量；K 为每次订货的变动成本；K_c为单位变动储存成本。

如图 5-9 所示，当变动储存成本与变动订货成本相等时，相关总成本最低，此时的订货量即为经济订货批量。

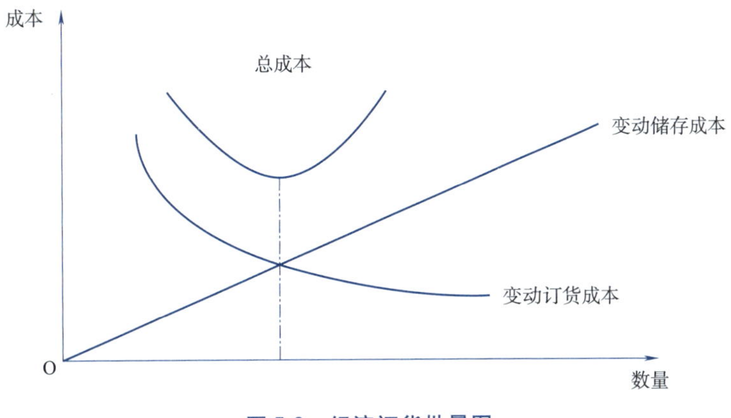

图 5-9 经济订货批量图

由此可以得出：

经济订货批量 Q^* 应当满足：

变动储存成本=变动订货成本，即 $(D \div Q) \times K = (Q \div 2) \times K_c$，可得：

$$经济订货批量\ Q^* = \sqrt{2DK \div K_c}$$

$$最小相关总成本\ TC = \sqrt{2KDK_c}$$

$$最佳订货次数\ N = D \div Q^*$$

式中，D 为存货年需要量；Q 为每次进货量；K 为每次订货的变动成本；K_c为单位变动储存成本。

【例 5-7】 甲公司全年需要 A 零件 1 200 件，每订购一次的订货成本为 400 元，每件年储存成本为 6 元。一年按 360 天计算。计算最优经济订购批量、每年最佳订货次数、最佳订货周期、经济订货批量相关的存货总成本分别是多少？

经济订货批量 $Q^* = \sqrt{2DK \div K_c} = \sqrt{2 \times 1\,200 \times 400 \div 6} = 400$（件）

每年最佳订货次数 $N = 1\,200 \div 400 = 3$（次）

最佳订货周期 $T = 360 \div 3 = 120$（天）

相关的存货总成本 $TC = \sqrt{2KDK_c} = \sqrt{2 \times 1\,200 \times 400 \times 6} = 2\,400$（元）

（二）经济订货基本模型的扩展

1. 再订货点概念

在提前订货的情况下，为确保存货用完时订货刚好到达，企业再次发出订货单时应保持的存货库存量，即为再订货点。

2. 不考虑保险储备时再订货点的确定

$$再订货点\ R = 交货时间 \times 每日平均需用量 = L \times d$$

假设订货日至到货期日的时间为 5 天，每日存货需用量为 20 kg，那么：

$$R = L \times d = 5 \times 20 = 100\ (kg)$$

意味着企业在尚存 100 kg 存货时，就应当再次订货，等到下批订货到达时（再次发出订货单 5 天后），原有库存刚好用完。此时，订货提前期的情形如图 5-10 所示。

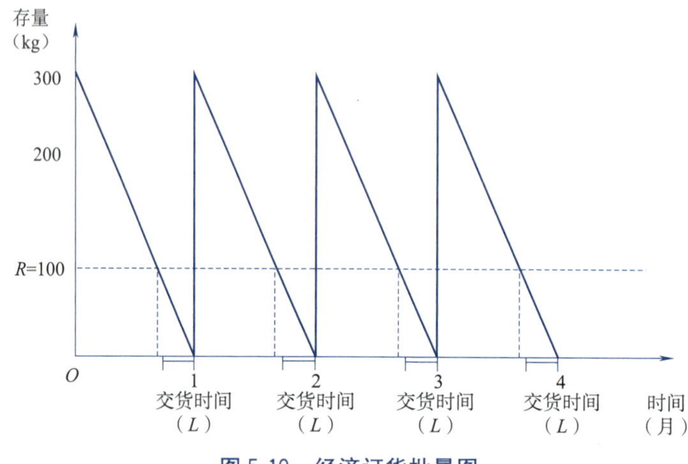

图 5-10　经济订货批量图

3. 存在订货提前期时经济订货量的确定

订货提前期对经济订货量并无影响，每次订货批量、订货次数、订货间隔时间等与瞬时补充相同。

【例 5-8】 甲公司是一家制造类企业，全年平均开工 250 天。为生产产品，全年需要购买 A 材料 250 000 件，该材料进货价格为 150 元/件，每次订货需支付运费、订单处理费等变动费用 500 元，材料年储存费率为 10 元/件。A 材料平均交货时间为 4 天。该公司 A 材料满足经济订货基本模型各项前提条件。

要求：

(1) 利用经济订货基本模型，计算 A 材料的经济订货批量和全年订货次数。

(2) 计算按经济订货批量采购 A 材料的年存货相关总成本。

(3) 计算 A 材料每日平均需用量和再订货点。

解析：

(1) A 材料的经济订货批量 $Q^* = \sqrt{2DK \div K_c}$

$= \sqrt{2 \times 250\,000 \times 500 \div 10} = 5\,000$（件）

全年订货次数 N = 全年需求量 ÷ 经济订货批量

= 250 000 ÷ 5 000 = 50（次）

(2) A 材料的年存货相关总成本 $TC = \sqrt{2KDK_c}$

$= \sqrt{2 \times 250\,000 \times 500 \times 10} = 50\,000$（元）

(3) 每日平均需用量 Q = 250 000 ÷ 250 = 1 000（件）

再订货点 R = 1 000 × 4 = 4 000（件）

四、存货的日常管理

存货日常管理目标是保证企业生产经营在正常进行的前提下，尽量减少库存、防止积压。在实践中，常用 ABC 分类管理法等。

存货 ABC 管理法又称重点管理法，这种方法是把不同项目的存货按照一定的标准分成

A、B、C 三大类，并对 A 类存货重点管理的一种方法。

存货 ABC 分类管理适用于大型企业对存货的管理控制。在一家大型企业，存货项目成千上万种，有的价值昂贵，有的价值较低，有的数量庞大，有的寥寥无几，如果不分主次，面面俱到，对每种存货都进行周密的规划，严格的控制，会浪费大量的人力和财力，而且也没有必要。采用存货 ABC 分类管理法就可以抓住重点，合理有效地控制存货资金。

1. 存货 ABC 分类管理的分类标准

分类标准主要有两个：一是金额标准；二是品种数量标准。其中金额标准是最基本的，品种数量标准仅作为参考。A 类存货的特点是金额巨大、品种数量少；B 类存货金额一般、品种数量相对较多；C 类存货品种数量繁多，但价值金额却很小。一般而言，三类存货的金额比重大致为 A∶B∶C=0.7∶0.2∶0.1，而品种数量比重大致为 A∶B∶C=0.1∶0.2∶0.7。对 A 类存货要重点规划和控制，对 B 类存货作为次重点管理，对于 C 类存货只是从总额上掌握，进行一般管理。

2. 存货 ABC 分类管理的操作步骤

运用存货 ABC 分类管理存货资金占用量时，一般可以按以下步骤进行：

（1）计算每一种存货在一定时间内（一般为一年）资金占用额。

（2）计算每一种存货的资金占用额占全部存货资金占用额的百分比，并按大小顺序排列编成表格。

（3）根据事先测定好的标准，把重要的存货划为 A 类，把一般存货划为 B 类，把不重要的存货划为 C 类，并画图表示出来。

（4）对 A 类存货进行重点规划和管理，对 B 类存货进行次重点管理，对 C 类存货只进行一般管理即可。

【素质园地】

“诚信者，天下之结也。”出自《管子·枢言》，意思是恪守诚信是天下行为准则的关键。人无信不立，业无信不兴。企业经营过程中任何一段买卖关系，本质上都是一种契约关系，诚信是支撑双方良性互动的基石。始于心，表于行，终于信。

练　习　题

一、单项选择题

1. 下列各项中，不属于营运资金构成内容的是（　　）。

A. 存货　　B. 应收账款　　C. 货币资金　　D. 无形资产

2. 下列流动资产融资策略中，收益和风险均较低的是（　　）。

A. 产权匹配融资策略　　B. 期限匹配融资策略

C. 保守融资策略　　D. 激进融资策略

3. 由于供应商不提供商业信用，公司需要准备足够多的现金以满足材料采购的需求，这种现金持有动机属于（　　）。

A. 交易性需求　　B. 投机性需求　　C. 预防性需求　　D. 储蓄性需求

4. 在利用成本模型进行最佳现金持有量决策时，下列成本因素中未被考虑在内的是(　　)。

A. 机会成本　　B. 交易成本　　C. 短缺成本　　D. 管理成本

5. 某公司采用随机模型计算得出目标现金余额为 200 万元，最低限额为 120 万元，则根据该模型计算的现金上限为(　　)万元。

A. 280　　B. 360　　C. 240　　D. 320

6. 某公司存货年需求量为 36 000 kg，经济订货批量为 600 kg，一年按 360 天计算，则最佳订货期为(　　)天。

A. 100　　B. 1.67　　C. 60　　D. 6

7. 某企业每年耗用某种原材料 3 600 千克，该材料的单位成本为 2 元，单位材料年持有成本为 1 元，一次订货成本为 50 元，则下列说法正确的是(　　)。

A. 该企业的经济订货批量为 300 千克，最小存货成本为 3 000 元

B. 该企业的经济订货批量为 600 千克，最小存货成本为 600 元

C. 该企业的经济订货批量为 600 千克，最小存货成本为 300 元

D. 该企业的经济订货批量为 600 千克，最小存货成本为 6 000 元

8. 下列说法不正确的是(　　)。

A. 存货取得成本包括订货成本和采购成本

B. 存货管理的目的是保证存货量足够多，满足企业生产经营需要

C. 信用标准是客户获得企业商业信用所应具备的最低条件，通常用预计的坏账损失率表示

D. 与材料采购有关的运输费属于采购成本

9. 某企业以临时性流动负债来满足全部临时性流动资产和部分永久性资产的需要，而余下的永久性资产用长期资金来满足，其采取的筹资组合策略是(　　)。

A. 配合型组合策略　　B. 激进型组合策略

C. 稳健型组合策略　　D. 平稳型组合策略

10. 冒险的资产组合策略的特点是(　　)。

A. 风险较低，报酬较低　　B. 风险适中，报酬适中

C. 风险较低，报酬较高　　D. 风险较高，报酬较高

11. 提供现金折扣的目的不包括(　　)。

A. 缩短平均收账期　　B. 扩大销售量

C. 获得利息收益　　D. 节约应收账款机会成本

二、多选题

1. 下列各项中，对营运资金占用水平产生影响的有(　　)。

A. 货币资金　　B. 应收账款　　C. 预付账款　　D. 存货

2. 企业采取的下列措施中，能够减少营运资本需求的有(　　)。

A. 加速应收账款周转　　B. 加速存货周转

C. 加速应付账款的偿还　　D. 加速固定资产周转

3. 不考虑其他因素，企业采用宽松的流动资产投资策略将导致(　　)。

A. 较低的流动资产　　B. 较低的偿债能力

C. 较低的流动资产短缺成本　　D. 较低的收益水平

4. 下列关于营运资金管理的表述中，正确的有(　　)。

A. 加速营运资金周转，有助于降低资金使用成本

B. 销售变数较大而难以预测时，通常要维持较低的流动资产与销售收入比率

C. 管理者偏好高风险高收益时，通常会保持较低的流动资产投资水平

D. 销售稳定并可预测时，投资于流动资产的资金可以相对少一些

5. 在确定目标现金余额的存货模型中，需要考虑的相关现金成本有(　　)。

A. 机会成本　　B. 短缺成本　　C. 管理成本　　D. 交易成本

6. 下列管理措施中，可以缩短现金周转期的有(　　)。

A. 提前偿还短期融资券　　B. 利用商业信用延期付款

C. 加大应收账款催收力度　　D. 加快制造和销售产品

7. 下列各项中，属于持有现金交易动机的有(　　)。

A. 为购买原材料而持有现金

B. 为防止现金收支波动而持有现金

C. 为购买股票价格反弹而持有现金

D. 为偿付到期债务而持有现金

8. 下列成本费用中，一般属于存货变动储存成本的有(　　)。

A. 存货资金应计利息　　B. 存货毁损和变质损失

C. 仓库折旧费　　D. 库存商品保险费

9. 下列有关信用期限的表述中，正确的有(　　)。

A. 缩短信用期限可能增加应收账款余额

B. 延长信用期限会扩大销售

C. 降低信用标准意味着将延长信用期限

D. 延长信用期限将增加应收账款的机会成本

10. 甲企业每年耗用的某种材料 3 600 千克，该材料单价为 10 元，单位变动储存成本为 2 元，一次订货成本为 25 元。如果不允许缺货，一年按 300 天计算，则下列计算中正确的有(　　)。

A. 最佳订货次数为 12 次　　B. 最佳订货周期为 30 天

C. 经济订货量占用资金为 1 500 元　　D. 最低相关总成本为 600 元

11. 甲公司采用随机模式确定最佳现金持有量，最优现金回归线水平为 7 000 元，现金存量下限为 2 000 元。公司财务人员的下列作法中，正确的有(　　)。

A. 当持有的现金余额为 1 500 元时，转让 5 500 元的有价证券

B. 当持有的现金余额为 5 000 元时，转让 2 000 元的有价证券

C. 当持有的现金余额为 12 000 元时，购买 5 000 元的有价证券

D. 当持有的现金余额为 20 000 元时，购买 13 000 元的有价证券

三、判断题

1. 营运资金具有多样性、波动性、短期性、变动性和不易变现性等特点。　　(　　)

2. 在紧缩型流动资产投资策略下，企业一般会维持较高水平的流动资产与销售收入比率，因此财务风险与经营风险较小。　　(　　)

3. 相对于企业长期债券筹资，短期融资券的筹资成本较高。 （ ）

4. 销售额越不稳定，越不可预测，则投资于流动资产上的资金就应越多，以保证有足够的存货和应收账款占用来满足生产经营和顾客的需要。 （ ）

5. 在确定经济订货批量时，随着每次订货批量的变动，相关订货成本与相关储存成本呈反方向变化。 （ ）

6. 宽松的产成品存货政策不利于满足顾客的需要，从而影响企业销售。 （ ）

7. 一般而言，企业依靠大量短期负债来满足自身资金需求的做法体现出一种较为保守的融资策略。 （ ）

8. 企业拥有较多的流动资产，可在一定程度上降低风险、提高收益。 （ ）

项目六　分配活动财务管理

【学习目标】

知识目标

1. 掌握公司利润分配程序、股利种类及股利的发放程序。

2. 理解股利理论的主要内容，包括股利无关理论、“一鸟在手”理论、税收差别理论、信号传递理论和代理理论。

3. 理解股利政策的内容、评价指标，掌握股利政策的影响因素以及股利政策的类型。

4. 了解股票分割与股票股利的区别。

5. 理解股票回购的动机与方式。

技能目标

能够根据企业的实际情况，为企业选择合理的利润分配方案、支付水平和分配形式。

【项目导入】

永不分红的伯克希尔·哈撒韦公司

世界著名的投资大师巴菲特的伯克希尔·哈撒韦公司以其不分红而闻名，至于不分红的原因，外界一直多有猜测。巴菲特也有解释，说伯克希尔用留存的1美元能为股东创造大于1美元的价值，所以不分红对股东有利。但是这个解释好像又说服力不够，以至于伯克希尔的股东，甚至巴菲特的朋友都总是重复地问这个问题，直到2012年在巴菲特致股东的信中，巴菲特详细地说明了为什么不分红，有什么取代措施。

巴菲特说不分红，公司可以把钱用到三个地方。第一，扩张已有业务，在经济危机后是好的机遇。第二，收购新的公司，伯克希尔的业务范围非常宽广，东边不亮西边亮，总能找到好的投资机会。第三，股票回购，当股价处于公司账面价值120%之下时，好的回购机会就出现了。

尽管伯克希尔·哈撒韦公司一直没有分红，但其股价却从1990年6月8日的每股7 325美元，涨到2013年8月6日的每股177 500美元。13年上涨了24倍，年复合增长率为27.79%。而且伯克希尔公司的销售额和利润也连续以20%的速率增长。

思考题：不同的股利分配政策对公司的发展有什么影响？

学习任务一　认知利润及其分配

利润分配就是对企业所实现的经营成果进行分割与派发的活动。企业利润分配的基础是净利润，即企业缴纳所得税后的利润。利润分配既是对股东投资回报的一种形式，也是企业内部筹资的一种方式，对企业的财务状况会产生重要影响。

一、利润分配的原则

利润分配作为一项重要的财务活动，应当遵循以下原则：

（一）依法分配原则

企业的利润分配必须依法进行。为了规范企业的利润分配行为，维护各利益相关者的合法权益，国家颁布了相关法规。这些法规规定了企业利润分配的基本要求、一般程序和重要比例，企业应当认真执行，不得违反。

（二）分配与积累并重原则

企业的利润分配必须坚持积累与分配并重的原则。企业通过经营活动赚取收益，既要保证企业简单再生产的持续进行，又要不断积累企业扩大再生产的财力基础。恰当处理分配与积累之间的关系，留存一部分净收益以供未来分配之需，能够增强企业抵抗风险的能力，同时，也可以提高企业经营的稳定性与安全性。

（三）兼顾各方利益原则

企业的利润分配必须兼顾各方面的利益。企业是经济社会的基本单元，企业的利润分配涉及国家、企业股东、债权人、职工等多方面的利益。正确处理它们之间的关系，协调其矛盾，对企业的生存、发展是至关重要的。企业在进行利润分配时，应当统筹兼顾，维护各利益相关者的合法权益。

（四）投资与收益对等原则

企业进行利润分配应当体现“谁投资谁受益”“收益大小与投资比例相对等”的原则。这是正确处理投资者利益关系的关键。企业在向投资者分配收益时，应本着平等一致的原则，按照投资者投资额的比例进行分配，不允许任何一方随意多分多占，以从根本上实现利润分配中的公开、公平和公正，保护投资者的利益。

二、利润分配程序

利润分配必须依据法定程序进行，按照公司法等法律法规的规定，股份有限公司实现的税前利润，应首先依法缴纳企业所得税，税后利润应当按照下列基本程序进行分配。

（一）弥补以前年度亏损

根据现行法律法规的规定，公司发生年度亏损，可以用下一年度的税前利润弥补，下一年度税前利润不足弥补时，可以在 5 年内延续弥补，5 年内仍然未弥补完的亏损，可用税后利润弥补。

（二）提取法定公积金

公司在分配当年税后利润时，应当按税后利润的 10%提取法定公积金，当其累计额达到公司注册资本的 50%时，可以不再提取法定公积金。

（三）提取任意公积金

公司从税后利润中提取法定公积金后，经股东大会决议，还可以从税后利润中提取任意公积金。

法定公积金和任意公积金都是公司在税后利润中提取的积累资本，是公司用于防范和抵御风险、提高经营能力的重要资本来源。盈余公积金和未分配利润都属于公司的留用利润，从性质上看属于股东权益。公积金可以用于弥补亏损、扩大生产经营或者转增公司股本，但转增股本后，所留存的法定公积金不得低于转增前公司注册资本的25%。

（四）向股东分配股利

公司在按照上述程序弥补亏损、提取公积金之后，所余当年利润与以前年度的未分配利润构成可供分配的利润，公司可根据股利政策向股东分配股利。

按照现行制度规定，股份有限公司依法回购后暂未转让或者注销的股份，不得参与利润分配；公司弥补以前年度亏损和提取公积金后，当年没有可供分配的利润时，一般不得向股东分配股利。

三、股利的种类

股份有限公司分派股利的形式一般有现金股利、股票股利、财产股利和负债股利等，后两种形式应用较少，我国有关法律规定，股份有限公司只能采用分派现金股利和股票股利两种形式。

（一）现金股利

现金股利是股份有限公司以现金的形式从公司净利润中分配给股东的投资报酬，也称作“股息”或“红利”。现金股利是股份有限公司最常用的股利分配形式。优先股通常有固定的股息率，在公司经营正常并有足够利润的情况下，优先股的年股利额是固定的。例如，某公司发行的优先股面值为1元，固定股息率为10%，那么在正常情况下，每股优先股可分得0.1元的现金股利。普通股没有固定的股息率，发放现金股利的次数和金额主要取决于公司的股利政策和经营业绩等因素。西方国家的许多公司按季度发放现金股利，一年发放4次。我国公司一般半年或一年发放一次现金股利。由于现金股利是从公司实现的净利润中支付给股东的，支付现金股利会减少公司的留用利润，因此发放现金股利并不会增加股东的财富总额。但是，股东对现金股利的偏好不同，有的股东希望公司发放较多的现金股利，有的股东则不愿意公司发放过多现金股利。现金股利的发放会对股票价格产生直接的影响，在除息日之后，一般来说股票价格会下跌。例如，某公司宣布每股发放1.25元现金股利，如果除息日的前一交易日股票收盘价为18.75元/股，则除息日股票除权后的价格应为17.50元/股。

（二）财产股利

财产股利是以现金以外的其他资产支付的股利，主要是以公司所拥有的其他公司的有价证券，如债券、股票等，作为股利支付给股东。

（三）负债股利

负债股利是以负债方式支付的股利，通常以公司的应付票据方式支付给股东，有时也以发放公司债券的方式支付股利。

财产股利和负债股利实际上是现金股利的替代，但这两种股利支付形式在我国公司实务中很少使用。

（四）股票股利

股票股利是股份有限公司以股票的形式从公司净利润中分配给股东的股利。股份有限公司发放股票股利，须经股东大会表决通过，根据股权登记日的股东持股比例将可供分配利润转为股本，并按持股比例无偿向各个股东分派股票，增加股东的持股数量。发放股票股利既不会改变公司的股东权益总额，也不影响股东的持股比例，只是公司的股东权益结构发生了变化，即未分配利润转为股本，因此会增加公司的股本总额。

例如，A公司发放股票股利之前的股份总数为10 000万股，公司按每10股送4股的比例发放股票股利，则发放股票股利后公司的股份总数增加到14 000万股。在公司发放股票股利时，除权后股票价格会相应下降。一般来说，如果不考虑股票市价的波动，发放股票股利后的股票价格应当按发放股票股利的比例成比例下降。例如，前例中A公司发放股票股利前的股价为每股21元，公司按照每10股送4股的比例发放股票股利，在除权日之后，A公司的股票价格应降至每股15元（21÷1.4）。可见，分配股票股利，一方面扩张了股本，另一方面起到了股票分割的作用。处于高速成长阶段的公司可以利用分配股票股利的方式来进行股本扩张，以使股价保持在一个合理的水平，避免因股价过高而影响股票的流动性。

对于股份有限公司来说，分配股票股利不会增加其现金流出，如果公司现金紧张或者需要大量的资本进行投资，可以考虑采用股票股利的形式。但应当注意的是，一直实行稳定的股利政策的公司，因发放股票股利而扩张了股本，如果以后继续维持原有的现金股利水平，势必会增加未来年度的现金股利支付。在公司净利润的增长速度低于股本扩张速度时，公司的每股利润就会下降，可能导致股价下跌。对于股东来说，虽然分得股票股利没有得到现金，但是如果发放股票股利之后，公司依然维持原有的现金股利水平，则股东在以后可以得到更多的股利收入，或者股票数量增加之后，股价走出了填权行情①，股东的财富也会随之增长。

对股东来讲，股票股利的优点主要有以下两个：

（1）派发股票股利后，理论上每股市价会成比例下降，但实务中这并非必然结果。因为市场和投资者普遍认为，发放股票股利往往预示着公司会有较大的发展和成长，这样的信息传递会稳定股价或使股价下降比例减少甚至不降反升，股东便可以获得股票价值相对上升的好处。

（2）由于股利收入和资本利得税率的差异，如果股东把股票股利出售，还会给他带来资本利得纳税上的好处。

对公司来讲，股票股利的优点主要有以下几个：

（1）发放股票股利不需要向股东支付现金，在再投资机会较多的情况下，公司就可以为再投资提供成本较低的资金，从而有助于公司的发展。

（2）发放股票股利可以降低公司股票的市场价格，既有利于促进股票的交易和流通，又有利于吸引更多的投资者成为公司股东，进而使股权更为分散，有效地防止公司被恶意控制。

（3）股票股利的发放可以传递公司未来发展前景良好的信息，从而增强投资者的信心，在一定程度上稳定股票价格。

四、股利的发放程序

股份有限公司分配股利必须遵循法定的程序，一般先由董事会提出股利分配预案，然后

①行权后的股票若在它的除权价上发生一波上涨，就叫“填权行情”。

提交股东大会决议通过才能进行分配。股东大会决议通过股利分配预案之后，要向股东宣布发放股利的方案，并确定股权登记日、除息日和股利发放日，这几个日期对分配股利是非常重要的。

（一）股利宣告日

股利宣告日就是股东大会决议通过并由董事会宣告发放股利的日期。公司董事会应先提出利润分配预案，并提交股东大会表决，利润分配方案经股东大会表决通过之后，董事会才能对外公布。在宣布股利分配方案时，应明确股利分配的年度、范围、形式、分配的现金股利金额或股票股利的数量，并公布股权登记日、除息日和股利发放日。

（二）股权登记日

股权登记日是有权领取本期股利的股东资格登记截止日期。公司规定股权登记日是为了确定股东能否领取本期股利。因为股票经常流动，所以确定这个日期很有必要。只有在股权登记日这一天登记在册的股东才有资格领取本期股利，而在这一天没有登记在册，即使是在股利发放日之前买入股票的股东，也无权领取本次分配的股利。在信息技术环境下，股权登记极其方便、快捷，一般在股权登记日交易结束的当天即可打印出股东名册。

（三）除息日

除息日也称除权日，是指从股价中除去股利的日期，即领取股利的权利与股票分开的日期。除息日之前的股票价格包含本次股利，除息日之后的股票价格则不再包含本次股利，因此投资者只有在除息日之前购买股票，才能领取本次股利，在除息日当天或以后购买股票，则不能领取本次股利。除息日对股票价格有重要影响，除息日股票价格因除权而相应下降，除息日股票的开盘参考价为前一交易日的收盘价减去每股股利。目前先进的计算机登记结算系统为股票的交割过户提供了快捷的手段，股票买卖交易当天即可办理完交割过户手续，在这种交易结算条件下，除息日可确定为股权登记日的下一个工作日。

（四）股利发放日

股利发放日也称股利支付日，是公司将股利正式支付给股东的日期。在这一天，公司应通过邮寄等方式将股利支付给股东。目前公司可以通过证券登记结算系统将股利直接划入股东在证券公司开立的资金账户。

例如，某上市公司于 2023 年 4 月 10 日公布 2022 年度的最后分红方案，其公告如下：“2023 年 4 月 9 日在北京召开的股东大会，通过了董事会关于每股分派 0.2 元的 2022 年股息分配方案。股权登记日为 4 月 25 日，除息日为 4 月 26 日，股东可在 5 月 10 日至 25 日之间通过上海交易所按交易方式领取股息。特此公告。”

该公司的股利支付时序如图 6-1 所示。

图 6-1　股利支付时序

学习任务二　认知股利理论

在股份有限公司的利润分配实践中常常会面临如下几个重要问题：①公司应当支付多少股利，即如何确定现金股利与留用利润之间的比例？②公司发放股利是否会影响公司价值，股东态度是怎样的？长期以来，学者们对这些问题进行了大量的研究，从不同的角度提出了许多观点，从而形成了不同的股利理论。公司的财务管理目标是实现股东财富最大化，股利分配也应当服从这一目标，如何分配股利、股利分配的数量和形式都应当以实现股东财富最大化为基本目标。

股利理论就是研究股利分配与公司价值、股票价格之间的关系，探讨公司应当如何制订股利政策的基本理论，可分为两大派别：股利无关理论和股利相关理论。

一、股利无关理论

股利无关论认为，在一定的假设条件限制下，股利政策不会对公司的价值或股票的价格产生任何影响，投资者不关心公司股利的分配。公司市场价值的高低，是由公司所选择的投资决策的获利能力和风险组合所决定的，而与公司的利润分配政策无关。

由于公司对股东的分红只是盈利减去投资之后的差额部分，且分红只能采取派现或股票回购等方式，因此，一旦投资政策已确定，那么，在完全的资本市场上，股利政策的改变就仅仅意味着收益在现金股利与资本利得之间分配上的变化。如果投资者按理性行事的话，这种改变就不会影响公司的市场价值以及股东的财富。股利无关论是建立在完全资本市场理论之上的，假定条件包括：第一，市场具有强式效率；第二，不存在任何公司或个人所得税；第三，不存在任何筹资费用；第四，公司的投资决策与股利决策彼此独立；第五，股东对股利收入和资本增值之间无偏好。

二、股利相关理论

与股利无关理论相反，股利相关理论认为，企业的股利政策会影响股票价格和公司价值。主要观点有以下几种：

（一）“一鸟在手”理论

“一鸟在手”理论认为，用留存收益再投资给投资者带来的收益具有较大的不确定性，并且投资的风险随着时间的推移会进一步加大，因此，厌恶风险的投资者会偏好确定的股利收益，而不愿将收益留存在公司内部，去承担未来的投资风险。“一鸟在手”理论认为公司的股利政策与公司的股票价格是密切相关的，即当公司支付较高的股利时，公司的股票价格会随之上升，公司价值将得到提高。

（二）信号传递理论

信号传递理论认为，在信息不对称的情况下，公司可以通过股利政策向市场传递有关公司未来获利能力的信息，从而影响公司的股价。一般来讲，预期未来获利能力强的公司，往往愿意通过相对较高的股利支付水平吸引更多的投资者。对于市场上的投资者来讲，股利政策的差异或许是反映公司预期获利能力的有价值的信号。如果公司连续保持较为稳定的股利支付水平，那么投资者会对公司未来的盈利能力与现金流量抱有乐观的预期。如果公司的股利支付水平突然发生变动，那么股票市价也会对这种变动做出反应。

（三）所得税差异理论

所得税差异理论认为，由于普遍存在的税率和纳税时间的差异，资本利得收入比股利收入更有助于实现收益最大化目标，公司应当采用低股利政策。一般来说，对资本利得收入征收的税率低于对股利收入征收的税率；再者，即使两者没有税率上的差异，由于投资者对资本利得收入的纳税时间选择更具有弹性，投资者仍可以享受延迟纳税带来的收益差异。

（四）代理理论

代理理论认为，股利政策有助于减缓管理者与股东之间的代理冲突，即股利政策是协调股东与管理者之间代理关系的一种约束机制。股利的支付能够有效地降低代理成本。首先，股利的支付减少了管理者对自由现金流量的支配权，这在一定程度上可以抑制公司管理者的过度投资或在职消费行为，从而保护外部投资者的利益；其次，较多的现金股利发放，减少了内部融资，导致公司进入资本市场寻求外部融资，从而公司将接受资本市场上更多的、更严格的监督，这样便减少了代理成本。因此，高水平的股利政策降低了企业的代理成本，但同时增加了外部融资成本，理想的股利政策应当使两种成本之和最小。

学习任务三　认知股利政策及其选择

股利政策是确定公司的净利润如何分配的方针和策略。公司的净利润是公司从事生产经营活动所取得的剩余收益，是股东对公司进行投资应得的投资报酬。从权益上讲，公司实现的净利润属于全体股东的权益，无论是以现金股利的形式给股东分红，还是作为留用利润留在公司内部，都属于股东的财富。公司将净利润以现金股利的形式分配给股东，股东可以用这些现金进行其他投资或者消费；公司将净利润留存在公司内部，实际上是股东对公司进行再投资。因此，无论如何分配都没有改变净利润是股东财富的性质。但是，通过前面的股利理论分析可知，公司如何分配利润对股东财富具有现实影响。这样，股利政策就成为公司财务管理的一项重要政策。

一、股利政策的内容

在实践中，公司的股利政策主要包括四项内容：①股利分配的形式，即采用现金股利还是股票股利；②股利支付率的确定；③每股股利的确定；④股利分配的时间，即何时分配和多长时间分配一次。其中，每股股利与股利支付率的确定是股利政策的核心内容，它决定了公司的净利润中有多少以现金股利的形式发放给股东，有多少以留用利润的形式对公司进行再投资。一般来说，投资者对每股股利的变动会比较敏感，如果公司各年度之间的每股股利相差较大，就向市场传递了公司经营业绩不稳定的信号，不利于公司股票价格的稳定。

二、股利政策的影响因素

在公司利润分配的实践中，制定股利政策会受各种因素影响和制约，公司必须认真审查这些影响因素，以便制定出适合本公司的股利政策。一般来说，影响股利政策的主要因素有法律因素、债务契约因素、公司自身因素、股东因素、行业因素等。

（一）法律因素

为了保护投资者的利益，各国法律（如公司法、证券法等）都对公司的股利分配进行了一定的限制。影响公司股利政策的法律因素主要有：

1. 资本保全的约束

资本保全是为了保护投资者的利益而做出的法律限制。股份公司只能用当期利润或留用利润来分配股利，不能用公司募集的资本发放股利，公司支付股利不能侵蚀公司的资本。这样的限制规定是为了保全公司的股权资本，以维护债权人的利益。

2. 企业积累的约束

这一规定要求股份公司在分配股利之前，应当按法定的程序先提取各种公积金。我国有关法律法规明确规定，股份公司应按税后利润的10%提取法定公积金，并且鼓励企业在分配普通股股利之前提取任意盈余公积金，只有当公积金累计数额达到注册资本的50%时，才可不再提取。企业积累的约束有利于提高企业的生产经营能力，增强企业抵御风险的能力，维护债权人的利益。

3. 企业利润的约束

利润是发放股利的基础，公司可以用当年利润或以前年度利润发放股利。但是，在公司以前年度亏损没有全部弥补时，不能发放股利。按照我国法律法规的规定，只有在以前年度亏损弥补完之后还有剩余利润的情况下，才能用于分配股利。

4. 偿债能力的约束

这是规定公司在分配股利时，必须保持充分的偿债能力。公司分配股利不能只看利润表上净利润的数额，还必须考虑公司的现金是否充足。如果因分配现金股利而影响了公司的偿债能力或正常的经营活动，股利分配就要受到限制。

（二）债务契约因素

债权人为了防止公司过多发放现金股利，影响其偿债能力，增加债务风险，会在债务契约中规定限制公司发放现金股利的条款。这种限制性条款通常包括：①规定每股股利的最高限额；②规定未来股息只能用贷款协议签订以后的新增收益来支付，而不能动用签订协议之前的留用利润；③规定企业的流动比率、利息保障倍数低于一定标准时，不得分配现金股利；④规定只有当公司的盈利达到某一约定的水平时，才可以发放现金股利；⑤规定公司的股利支付率不得超过限定的标准，等等。债务契约的限制性规定限制了公司的股利支付，促使公司增加留用利润，扩大再投资规模，从而增强公司的经营能力，保证公司能如期偿还债务。

（三）公司自身因素

公司自身因素的影响是指公司内部的各种因素及其面临的各种环境、机会对其股利政策产生的影响，主要包括现金流量、筹资能力、投资机会、资本成本、盈利状况、公司所处的生命周期等。

1. 现金流量

公司在经营活动中必须有充足的现金流量，否则就会发生支付困难。公司在分配现金股利时，必须考虑现金流量以及资产的流动性。如果公司的现金流量充足，特别是在满足投资所需资本后，仍然有剩余的自由现金流量，就应当适当提高股利水平；反之，如果现金流量不足，即使公司当期利润较多，也应当限制现金股利的支付。过多分配现金股利会减少公司的现金持有量，影响未来的支付能力，甚至可能导致公司出现财务困难。

2. 筹资能力

筹资能力是影响公司股利政策的一个重要因素。不同的企业在资本市场上的筹资能力会有一定的差异，公司在分配现金股利时，应当根据自身的筹资能力来确定股利支付水平。如果公司筹资能力较强，能够较容易地在资本市场上筹集资本，就可以采取比较宽松的股利政策，适当提高股利支付水平；如果筹资能力较弱，就应当采取比较紧缩的股利政策，少发放现金股利，增加留用利润。

3. 投资机会

公司在制定股利政策时会考虑未来投资对资本的需求。公司有良好的投资机会时，就应当考虑少发放现金股利，增加留用利润，将资本用于再投资，这样可以加速企业的发展，增加未来的收益，这种股利政策往往也易于为股东所接受。公司没有良好的投资机会时，往往倾向于多发放现金股利。理论研究表明，成长快的公司经常采用低股利支付率政策，就是因为这样的公司有较多的投资机会，增加留用利润可以保证有更多的资本用于再投资。

4. 资本成本

资本成本是企业选择筹资方式的基本依据。留用利润是企业内部筹资的一种重要方式，同发行新股或举借债务相比，其具有资本成本低的优点。如果公司一方面大量发放现金股利，另一方面又要通过资本市场发行新股筹集资本，由于发行新股存在交易费用和所得税，这样会增加公司的综合资本成本，也会减少股东财富。因此，在制定股利政策时，应当充分考虑公司对资本的需求以及资本成本等问题。

5. 盈利状况

公司的股利政策在很大程度上受其盈利能力的影响。如果公司未来的盈利能力较强，并且盈利稳定性较好，就倾向于采用高股利支付率政策；反之，如果公司盈利能力较弱，盈利稳定性较差，则会考虑应对未来经营和财务风险的需要而采用低股利支付率政策。

6. 公司所处的生命周期

公司的生命周期主要包括初创阶段、成长阶段、成熟阶段和衰退阶段四个时期。在不同的发展阶段，由于公司的经营状况和经营风险不同，对资本的需求情况会有很大差异，这必然会影响公司股利政策的选择。公司所采取的股利政策理所当然要符合其所处的发展阶段。表 6-1 列示了公司在不同发展阶段的经营活动和应选择的股利政策。

表 6-1　公司不同发展阶段的经营活动和股利政策

项目	初创阶段	成长阶段	成熟阶段	衰退阶段
资本需求	受公司规模等因素限制	扩张的需要，资本需求量很大	规模基本稳定，资本需求量适中	资本需求量降低
盈利能力	没有盈利或盈利很少	盈利逐步增加	盈利能力较强，且盈利稳定	盈利减少
现金流量	因为进行投资，现金流量是负数	有少量现金流量产生	现金流量增加	于公司价值来说，现金流量较高
股利政策	不发放现金股利	不发放现金股利或者采用低股利支付率政策	增加现金股利分配，采用稳定的股利支付率政策	采用特殊的股利政策，回购股票

（四）股东因素

公司的股利分配方案必须经股东大会决议通过才能实施，股东对公司股利政策具有举足轻重的影响。一般来说，影响股利政策的股东因素主要有以下几个方面：

（1）追求稳定的收入，有规避风险的需要。有的股东依赖于公司发放的现金股利维持生活，如一些退休者，他们往往要求公司能够定期支付稳定的现金股利，反对公司留用过多的利润。还有一些股东是“一鸟在手”理论的支持者，他们认为留用过多利润进行再投资，尽管可能会使股票价格上升，但是所带来的收益具有较大的不确定性，还是取得现实的现金股利比较稳妥，这样可以规避较大的风险，因此这些股东也倾向于多分配现金股利。

（2）担心控制权被稀释。有的大股东持股比例较高，对公司拥有一定的控制权，他们出于对公司控制权可能被稀释的担心，往往倾向于公司少分配现金股利，多留用利润。如果公司发放大量的现金股利，就可能造成未来经营所需的现金紧缺，导致公司不得不通过发行新股来筹集资本，虽然公司的老股东有优先认股权，但必须拿出一笔数额可观的现金，否则其持股比例就会降低，其对公司的控制权就有被稀释的危险，因此，他们宁愿少分现金股利，也不愿看到自己的控制权被稀释，当他们拿不出足够的现金认购新股时，就会对分配现金股利的方案投反对票。

（3）规避所得税。多数国家的红利所得税税率都高于资本利得所得税税率，有的国家红利所得税采用累进税率，边际税率很高。这种税率的差异会使股东更愿意采取可少交税的股利政策。高收入的股东为了少交税往往反对公司发放过多的现金股利，而低收入的股东因个人税负较轻甚至免税，可能会欢迎公司多分现金股利。我国税法规定，股东从公司分得的红利应按20%的比例税率缴纳个人所得税（现按10%减半征收），而对股票交易获得的资本利得收益目前还没有开征个人所得税，因而对股东来说，股票价格上涨获得的收益比分得现金股利更具有税收筹化功能。

（五）行业因素

不同行业的股利支付率存在系统性差异。调查研究显示，成熟行业的股利支付率通常比新兴行业高；公用事业公司大多实行高股利支付率政策，而高科技行业的公司股利支付率通常较低。这说明股利政策具有明显的行业特征。可能的原因是：投资机会在行业内是相似的，在不同行业之间则存在差异。

三、股利政策的类型

由前面的分析可知，公司在制定股利政策时会受到多种因素的影响，并且不同的股利政策也会对公司的股票价格产生不同的影响。因此，对于股份公司来说，制定一个合理的股利政策是非常重要的，股利政策的选择既要符合公司的经营状况和财务状况，又要符合股东的长远利益。在实践中，股份公司常用的股利政策主要有五种类型：剩余股利政策、固定股利政策、稳定增长股利政策、固定股利支付率政策和低正常股利加额外股利政策。

（一）剩余股利政策

在制定股利政策时，公司的投资机会和筹资能力是两个重要的影响因素。剩余股利政策就反映了股利政策与投资、筹资之间的关系。在公司有良好的投资机会时，为了降低资本成本，公司通常会采用剩余股利政策。实证研究表明，如果公司的成长机会较多，由于可支配的现金流量相对较少，就会采取低股利支付率股利政策，而将较多的留用利润用于投资项目。也就是说，成长机会与股利支付水平呈负相关。剩余股利政策就是在公司确定的最佳资本结构下，税后利润首先要满足项目投资的需要，若有剩余才用于分配现金股利。剩余股利政策是一种投资优先的股利政策。采用这种股利政策的先决条件是公司必须有良好的投资机会，并且该投资机会的预期报酬率要高于股东要求的必要报酬率，这样才能为股东所接受。如果公司投资项目的预期报酬率不能达到股东要求的必要报酬率，则股东更愿意公司发放现金股利，以便寻找其他的投资机会。

采取剩余股利政策的公司，因其有良好的投资机会，投资者会对公司未来的获利能力有较好的预期，因而其股票价格会上升，并且以留用利润来满足最佳资本结构下对股权资本的需要，可以降低企业的资本成本，也有利于提高公司价值。但是，这种股利政策因为剩余股利政策往往导致各期股利忽高忽低，不受那些希望有稳定股利收入的投资者的欢迎，如依靠股利生活的退休者。

实施剩余股利政策，一般应按以下步骤来确定股利的分配额：①根据选定的最佳投资方案，测算投资所需的资本数额；②按照公司的目标资本结构，测算投资所需要增加的股权资本的数额；③税后利润首先用于满足投资所需要增加的股权资本的数额；④满足投资需要后的剩余部分用于向股东分配股利。

目标资本结构可视为公司的最佳资本结构，剩余股利政策要符合目标资本结构的要求，才能使公司的综合资本成本最低。如果破坏了最佳资本结构，就不能取得使公司的综合资本成本达到最低的效果。

例如，某公司 2020 年税后净利润为 800 万元，2023 年的投资计划需要资金 1 000 万元，公司的目标资本结构为权益资本占 60%、债务资本占 40%。

按照目标资本结构的要求，公司投资方案所需的权益资本数额为：1 000×60%＝600（万元）。公司当年全部可用于分派的盈利为 800 万元，除了满足上述投资方案所需的权益资本数额外，还有剩余可用于发放股利。2020 年，公司可以发放的股利额为：800－600＝200（万元）。

假设该公司当年流通在外的普通股为 1 000 万股，那么，每股股利为：200÷1 000＝0.20（元/股）。

剩余股利政策的优点：留存收益优先保证再投资的需要，有助于降低再投资的资金成本，保持最佳的资本结构，实现企业价值的长期最大化。

剩余股利政策的缺陷：若完全执行剩余股利政策，股利发放额就会每年随着投资机会和盈利水平的波动而波动。在盈利水平不变的前提下，股利发放额与投资机会的多寡呈反方向变动；而在投资机会维持不变的情况下，股利发放额将与公司盈利呈同方向波动。剩余股利政策不利于投资者安排收入与支出，也不利于公司树立良好的形象，一般适用于公司初创阶段。

（二）固定股利政策

固定股利政策是指公司在较长时期内每股支付固定股利额的股利政策。固定股利政策在公司盈利发生一般的变化时，并不影响股利的支付，而是使其保持稳定的水平；只有当公司对未来利润增长确有把握，并且认为这种增长不会发生逆转时，才会增加每股股利额。

实施固定股利政策的理由有：

(1) 固定股利政策可以向投资者传递公司经营状况稳定的信息。如果公司支付的股利稳定，则说明该公司的经营业绩比较稳定，经营风险较小，这样可使投资者要求的必要报酬率降低，有利于股票价格上涨；如果公司的股利政策不稳定，股利忽高忽低，则会向投资者传递公司经营不稳定的信息，导致投资者出于对风险的担心而要求更高的必要报酬率，从而使股票价格下跌。

(2) 固定股利政策有利于投资者有规律地安排股利收入和支出。那些希望每期能有固定收入的投资者非常欢迎公司采取固定股利政策，这样，他们就可以有计划地安排其日常开支，而忽高忽低的股利政策可能会降低他们对这种股票的需求，从而使股票价格下降。

(3) 固定股利政策有利于股票价格的稳定。公司采取固定股利政策，为了维持稳定的股利水平，有时可能会使某些投资方案延期，或者使公司资本结构暂时偏离目标资本结构。但是，持固定股利政策观点的公司认为，即便这样，也比减少股利有利于股票价格的稳定。因为如果突然降低股利，会使投资者认为公司的经营出现了困难，业绩在下滑，从而可能使股票价格快速下跌，这对公司和股东更不利。

然而也应当看到，尽管这种股利政策有股利稳定的优点，但它仍可能会给公司造成较大的财务压力，尤其是在公司净利润下降或现金紧张的情况下，公司为了保证股利的照常支付，容易导致现金短缺、财务状况恶化。在非常时期，可能不得不降低股利支付额。因此，这种股利政策一般适合经营比较稳定的公司采用。

（三）稳定增长股利政策

稳定增长股利政策是指在一定的时期内保持公司的每股股利额稳定增长的股利政策。采用这种股利政策的公司一般会随着公司盈利的增加，保持每股股利平稳提高。公司确定一个稳定的股利增长率，实际上是向投资者传递该公司经营业绩稳定增长的信息，可以降低投资者对该公司经营风险的担心，从而有利于股票价格上涨。公司在采取稳定增长股利政策时，要使股利增长率等于或略低于利润增长率，这样才能保证股利增长具有可持续性。稳定增长股利政策适合处于成长或成熟阶段的公司，在公司的初创阶段或衰退阶段则不适合采用这种股利政策。行业特点和公司经营风险也是影响公司是否应当采用稳定增长股利政策的重要因素。通常，公用事业行业的公司经营活动比较稳定，受经济周期影响较小，比较适合采用稳定增长股利政策，而一些竞争非常激烈的行业，由于公司经营风险较大，经营业绩变化较快，一般不适合采用这种股利政策。

（四）固定股利支付率政策

固定股利支付率政策是一种变动的股利政策，公司每年都从净利润中按固定的股利支付率发放现金股利。持这种股利政策者认为，只有维持固定的股利支付率，才算真正公平地对待每一位股东。这种股利政策使公司的股利支付与盈利状况密切相关；盈利状况好，则每股股利额增加；盈利状况不好，则每股股利额下降。股利随公司的经营业绩“水涨船高”。这种股利政策不会给公司造成较大的财务负担，但是，公司的股利水平可能变动较大、忽高忽低，这样可能向投资者传递该公司经营不稳定的信息，容易使股票价格产生较大的波动，不利于树立良好的公司形象。有人认为这种股利政策不可能使公司价值达到最大，所以反对实施这种股利政策。但在实践中，许多公司都有一个长期稳定的目标股利支付率，虽然实际股利支付率可能会偏离这个目标股利支付率，但基本都是在一定的范围内变动，不会相差太大。

例如，某公司长期以来用固定股利支付率政策进行股利分配，确定的股利支付率为30%。2020年税后净利润为2 000万元，如果仍然继续执行固定股利支付率政策，公司本年度将要支付的股利为：

$$2\,000\times30\%=600\text{（万元）}$$

但公司下一年度有较大的投资需求，因此，准备本年度采用剩余股利政策。如果公司下一年度的投资预算为3 000万元，目标资本结构为权益资本占60%。按照目标资本结构的要求，公司投资方案所需的权益资本额为：

$$3\,000\times60\%=1\,800\text{（万元）}$$

公司2020年度可以发放的股利为：

$$2\,000-1\,800=200\text{（万元）}$$

如果按照固定股利支付率来支付2020年的股利，该公司的权益资金会发生短缺，缺口为400万元（600－200），会对公司造成一定的财务压力。

（五）低正常股利加额外股利政策

低正常股利加额外股利政策是一种介于固定股利政策与变动股利政策之间的折中的股利政策。这种股利政策每期都支付稳定的、较低的正常股利额，当企业盈利较多时，再根据实际情况发放额外股利。这种股利政策具有较大的灵活性；在公司盈利较少或投资需要较多资本时，可以只支付较低的正常股利，这样既不会给公司造成较大的财务压力，又能保证股东定期得到一笔固定的股利收入；在公司盈利较多且不需要较多投资资本时，可以向股东发放额外的股利。低正常股利加额外股利政策既可以维持股利的一贯稳定性，又有利于使公司的资本结构达到目标资本结构，使灵活性与稳定性较好地结合，因而为许多公司所采用。

可以用以下公式表示：

$$y=a+bx$$

式中，y为每股股利；x为每股收益；a为低正常股利；b为股利支付比率。

低正常股利加额外股利政策的优点如下：

（1）赋予公司较大的灵活性，使公司在股利发放上留有余地，并具有较大的财务弹性。公司可根据每年的具体情况，选择不同的股利发放水平，以稳定和提高股价，进而实现公司价值的最大化。

（2）使那些依靠股利度日的股东每年至少可以得到虽然较低但比较稳定的股利收入，从而吸引住这部分股东。

低正常股利加额外股利政策的缺点如下：

（1）由于每年公司盈利的波动使得额外股利不断变化，造成分派的股利不同，容易给投资者收益不稳定的感觉。

（2）当公司在较长时间持续发放额外股利后，可能会被股东误认为“正常股利”，一旦取消，传递出的信号可能会使股东认为这是公司财务状况恶化的表现，进而导致股价下跌。

相对来说，对那些盈利随着经济周期而波动较大的公司，或者当盈利与现金流量很不稳定时，低正常股利加额外股利政策也许是一种不错的选择。

四、股利政策的选择

每种股利政策各有利弊，上市公司在选择时，需要结合自身实际情况，选择最适合本公司当前和未来发展的股利政策。其中居主导地位的影响因素是公司所处的发展阶段，因为其决定了公司未来的发展方向，并会间接地带动其他诸多因素相应地变化。由于每个阶段生产特点、资金需要、产品销售等不同，股利政策的选取类型也不同。

（一）初创阶段

在初创阶段，公司面临的经营风险和财务风险都很高，公司急需大量资金投入，融资能力差，即使获得了外部融资，资金成本一般也很高。因此，为降低财务风险，公司应本着先发展后分配的原则，剩余股利政策为最佳选择。

（二）成长阶段

在高速增长阶段，公司的产品销售急剧上升，投资机会快速增加，资金需求大而紧迫，不宜宣派股利。但此时公司的发展前景已相对较明朗，投资者有分配股利的要求。为了平衡这两方面的要求，应采取正常股利加额外股利政策，股利支付方式应采用股票股利的形式，避免现金支付。

在稳定增长阶段，公司产品的市场容量、销售收入稳定增长，对外投资需求减少，每股盈余呈上升趋势，公司已具备持续支付较高股利的能力。此时，理想的股利政策应是稳定增长的股利政策。

（三）成熟阶段

在成熟阶段，产品市场趋于饱和，销售收入不再增长，利润水平稳定，此时，公司通常已积累了一定的盈余和资金。为了与公司的发展阶段相适应，公司可考虑由稳定增长的股利政策转为固定股利支付率政策。

（四）衰退阶段

在衰退阶段，产品销售收入减少，利润下降，公司为了不被解散或不被其他公司兼并重组，需要投入新的行业和领域，以求新生。因此，公司已不具备较强的股利支付能力，应采用剩余股利政策。

总之，上市公司制定股利政策应综合考虑各种影响因素，分析其优缺点，并根据公司的成长周期，恰当地选取适宜的股利政策，使股利政策能够与公司的发展相适应。

学习任务四　认知股票分割与股票回购

一、股票分割

（一）股票分割的含义

股票分割是指将面值较高的股票分割为几股面值较低的股票。例如，将原来每股面值为10 元的普通股分割为 2 股面值为 5 元的普通股。通过股票分割，公司股票面值降低，同时公司股票总数增加，股票的市场价格也会相应下降。因此，股票分割既不会增加公司价值，也不会增加股东财富。

（二）股票分割的动机

一般来说，公司进行股票分割主要有以下两种动机：

（1）通过股票分割使股票价格降低。有些公司股票价格过高，一些中小投资者由于资金量的限制不愿意购买高价股票，这样会使高价股的流动性受到影响。为了使股票价格下降，公司就可以采用股票分割的办法。股票分割后，公司股票数量增加，股价降低，股票在市场上的交易会更加活跃。

（2）向投资者传递信息。与分配股利一样，股票分割也可以向投资者传递公司未来经营业绩变化的信息。一般来说，处于成长阶段的中小公司，由于业绩的快速增长，股价会不断上涨，此时公司进行股票分割，实际上表明公司未来的业绩仍然会保持良好的增长趋势，这种信息的传递也会引起股票价格上涨。

（三）股票分割与股票股利的比较

对于公司来说，进行股票分割与发放股票股利都属于股本扩张政策，二者都会使公司股票数量增加，股票价格降低，并且都不会增加公司价值和股东财富。从这些方面来看，股票分割与股票股利十分相似，但二者也存在以下差异：

（1）股票分割降低了股票面值，而发放股票股利不会改变股票面值。这主要是因为股票分割是股本重新分拆，将原来的股本细分为更多的股份，因而每股面值会相应成比例降低，而股票股利是公司以股票的形式用实现的净利润向股东无偿分派股利，股票面值不会降低。

（2）会计处理不同。股票分割不会影响资产负债表中股东权益各项目金额的变化，只是股票面值降低，股票股数增加，因而股本金额不会变化，资本公积金和留用利润的金额也不会变化。发放股票股利，公司应将股东权益中留用利润的金额按照发放股票股利面值总数转为股本，因而股本金额相应增加，而留用利润相应减少。

我国股份公司发行的普通股一般面值为 1 元，所以通常不进行股票分割。在实践中，我国公司常采用资本公积转增股本和发放股票股利的方式进行股本扩张，基本能达到与股票分割同样的目的。

二、股票回购

（一）股票回购的含义

股票回购是股份公司出资购回本公司发行在外的股票，将其作为库藏股或进行注销的行为。20 世纪 70 年代，美国政府对公司分配现金红利施加了限制，导致一些公司采用股票回购方式向股东分配利润。此后，股票回购成为公司一种特殊的利润分配形式。公司回购的股票可以注销，以减少公司的股本总额；也可以作为库藏股，用于将来出售或者用于实施股权激励计划。公司持有本公司的库藏股通常不能超过一定期限，这是为了避免公司管理层利用库藏股操纵每股利润或股票价格，库藏股也不能享有与正常的普通股相同的权利，如没有投票权和分派股利的权利。我国 2005 年发布的《上市公司回购社会公众股份管理办法（试行）》（证监发〔2005〕51 号）规定，上市公司回购股票只能是为了减少注册资本而进行注销，不允许作为库藏股由公司持有。

股票回购常被看作对股东的一种特殊回报方式，但与发放现金股利还是存在差异的。公司通过股票回购减少了流通在外的普通股股数，从而使每股利润增加，股票价格也随之上涨，可为股东带来资本利得收益。如果不存在个人所得税和交易成本，股票回购和发放现金股利对股东财富的影响并无差异，但是，通常情况下，资本利得所得税税率要低于股利所得税税率，这样公司回购股票可以为股东带来税收利益。但是，现金股利毕竟是公司对股东一种长期稳定的回报方式，而股票回购不能经常采用，只在公司拥有大量闲置现金的情况下才偶尔为之。

（二）股票回购的动机

公司进行股票回购的主要动机在理论上有多种解释，信号理论、税差理论、代理理论和公司控制权市场理论等主流财务理论都对股票回购动机做出了各自的解释。

1. 传递股价被低估信号的动机

由于外部投资者与公司管理层之间存在信息不对称，二者对股票价值的认识可能会存在较大差异，当资本市场低迷时，公司的股价就有可能被低估。如果管理层认为本公司股票被严重低估，公司就可以通过股票回购行为来传递这种信号，从而促使公司股价上涨。实际上，公司的股票回购公告发布之后，通常会使股票价格上涨。

2. 为股东带来税收利益的动机

前已述及，由于资本利得与现金股利存在税率差异，现金股利的税率通常高于资本利得的税率，公司为了减少股东缴纳的个人所得税，可以用股票回购的方式代替发放现金股利，从而为股东带来税收利益。

3. 减少公司自由现金流量的动机

在公司存在过多的自由现金流量时，公司可以通过股票回购的方式将现金分配给股东。股票回购可以使公司流通在外的股票数量减少，由于每股利润增加，在市盈率不变的情况下，股价会上涨，股东所持有的股票总市值会增加，这等于向股东分配了现金。此外，由于公司的自由现金流量减少，也降低了公司的代理成本。

4. 反收购的动机

当公司的股票被低估时，就有可能成为被收购的目标，从而对现有股东的控制权产生威胁。为了维护原有股东对公司的控制权，预防或抵制敌意收购，公司可以通过股票回购方式，减少流通在外的股票股数，提高股票价格。实证研究表明，公司成为被收购目标的风险越大，就越有可能回购股票。

（三）股票回购的方式

公司进行股票回购主要可以通过以下四种方式进行：

1. 公开市场回购

公开市场回购是指上市公司在证券市场上按照股票市场价格回购本公司的股票。通常公司回购股票时都会有一个最高限价，对回购股票的数量也有明确的限定。通过公开市场回购的方式回购股票，很容易导致股票价格上涨，从而增加回购成本。一般来说，在公司回购股票的目标已经达到的情况下，就可以停止回购。根据《上市公司回购社会公众股份管理办法（试行）》的规定，上市公司可以采用证券交易所集中竞价交易方式回购股票，但须履行信息披露义务。如在回购股份期间，应当在每个月的前3个交易日内公告截至上月末的回购进展情况，并且当回购股份占公司总股本的比例每增加1个百分点时，应当在两个交易日内进行公告。

2. 要约回购

要约回购是指公司通过公开向股东发出回购要约来实现股票回购计划。要约回购价格一般高于市场价格。在公司公告要约回购之后的限定期限内，股东可自愿决定是否按要约价格将持有的股票出售给公司。如果股东愿意出售的股数多于公司计划回购的股数，公司可以自行决定购买部分或全部股票。通常，在公司回购股票的数量较大时，可采用要约回购方式。根据《上市公司回购社会公众股份管理办法（试行）》的规定，上市公司采用要约回购方式回购股票，其要约价格不得低于回购报告书公告前 30 个交易日股票每日加权平均价的算术平均值，并且要约期限不得少于 30 日，不得超过 60 日。

3. 协议回购

协议回购是指公司与特定的股东私下签订购买协议回购其持有的股票。协议回购方式通常作为公开市场回购方式的补充。采用这种方式，公司必须公开披露股票回购的目的、数量等信息，并保证回购价格公平，以避免公司向特定股东进行利益输送，侵害其他股东利益。协议回购方式回购股票的价格通常低于当前市场价格，并且一次回购股票的数量较大，通常作为大宗交易在场外进行。

4. 转换回购

转换回购是指公司用债券或者优先股代替现金回购普通股的股票回购方式。采取转换回购方式，公司不必支付大量的现金，对于现金流量并不充足的公司而言，这是一种可选的回购方式，而且采用这种回购方式还可以起到调整资本结构的作用。但是，由于债券或优先股的流动性比普通股要差，采用转换回购方式时，可能需要支付一定的溢价，因而提高了股票回购成本。

【素质园地】

在共同富裕的时代背景下，企业不仅要通过公益的形式配合完成财富的第三次分配，在利益管理方面，也要强化利益分配的公平性与合理性，缩小企业内部的贫富差距。

随着企业的不断发展进步，管理激励等手段也进一步创新。股权激励计划既是长期利益管理的有效手段，通过将企业发展与员工个人利益绑定，有效激发员工的工作热情；同时，股权激励计划也成为实现企业内部共同富裕的有效抓手，通过股权激励的方式，实现了股东利益与员工利益的平衡。股权激励计划是企业完善利益分配、实现共同富裕的有力抓手。

练 习 题

一、单项选择题

1. 下列各项中，正确反映公司净利润分配顺序的是(　　)。

A. 提取法定公积金、提取任意公积金、弥补以前年度亏损、向投资者分配股利

B. 向投资者分配股利、弥补以前年度亏损、提取法定公积金、提取任意公积金

C. 补以前年度亏损、向投资者分配股利、提取法定公积金、提取任意公积金

D. 补以前年度亏损、提取法定公积金、提取任意公积金、向投资者分配股利

2. 某股利分配理论认为，由于对资本利得收益征收的税率低于对股利收益征收的税率，企业应采用低股利政策。该股利分配理论是(　　)。

A. 代理理论　　B. “一鸟在手”理论

C. 信号传递理论　　D. 所得税差异理论

3. 厌恶风险的投资者偏好确定的股利收益，而不愿将收益存在公司内部去承担未来的投资风险，因此公司采用高现金股利政策有利于提升公司价值。这种观点的理论依据是(　　)。

A. 代理理论　　B. 所得税差异理论

C. 信号传递理论　　D. “一鸟在手”理论

4. 下列股利政策中，根据股利无关理论制定的是(　　)。

A. 剩余股利政策　　B. 固定股利支付率政策

C. 稳定增长股利政策　　D. 低正常股利加额外股利政策

5. 下列股利政策中，具有较大财务弹性，且可使股东得到相对稳定股利收入的是(　　)。

A. 剩余股利政策　　B. 固定或稳定增长的股利政策

C. 固定股利支付率政策　　D. 低正常股利加额外股利政策

6. 关于股票股利，说法正确的有(　　)。

A. 股票股利会使股东财富增加

B. 股票股利会引起所有者权益各项目的结构发生变化

C. 股票股利会导致公司资产的流出

D. 股票股利会引起负债的增加

7. 某公司2023年年初的未分配利润为100万元，当年的税后利润为400万元，2024年年初，公司讨论决定股利分配的数额，预计2024年追加投资资本500万元。公司的目标资本结构为权益资本占60%、债务资本占40%，2024年继续保持目前的资本结构不变。按有关法规规定该公司应该至少提取10%的法定公积金。该公司采用剩余股利分配政策，则该公司最多用于派发的现金股利为(　　)万元。

A. 100　　B. 60　　C. 200　　D. 160

8. 造成股利波动较大，给投资者公司经营不稳定的感觉，对于稳定股票价格不利的股利分配政策是(　　)。

A. 剩余股利政策　　B. 固定或持续增长的股利政策

C. 固定股利支付率政策　　D. 低正常股利加额外股利政策

9. 在以下股利政策中，有利于稳定股票价格，从而树立公司良好形象，但股利的支付与公司盈余相脱节的股利政策是(　　)。

A. 剩余股利政策　　B. 固定或持续增长的股利政策

C. 固定股利支付率政策　　D. 低正常股利加额外股利政策

10. 某公司近年来经营业务不断拓展，目前处于成长阶段，预计现有的生产经营能力够满足未来10年稳定增长的需要，公司希望其股利与公司盈余紧密配合。基于以上条件，最为适宜该公司的股利政策是(　　)。

A. 剩余股利政策　　B. 固定股利政策

C. 固定股利支付率政策　　D. 低正常股利加额外股利政策

二、思考题

1. 企业的股利政策都有哪些类型？各自的优缺点是什么？

2. 哪些因素决定了企业股利政策和股利支付形式的选择？

3. 发放股票股利对企业和投资者的财务影响是什么？

三、计算分析题

1. 甲公司2020年税后净利润1 000万元，根据公司规划，2021年的投资计划需要资金1 200万元，公司的目标资本结构为权益资本占60%、债务资本占40%。该公司采用剩余股利政策。

问题：假设公司2020年流通在外的普通股为1 000万股，则该公司2020年应分配的每股股利为多少？

2. 资料：A公司2022年年初所有者权益总额为150 000万元，其中股本50 000万元（每股面值1元），资本公积60 000万元，盈余公积25 000万元，未分配利润15 000万元。2023年实现净利润15 000万元，按净利润的10%提取法定盈余公积，决定每10股发放股票股利1股，并按发放股票股利后的股本发放现金股利，每股0.1元，A公司股票市价2元。

要求：

1. 计算提取的盈余公积金额。

2. 计算发放的现金股利总额。

3. 计算分配后的所有者权益结构。

项目七　财务预算

【学习目标】

知识目标

1. 了解全面预算体系的内容以及特点。
2. 掌握增量预算和零基预算各自的优缺点并会加以运用。
3. 了解固定预算与弹性预算的运用场景。

技能目标

根据不同企业类型，选择合适的预算方法。

【项目导入】

某啤酒制造企业属于上市集团公司的子公司，公司的财务预算作为公司的一项重要管理活动，由总经理直接负责。公司的预算编制以“更严格的质量标准，更高的效率、更低的成本、更稳定的增长、更强的盈利能力”为宗旨。

公司每年的第四个季度根据集团董事会的要求，依据1～3季度的经营情况及下一年度的战略目标制订下一年的预算方案。财务预算由企业管理部为总负责部门，每年固定在10月10日组织召开预算启动大会。启动大会宣布产销量、啤酒收入、利润三项核心目标与预算编制进度后，分解到营销系统、生产系统、后勤支持系统，由其分别负责完成。

11月与12月在初稿的基础上根据各方的博弈不定期召开会议进行讨论。由于预算的过程是个持续改进的过程，有关核心指标必须自上而下，自下而上进行沟通。企业管理部具体负责进程安排、表格制作、数据汇总与分析，定期与各个职能部门负责人进行沟通、修正并检查预算的完成情况，财务部负责财务专业指导。

公司财务预算一经公司批复会形成红头文件下发，各预算将从横向与纵向进行分解执行，横向是执行的责任主体营销系统、生产系统、后勤支持系统。纵向是将财务预算指标向部门、班组、个人进行层层分解，分解的形式是将预算的指标形成考核指标。因此从横向和纵向落实到对各系统、各部门、各层级、各环节和各岗位的全方位监控。

差异分析方面，为确保预算能得到有效的控制与执行，公司专门成立预算执行分析小组，每月的15、20、25日对预算的执行情况进行跟踪分析。对于执行中发生的新情况、新问题及出现偏差较大的重大项目，执行分析小组有权责成相关单位（部门）查找原因，形成有效达成预算的措施和完成时间，有权对执行产生差异的部门进行考核。月底预算执行小组向公司月度经营分析会汇报预算执行分析报告。

为了使财务预算得到全方位地有效控制，将财务预算中的关键控制点转换成考核指标，在各责任部门的考核表中得到体现，并最终与薪酬相结合，以此达到增加预算的执行效果。

学习任务一　了解预算管理

一、预算的特征和作用

（一）概念

预算是企业在预测、决策的基础上，用数量和金额以表格的形式反映企业未来一定时期内经营、投资、筹资等活动的具体计划，是为实现企业目标而对各种资源和企业活动所做的详细安排。预算是一种可据以执行和控制经济活动的、最为具体的计划，是对目标的具体化，是实现企业战略导向预定目标的有力工具。

（二）特征

预算具有两个特征：首先，预算与企业的战略目标保持一致，因为预算是为实现企业目标而对各种资源和企业活动所做的详细安排；其次，预算是数量化的并具有可执行性，因为预算作为一种数量化的详细计划，它是对未来活动的细致、周密的安排，是未来经营活动的依据。数量化和可执行性是预算最主要的特征。

（三）作用

预算的作用主要表现在以下三个方面：

1. 预算通过规划、控制和引导经济活动使企业经营达到预期目标

通过预算指标可以控制实际活动过程，随时发现问题，采取必要措施，纠正不良偏差，避免经营活动漫无目的、随心所欲，通过有效的方式实现预期目标。因此，预算具有规划、控制、引导企业经济活动有序进行、以最经济有效的方式实现预期目标的功能。

2. 预算可以实现企业内部各个部门之间的协调

从系统论的观点来看，局部计划的最优化，对全局来说不一定是最合理的。为了使各个职能部门向着共同的战略目标前进，它们的经济活动必须密切配合，相互协调，统筹兼顾，全面安排，搞好综合平衡。各部门预算的综合平衡，能促使各部门管理人员清楚地了解本部门在全局中的地位和作用，尽可能地做好部门之间的协调工作。各部门因其职责不同，往往会出现相互冲突的现象。各部门之间只有协调一致，才能最大限度地实现企业整体目标。例如，企业的销售、生产、财务等各部门可以分别编制出对自己来说是最好的计划，但该计划在其他部门却不一定能行得通。销售部门根据市场预测提出了一个庞大的销售计划，生产部门可能没有那么大的生产能力；生产部门可能编制了一个充分利用现有生产能力的计划，但销售部门可能无力将这些产品销售出去；销售部门和生产部门都认为应该扩大生产能力，财务部门却认为无法筹到必要的资金。全面预算经过综合平衡后可以提供解决各部门冲突的最佳办法，代表企业的最优方案，可以使各部门的工作在此基础上协调地进行。

3. 预算是业绩考核的重要依据

预算作为企业财务活动的行为标准，使各项活动的实际执行有章可循。各部门责任考核必须以预算标准为基础。经过分解落实的预算规划目标能与部门、责任人的业绩考评结合起来，成为奖勤罚懒、评估优劣的重要依据。

二、预算的分类

（一）根据预算内容不同划分

根据预算内容不同划分，企业预算可以分为经营预算、专门决策预算、财务预算。

1. 经营预算

经营预算（业务预算）是指与企业日常业务直接相关的一系列预算，如销售预算、生产预算、材料采购预算、直接材料消耗预算、直接人工预算、制造费用预算、产品生产成本预算、经营费用和管理费用预算等。

2. 专门决策预算

专门决策预算是指企业重大的或不经常发生的、需要根据特定决策编制的预算，如投融资决策预算。

3. 财务预算

财务预算是指与企业资金收支、财务状况或经营成果等有关的预算，是全面预算体系的最后环节，亦称为总预算，如资金预算、预计利润表、预计资产负债表等。

经营预算和专门决策预算称为分预算，财务预算称为总预算。

（二）根据预算覆盖的时间长短不同划分

根据预算覆盖的时间长短不同划分，企业预算可以分为长期预算和短期预算。

1. 长期预算

长期预算是指预算期在 1 年以上的预算，如资本支出预算、长期销售预算等。

2. 短期预算

短期预算是指预算期在 1 年以内（含 1 年）的预算。一般情况下，企业的经营预算和财务预算多为短期预算。

三、预算体系

全面预算是通过企业内外部环境的分析，在预测与决策基础上，调配相应的资源，对企业未来一定时期的经营和财务等作出一系列具体计划。预算是计划的数字化、表格化、明细化的表达。全面预算的起点是销售预算，终点是预计资产负债表，结构图如图 7-1 所示。

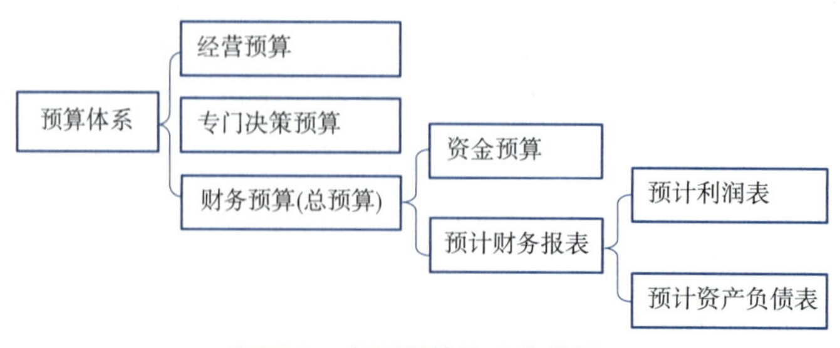

图 7-1　全面预算体系结构图

四、预算管理的概念和原则

预算管理，是指企业以战略目标为导向，通过对未来一定期间内的经营活动和相应的财务结果进行全面预测和筹划，科学、合理配置企业各项财务和非财务资源，并对执行过程进行监督和分析，对执行结果进行评价和反馈，指导经营活动的改善和调整，进而推动实现企业战略目标的管理活动。

企业进行预算管理，一般应遵循以下原则：

1. 战略导向原则

预算管理应围绕企业的战略目标和业务计划有序开展，引导各预算责任主体聚焦战略、专注执行、达成绩效。

2. 过程控制原则

预算管理应通过及时监控、分析等把握预算目标的实现进度并实施有效评价，对企业经营决策提供有效支撑。

3. 融合性原则

预算管理应以业务为先导、以财务为协同，将预算管理嵌入企业经营管理活动的各个领域、层次、环节。

4. 平衡管理原则

预算管理应平衡长期目标与短期目标、整体利益与局部利益、收入与支出、结果与动因等关系，促进企业可持续发展。

5. 权变性原则

预算管理应刚性与柔性相结合，强调预算对经营管理的刚性约束又可根据内外环境的重大变化调整预算，并针对例外事项进行特殊处理。

五、预算管理工作的组织

企业实施预算管理应当设立相应的机构，配备相应的人员，建立必要的制度。预算管理的机构设置、职责权限和工作程序应与企业的组织架构和管理体制互相协调，保障预算管理各环节职能衔接，流程顺畅。

企业应建立健全预算管理制度、会计核算制度、定额标准制度、内部控制制度、内部审计制度、绩效考核和激励制度等内部管理制度，夯实预算管理的制度基础。企业应充分利用现代信息技术，规范预算管理流程，提高预算管理效率。

《中华人民共和国公司法》规定：公司的年度财务预算方案、决算方案由公司董事会制订，经股东会审议批准后方可执行。预算工作的组织包括决策层、管理层、执行层和考核层，具体如下：

（1）企业董事会或类似机构应当对企业预算的管理工作负总责。企业董事会或者经理办公会可以根据情况设立预算管理委员会或指定财务管理部门负责预算管理事宜，并对企业法定代表人负责。

（2）预算管理委员会审批公司预算管理制度、政策，审议年度预算草案或预算调整草案并报董事会等机构审批，监控、考核本单位的预算执行情况并向董事会报告，协调预算编制、预算调整及预算执行中的有关问题等。

（3）企业财务管理部门具体负责企业预算的跟踪管理，监督预算的执行情况，分析预算与实际执行的差异及原因，提出改进管理的意见与建议。

（4）企业内部生产、投资、物资、人力资源、市场营销等职能部门具体负责本部门业务涉及的预算编制、执行、分析等工作，并配合预算管理委员会或财务管理部门做好企业总预算的综合平衡、协调、分析、控制与考核等工作。其主要负责人参与企业预算管理委员会的工作，并对本部门预算执行结果承担责任。

（5）企业所属基层单位是企业预算的基本单位，在企业财务管理部门的指导下，负责本单位现金流量、经营成果和各项成本费用预算的编制、控制、分析工作，接受企业的检查、考核。其主要负责人对本单位财务预算的执行结果承担责任。

学习任务二　掌握预算的编制方法

一、预算的编制方法

企业一般按照分级编制、逐级汇总的方式，采用自上而下、自下而上、上下结合或多维度相协调的流程编制预算。常见的预算编制方法及其分类见表 7-1。

表 7-1　常见的预算编制方法及其分类

编制方法的分类	具体方法
按编制预算出发点的特征分类	增量预算法、零基预算法
按编制预算业务量基础的数量特征分类	固定预算法、弹性预算法
按编制预算的预算期的时间特征分类	定期预算法、滚动预算法

二、增量预算法与零基预算法

（一）增量预算法

1. 定义

增量预算法，是指以历史期实际经济活动及其预算为基础，结合预算期经济活动及相关影响因素的变动情况，通过调整历史期经济活动项目及金额形成预算的预算编制方法。

2. 特点

增量预算法以过去的费用发生水平为基础，主张不需在预算内容上作较大的调整，可能导致无效费用开支项目无法得到有效控制，造成预算上的浪费。

3. 适用范围

（1）现有的业务活动是企业所必须的。

（2）原有的各项业务都是合理的。

（二）零基预算法

1. 定义

零基预算法，是指企业不以历史期经济活动及其预算为基础，以零为起点，从实际需要出发分析预算期经济活动的合理性，经综合平衡，形成预算的预算编制方法。

2. 特点

1）优点

（1）不受历史期经济活动中的不合理因素影响，能够灵活应对内外环境的变化，预算编制更贴近预算期企业经济活动需要。

（2）有助于增加预算编制透明度，有利于进行预算控制。

2）缺点

（1）预算编制工作量较大、成本较高。

（2）预算编制的准确性受企业管理水平和相关数据标准准确性影响较大。

3. 适用范围

适用于企业各项预算的编制，特别是不经常发生的预算项目或预算编制基础变化较大的预算项目。

三、固定预算法与弹性预算法

（一）固定预算法

1. 定义

固定预算法又称静态预算法，是指以预算期内正常的、最可实现的某一业务量（是指企业产量、销售量、作业量等与预算项目相关的弹性变量）水平为固定基础，不考虑可能发生的变动的预算编制方法。

2. 特点

预算范围小；适应性差；可比性差。

3. 适用范围

经营业务稳定，生产产品产销量稳定，能准确预测产品需求及产品成本的企业，也可用于编制固定费用预算。

（二）弹性预算法

1. 定义

弹性预算法又称动态预算法，是指企业在分析业务量与预算项目之间数量依存关系的基础上，分别确定不同业务量及其相应预算项目所消耗资源的预算编制方法。

2. 特点

1）优点

考虑了预算期可能的不同业务量水平，更贴近企业经营管理实际情况。

2）缺点

（1）编制工作量大。

（2）市场及其变动趋势预测的准确性、预算项目与业务量之间依存关系的判断水平等会对弹性预算的合理性造成较大影响。

3. 适用范围

适用于编制全面预算中所有与业务量有关的预算，但实务中主要用于编制成本费用预算和利润预算，尤其是成本费用预算。

4. 弹性预算的编制

1）公式法

某项预算成本总额＝预算固定成本额＋预算单位变动成本额×预计业务量

$$y=a+bx$$

优点：便于计算任何业务量的预算成本。

缺点：阶梯成本和曲线成本只能用数学方法修正为直线，才能应用公式法。

【例 7-1】某企业制造费用中的修理费用与修理工时密切相关。经测算，预算期修理费用中的固定修理费用为 1 000 元，单位工时的变动修理费用为 30 元；预计预算期的修理工时为 350 小时。运用公式法，测算预算期的修理费用总额为：1000＋30×350＝11 500（元）。

因为任何成本都可以用公式 $y=a+bx$ 来近似地表示，所以只要在预算中列示 a（固定成本）和 b（单位变动成本），便可随时利用公式计算任一业务量（x）的预算成本（y）。

【例 7-2】甲企业经过分析得出某产品的制造费用与人工工时密切相关，采用公式法编制的制造费用预算见表 7-2。

表 7-2 制造费用预算（公式法）

业务量范围	350～650（工时）	
费用项目	固定费用（元/月）	变动费用（元/工时）
运输费用	—	2
电力费用	—	9
材料费用	—	3
修理费用	670	10.5
油料费用	1 350	2
折旧费用	5 000	
人工费用	3 000	
合计	10 020	26.5

注：当业务量超过 600 工时后，修理费中的固定费用将由 670 元上升为 1 200 元。

本例中，针对制造费用而言：

（1）在业务量 350～600 工时的情况下，$y=10\,020+26.5x$。

（2）在业务量为 600～650 工时的情况下，$y=10\,550+26.5x$。

如果业务量为 500 工时，则制造费用预算为 10 020＋26.5×500＝23 270（元）。

如果业务量为 650 工时，则制造费用预算为 10 550＋26.5×650＝27 775（元）。

2）列表法

用列表的方式，在相关范围内每隔一定业务量范围计算相关数值的预算。

优点：

（1）不管实际业务量多少，不必经过计算即可找到与业务量相近的预算成本。

（2）混合成本中的阶梯成本和曲线成本，可按总成本性态模型计算填列，不必用数学方法修正为近似的直线成本。

缺点：在评价和考核实际成本时，往往需要使用插补法来计算“实际业务量的预算成本”，比较麻烦。

【例 7-3】 根据表 7-2，甲公司采用列表法编制的 2023 年 6 月制造费用预算见表 7-3。

表 7-3　制造费用预算（列表法）

业务量（工时）	350	450	550	650	750
占正常生产能力百分比（%）	70	80	90	100	110
变动成本：					
运输费用（b=2）（元）	700	900	1 100	1 300	1 500
电力费用（b=9）（元）	3 150	4 050	4 950	5 850	6 750
材料费用（b=3）（元）	1 050	1 350	1 650	1 950	2 250
小计（元）	4 900	6 300	7 700	9 100	10 500
混合成本：					
修理费用（元）	4 345	5 395	6 445	8 025	9 075
油料费用（元）	2 050	2 250	2 450	2 650	2 850
小计（元）	6 395	7 645	8 895	10 675	11 925
固定成本：					
折旧费用（元）	5 000	5 000	5 000	5 000	5 000
人工费用（元）	3 000	3 000	3 000	3 000	3 000
小计（元）	8 000	8 000	8 000	8 000	8 000
合计（元）	19 295	21 945	24 595	27 775	30 425

在表 7-3 中，分别列示了五种业务量水平的成本预算数据（根据企业情况，也可以按更多的业务量水平列示）。这样，无论实际业务量达到何种水平，都有适用的一套成本数据来发挥控制作用。

思考：如果甲公司的实际业务量为 500 工时，那么成本总额为多少呢？

想必很多同学想用表 7-3 中业务量与 500 工时临近的成本总额（450 工时、21 945 元，或 550 工时、24 595 元）来评价实际成本的高低或按业务量变动的比例调整后的预算总成本［500÷550×24 595＝22 359.09（元）］去考核实际成本。但其实不然，因为并不是所有的成本都一定同业务量成比例变动关系，例如固定成本便不会随业务量变动而变动。

因此我们如果想得知实际工作量 500 工时的预算总成本，可以按成本构成分别计算：

变动成本（运输费用、电力费用、材料费用）：500×(2＋9＋3)＝7 000（元）

固定成本（折旧费用、人工费用）：5 000＋3 000＝8 000（元）

混合成本（修理费用、油料费用）：利用插值法分别算出 500 工时的修理费用和油料费用。

修理费用：设实际业务量的预算修理费用为 X，由表 7-4 可得：

表 7-4　计算修理费用

修理费用（元）	工时
5 395	450
X	500
6 445	550

$$\frac{X-5\,395}{6\,445-5\,395}=\frac{500-450}{550-450}$$

解得：X=5 920（元）

同理，油料费用：设实际业务量的预算油料费用为 Y，由表 7-5 可得：

表 7-5　计算油料费用

油料费用（元）	工时
2 250	450
Y	500
2 450	550

$$\frac{Y-2\,250}{2\,450-2\,250}=\frac{500-450}{550-450}$$

解得：Y=2 350（元）

500 工时预算总成本=7 000+8 000+5 920+2 350=23 270（元）。

四、定期预算法与滚动预算法

（一）定期预算法

1. 定义

定期预算法指在编制预算时，以固定的会计期间（如日历年度）作为预算期的一种编制预算的方法。

2. 特点

（1）优点：能够使预算期间与会计期间相对应，便于将实际数与预算数进行对比，也有利于对预算执行情况进行分析和评价。

（2）缺点：这种方法以固定会计期间（如 1 年）为预算期，在执行一段时期之后，往往使管理人员只考虑剩下时间的业务量，缺乏长远打算，导致一些短期行为的出现。

（二）滚动预算法

1. 定义

滚动预算法又称连续预算法、永续预算法，是指企业根据上一期预算执行情况和新的预测结果，按既定的预算编制周期和滚动频率，对原有的预算方案进行调整和补充、逐期滚动、持续推进的预算编制方法。

2. 特点

（1）优点：通过持续滚动预算编制、逐期滚动管理，实现动态反映市场、建立跨期综合平衡，从而有效指导企业营运，强化预算的决策与控制职能。

（2）缺点：预算滚动的频率越高，对预算沟通的要求越高，预算编制的工作量越大；过高的滚动频率容易增加管理层的不稳定感，导致预算执行者无所适从。

3. 滚动预算法的分类

按照预算编制周期，可以将滚动预算分为中期滚动预算和短期滚动预算。

（1）中期滚动预算的预算编制周期通常为 3 年或 5 年，以年度作为预算滚动频率。

（2）短期滚动预算通常以 1 年为预算编制周期，以月度、季度作为预算滚动频率。按照滚动的时间单位不同可分为逐月滚动（见图 7-2）、逐季滚动（见图 7-3）和混合滚动（见图 7-4）。短期滚动预算通常使预算期始终保持 12 个月，每过 1 个月或 1 个季度，立即在期末增列 1 个月或 1 个季度的预算，逐期往后滚动。

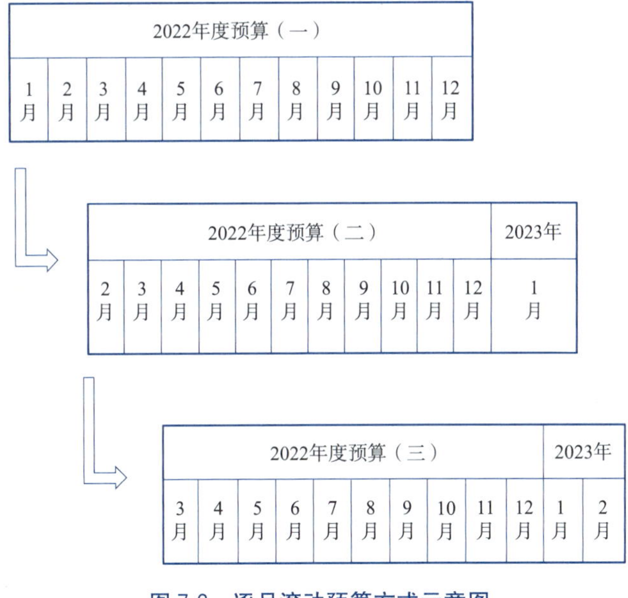

图 7-2　逐月滚动预算方式示意图

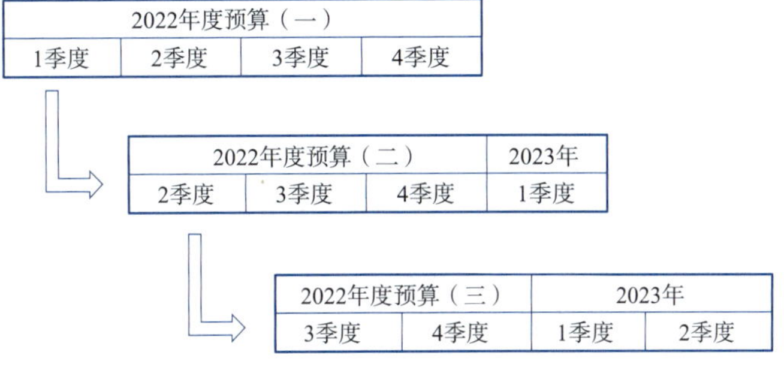

图 7-3　逐季滚动预算方式示意图

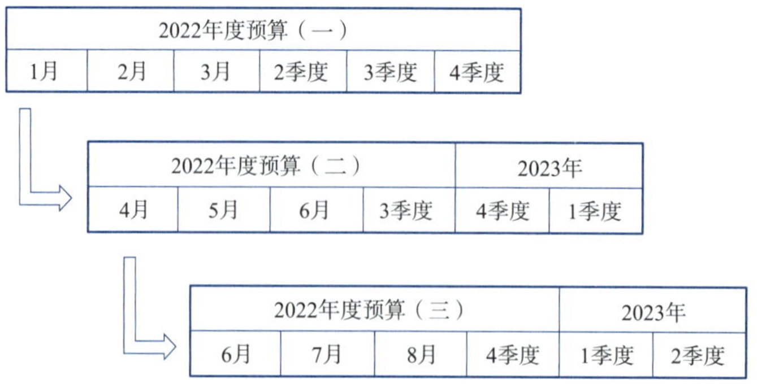

图 7-4 混合滚动预算方式示意图

【例 7-4】某公司甲车间采用滚动预算方法编制制造费用预算。已知 2023 年分季度的制造费用预算见表 7-6（其中间接材料费用忽略不计，间接人工费用预算工时分配率为 45 元/工时，水电与维修费用预算工时分配率为 30 元/工时）。

表 7-6 2021 年全年制造费用预算

项　目	第 1 季度	第 2 季度	第 3 季度	第 4 季度	全年
直接人工预算总工时（工时）	4 800	5 100	5 200	5 000	20 100
变动制造费用：					
间接人工费用（元）	216 000	229 500	234 000	225 000	904 500
水电与维修费用（元）	144 000	153 000	156 000	150 000	603 000
小计（元）	360 000	382 500	390 000	375 000	1 507 500
固定制造费用：					
设备租金（元）	180 000	180 000	180 000	180 000	720 000
管理人员工资（元）	80 000	80 000	80 000	80 000	320 000
小计（元）	260 000	260 000	260 000	260 000	1 040 000
制造费用合计（元）	620 000	642 500	650 000	635 000	2 547 500

2023 年 3 月 31 日，公司在编制 2023 年第 2 季度～2024 年第 1 季度滚动预算时，发现未来的 4 个季度中将出现以下情况：

（1）间接人工费用预算工时分配率将上涨 10%，即上涨为 49.5 元/小时。

（2）原设备租赁合同到期，公司新签订的租赁合同中设备年租金将降低 20%，即降低为 576 000 元。

2023 年第 2 季度～2024 年第 1 季度预计直接人工总工时分别为 5 250 小时、5 150 小时、4 800 小时和 5 300 小时。

则编制的 2023 年第 2 季度～2024 年第 1 季度制造费用预算见表 7-7。

表 7-7 2023 年第 2 季度～2024 年第 1 季度制造费用预算

项 目	2023 年度			2024 年度	合 计
	第 2 季度	第 3 季度	第 4 季度	第 1 季度	
直接人工预算总工时（工时）	5 250	5 150	4 800	5 300	20 500
变动制造费用：					
间接人工费用（元）	259 875	254 925	237 600	262 350	1 014 750
水电与维修费用（元）	157 500	154 500	144 000	159 000	615 000
小计（元）	417 375	409 425	381 600	421 350	1 629 750
固定制造费用：					
设备租金（元）	144 000	144 000	144 000	144 000	576 000
管理人员工资（元）	80 000	80 000	80 000	80 000	320 000
小计（元）	224 000	224 000	224 000	224 000	896 000
制造费用合计（元）	641 375	633 425	605 600	645 350	2 525 750

学习任务三 掌握经营预算编制

经营预算主要包含销售预算、生产预算、直接材料预算、直接人工预算、制造费用预算、产品成本预算、销售和管理费用预算。经营预算体系如图 7-5 所示（为方便计算，本任务均为不考虑增值税）。

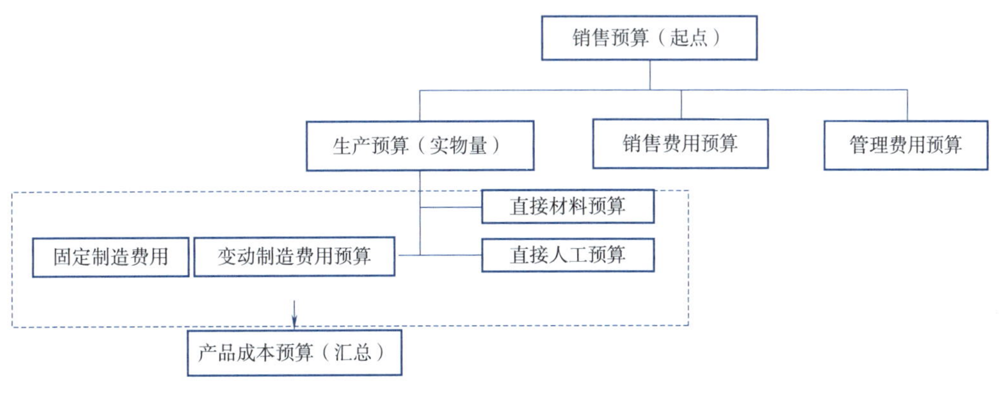

图 7-5 经营预算体系示意图

一、销售预算

（一）含义及内容

销售预算是在销售预测的基础上根据销售计划编制的，用于规划预算期销售活动的一种经营预算。

（二）特点

销售预算是整个预算的编制起点，其他预算的编制都是以销售预算为基础。

（三）基本公式

本期销售收入＝销量×单价

本期现金收入＝本期现销收入＋收回前期的赊销（基本原则：收付实现制）

本期末应收账款＝本期销售本期尚未收回＋前期销售本期尚未收回

【例7-5】（填表及计算）编制甲公司本年度的销售预算，假设每季度销售收入中，本季度收到现金60%，另外的40%现金要到下季度才能收到。

资料见表7-8。

表7-8 甲公司本年度销售情况表

项目	第1季度	第2季度	第3季度	第4季度	全年
预计销售量（件）	200	350	150	180	880
预计销售单价（元/件）	200	200	200	200	200
销售收入（元）	40 000	70 000	30 000	36 000	176 000
预计现金收入（元）					
上年应收账款（元）	6 200				?
第1季度（销售40 000）（元）	?	?			?
第2季度（销售70 000）（元）		?	?		?
第3季度（销售30 000）（元）			?	?	?
第4季度（销售36 000）（元）				?	?
现金收入合计（元）	?	?	?	?	117 800
本期末应收账款（元）				?	?

答案见表7-9。

表7-9 甲公司本年度销售预算

项目	第1季度	第2季度	第3季度	第4季度	全年
预计销售量（件）	200	350	150	180	880
预计销售单价（元）	200	200	200	200	200
销售收入（元）	40 000	70 000	30 000	36 000	176 000
预计现金收入（元）					
上年应收账款（元）	6 200				6 200
第1季度（销售40 000）（元）	24 000（40 000×60%）	16 000（40 000×40%）			40 000
第2季度（销售70 000）（元）		42 000（70 000×60%）	28 000（70 000×40%）		70 000
第3季度（销售30 000）（元）			18 000（30 000×60%）	12 000（30 000×40%）	30 000

续表

项　目	第1季度	第2季度	第3季度	第4季度	全年
第4季度（销售36 000）（元）				21 600（36 000×60%）	21 600
现金收入合计（元）	30 200（6 200+24 000）	58 000（16 000+42 000）	46 000（28 000+18 000）	33 600（12 000+21 600）	117 800
本期末应收账款（元）				14 400（36 000×40%）	14 400

二、生产预算

（一）定义

生产预算是为规划预算期生产数量而编制的一种经营预算，它是在销售预算的基础上编制的，并可以作为编制直接材料预算和产品成本预算的依据。

（二）特点

唯一以实物量表示的预算，不涉及价值量指标。

（三）编制基础

生产预算是在销售预算的基础上，结合预算期期初存量、预算期期末存量编制的。

（四）基本公式

$$预计期末产成品存货=下期销售量\times a\%$$

$a\%$表示期末存货占下期销售量的百分比

$$预计期初产成品存货=上期期末产成品存货$$

$$预计生产量=（预计销售量+预计期末产成品存货）-预计期初产成品存货$$

【例7-6】接例7-5，编制甲公司本年度的生产预算。通常，企业的生产和销售不宜做到“同步同量”，需要设置一定的存货，以保证能在发生意外需求时按时供货，并可均衡生产，节省赶工的额外支出。期末产成品存货数量通常按下期销售量的一定百分比确定，本例按10%安排期末产成品存货。年初产成品存货是编制预算时预计的，年末产成品存货根据长期销售趋势来确定。本例假设年初有产成品存货100件，年末留存200件。

资料见表7-10。

表7-10　生产预算

单位：件

项　目	第1季度	第2季度	第3季度	第4季度	全年
预计销售量	200	350	150	180	880
加：预计期末产成品存货	35（350×10%）	15（150×10%）	18（180×10%）	200	200
合计	235	365	168	380	1 148
减：预计期初产成品存货	100	35	15	18	100
预计生产量	135	330	153	362	980

生产预算在实际编制时是比较复杂的，产量受到生产能力的限制，产成品存货数量受到仓库容量的限制，只能在此范围内来安排产成品存货数量和各期生产量。此外，有的季度可能销量很大，可以用赶工方法增产，为此要多付加班费。如果提前在淡季生产，会因增加产成品存货而多付资金利息。因此，要权衡两者得失，选择成本最低的方案。

三、直接材料预算

（一）定义

直接材料预算是为了规划预算期直接材料采购金额的一种经营预算。

（二）编制基础

直接材料预算是以生产预算为基础编制的，还要考虑预算期期初、期末的原材料存量。

（三）计算公式

预计采购量＝生产需用量＋期末存量－期初存量

材料采购支出＝当期现购支出＋支付前期赊购

【例 7-7】接例 7-5，编制甲公司本年度的直接材料预算。年初和年末的材料存货量，是根据当前情况和长期销售情况预测估计的。各季度“期末材料存量”根据下季度生产需用量的一定百分比确定，本例题按 20%计算。各季度“期初材料存量”等于上季度的期末材料存量。并且，假设每季度材料采购的货款中，本季度支付现金 50%，另外的 50%现金下季度支付。资料见表 7-11。

表 7-11 直接材料预算

项 目	第 1 季度	第 2 季度	第 3 季度	第 4 季度	全年
预计生产量（件）	135	330	153	362	980
单位产品材料用量（千克/件）	10	10	10	10	10
生产需用量（千克）	?	?	?	?	?
加：预计期末存量（千克）	?	?	?	400	?
减：预计期初存量（千克）	300	?	?	?	?
预计材料采购量（千克）	?	?	?	?	?
单价（元/千克）	5	5	5	5	5
预计采购金额（元）	?	?	?	?	?
预计现金支出（元）					
上年应付账款（元）	2 350				?
第 1 季度（采购 8 550 元）（元）	?	?			?
第 2 季度（采购 14 730 元）（元）		?	?		?
第 3 季度（采购 9 740 元）（元）			?	?	?
第 4 季度（采购 16 480 元）（元）				?	?
合计	?	?	?	?	?

答案见表 7-12。

表 7-12　直接材料预算

项　目	第 1 季度	第 2 季度	第 3 季度	第 4 季度	全年
预计生产量（件）	135	330	153	362	980
单位产品材料用量（千克/件）	10	10	10	10	10
生产需用量（千克）	1 350	3 300	1 530	3 620	9 800
加：预计期末存量（千克）	660	306	724	400	400
减：预计期初存量（千克）	300	660	306	724	300
预计材料采购量（千克）	1 710	2 946	1 948	3 296	9 900
单价（元/千克）	5	5	5	5	5
预计采购金额（元）	8 550	14 730	9 740	16 480	49 500
预计现金支出（元）					
上年应付账款（元）	2 350				2 350
第 1 季度（采购 8 550 元）（元）	4 275	4 275			8 550
第 2 季度（采购 14 730 元）（元）		7 365	7 365		14 730
第 3 季度（采购 9 740 元）（元）			4 870	4 870	9 740
第 4 季度（采购 16 480 元）（元）				8 240	8 240
合计（元）	6 625	11 640	12 235	13 110	43 610
第四季度末应付账款（元）				8 240	8 240

四、直接人工预算

（一）定义

直接人工预算是一种既反映预算期内人工工时消耗水平，又要规划人工成本开支的经营预算。

（二）编制基础

直接人工预算也是以生产预算为基础编制的。

（三）计算公式

人工总工时＝预计产量×单位产品工时

人工总成本＝人工总工时×每小时人工成本

【例 7-8】 接例 7-5，编制甲公司本年度的直接人工预算，见表 7-13。

表 7-13　直接人工预算

项　目	第 1 季度	第 2 季度	第 3 季度	第 4 季度	全年
预计生产量（件）	135	330	153	362	980
单位产品工时（工时）	10	10	10	10	10
人工总工时（工时）	1 350	3 300	1 530	3 620	9 800
每小时人工成本（元）	60	60	60	60	60
人工总成本（元）	81 000	198 000	91 800	217 200	588 000

五、制造费用预算

（一）定义

制造费用预算是预算期产品生产所需制造费用的预算，通常分为变动制造费用预算和固定制造费用预算两部分。

（二）编制基础

（1）变动制造费用以生产预算为基础来编制。

（2）固定制造费用，需要逐项进行预计，通常与本期产量无关，可按各期实际需要的支付额预计，然后求出全年数。

（三）注意事项

（1）为便于以后编制资金预算：

制造费用预算数扣除折旧、摊销等非付现成本，可得出“现金支出的费用”。

（2）为便于以后编制产品成本预算：

制造费用分配率＝制造费用预算额/预算人工总工时

【例 7-9】接例 7-5，编制甲公司本年的制造费用预算，见表 7-14。

表 7-14 制造费用预算

项 目	第 1 季度	第 2 季度	第 3 季度	第 4 季度	全年
变动制造费用：					
间接人工（15 元/件）	2 025	4 950	2 295	5 430	14 700
间接材料（25 元/件）	3 375	8 250	3 825	9 050	24 500
修理费（35 元/件）	4 725	11 550	5 355	12 670	34 300
水电费（10 元/件）	1 350	3 300	1 530	3 620	9 800
小计（元）	11 475	28 050	13 005	30 770	83 300
固定制造费用：					
修理费（元）	10 000	12 500	13 000	14 000	49 500
折旧（元）	100 000	100 000	100 000	100 000	400 000
管理人员工资（元）	119 000	131 000	110 000	115 000	475 000
保险费（元）	15 500	17 100	19 000	27 000	78 600
财产税（元）	6 000	6 000	6 000	6 000	24 000
小计（元）	250 500	266 600	248 000	262 000	1 027 100
合计（元）	261 975	294 650	261 005	292 770	1 110 400
减：折旧（元）	100 000	100 000	100 000	100 000	400 000
现金支出（元）	161 975	194 650	161 005	192 770	710 400

为了便于以后编制产品成本预算，可以计算小时费用率。

变动制造费用小时费用率＝83 300÷9 800＝8.5（元/工时）

固定制造费用小时费用率＝1 027 100÷9 800＝104.81（元/工时）

六、产品成本预算

(一) 定义

产品成本预算是预算期产品生产成本的预算，其主要内容是产品的单位成本和总成本。

(二) 编制基础

产品成本预算是销售预算、生产预算、直接材料预算、直接人工预算和制造费用预算的汇总。

【例 7-10】接例 7-5，编制甲公司本年度的产品成本预算，见表 7-15。

表 7-15 产品成本预算

项目	单位成本			生产成本（元）	期末存货（元）	销货成本（元）
	单价（元/kg或工时）	单耗（kg或工时）	成本（元）	980 件	200 件	880 件
直接材料	5	10	50	49 000	10 000	44 000
直接人工	60	10	600	588 000	120 000	528 000
变动制造费用	8.5	10	85	83 300	17 000	74 800
固定制造费用	104.81	10	1 048.10	1 027 138	209 620	922 328
合计			1 783.10	1 747 438	356 620	1 569 128

七、销售费用和管理费用预算

(一) 销售费用

销售费用是企业预算期有关产品销售费用的预算，以销售预算为基础。

(二) 管理费用

管理费用是企业一般管理费用的预算，多属于固定成本，所以，一般是以过去的实际开支为基础，按预算期的可预见变化来调整，见表 7-16。

表 7-16 销售及管理费用预算

单位：元

项目	金额
销售费用：	
销售人员工资	30 000
广告费	55 000
包装费、运输费	30 000
保管费	27 000
折旧	10 000
管理费用：	
管理人员工资	40 000
福利费	8 000

续表

项　目	金　额
保险费	6 000
办公费	14 000
折旧	15 000
合计	235 000
减：折旧	25 000
每季度支付现金	52 500

学习任务四　掌握专门决策预算的编制

（一）定义

专门决策预算主要是长期投资预算，又称资本支出预算。

（二）特点

专门决策预算往往涉及长期建设项目的资金投放与筹措，并经常跨越多个年度，示例见表 7-17。

表 7-17　专门决策预算示例

单位：元

项　目	第 1 季度	第 2 季度	第 3 季度	第 4 季度	全年
投资支出预算	450 000	—	—	600 000	1 050 000
借入长期借款	150 000	—	—	600 000	750 000

（三）编制依据

（1）项目财务可行性分析资料。

（2）企业筹资决策资料。

学习任务五　掌握财务预算的编制

一、资金预算

（一）定义

资金预算是专门反映预算期内预计现金收入与现金支出，以及为满足现金余额而进行筹资或归还借款等的预算。

（二）编制依据

经营预算和专门决策预算。

（三）编制内容

可供使用现金、现金支出、现金余缺、现金筹措与运用。

（四）计算公式

可供使用现金＝期初现金余额＋现金收入

现金余缺＝可供使用现金－现金支出

期末现金余额＝现金余缺＋现金筹措－现金运用

（五）注意事项

1. 不直接涉及现金支出的营业预算

（1）生产预算。

（2）产品成本预算。

2. 短期借款利息的确定

（1）若规定还款时支出利息：

利息＝还款额×利率×借款期限

（2）若规定每期定期支付利息：

利息＝（上期期末借款余额＋本期期初新借款额）×期利率

【提示】本期期末的借款或还款均不会影响本期利息。

【例 7-11】A 公司编制的今年分季度现金预算。

（1）理想的现金余额是 3 000 元。

（2）银行要求借款额必须是 1 000 元的整数倍，借款利息按季支付。

（3）新增借款发生在季度的初期，归还借款发生在季度的期末。

（4）如果需要归还借款，先归还短期借款，归还的数额为 100 元的整数倍。

（5）A 公司上年末的长期借款余额为 120 000 元，长期借款利率为 12%，短期借款利率为 10%。

资料见表 7-18。

表 7-18　现金（资金）预算表

单位：元

季度	一	二	三	四	全年
期初现金余额	8 000				
加：现金收入	18 200	26 000	36 000	37 600	117 800
可供使用现金					
减：现金支出	68 000	21 140	24 220	112 450	225 810
现金余额					
现金筹措与运用					
借入长期借款	30 000			60 000	90 000
取得短期借款					
归还短期借款					
短期借款利息（年利 10%）					
长期借款利息（年利 12%）					
期末现金余额					

答案见表 7-19。

表 7-19 现金（资金）预算表

单位：元

季度	一	二	三	四	全年
期初现金余额	8 000	3 200	3 060	3 040	8 000
加：现金收入	18 200	26 000	36 000	37 600	117 800
可供使用现金	26 200	29 200	39 060	40 640	125 800
减：现金支出	68 000	21 140	24 220	112 450	225 810
现金余额	−41 800	8 060	14 840	−71 810	−100 010
现金筹措与运用					
借入长期借款	30 000	—	—	60 000	90 000
取得短期借款	20 000	—	—	22 000	42 000
归还短期借款	—	—	6 800	—	—
短期借款利息（年利 10%）	500	500	500	880	2 380
长期借款利息（年利 12%）	4 500	4 500	4 500	6 300	19 800
期末现金余额	3 200	3 060	3 040	3 010	3 010

解析：

A 公司上年末的长期借款余额为 120 000 元，所以前三个季度的长期借款利息均为 (120 000＋30 000)×12%÷4＝4 500（元）。第四季度的长期借款利息＝(120 000＋30 000＋60 000)×12%÷4＝6 300（元）。

各季度现金余额的计算见表 7-20。

表 7-20 各季度现金余额的计算

季度	计算
第一季度	分析：现金短缺 41 800 元，即使借入长期借款 30 000 依然短缺。 计算：−41 800＋30 000＋W−W×10%/4−4 500＝3 000（元）。W＝19 794.87（元）。 第一季度期末现金余额＝−41 800＋30 000＋20 000−500−4 500＝3 200（元）
第二季度	分析：现金余额 8 060 元，考虑是否需要偿还短期借款。 计算：8 060−4 500−500−3 000＝60（元）；考虑还款。 还款：还款是 100 的整数倍，不用还，也不用借。 第二季度期末现金余额＝8 060−500−4 500＝3 060（元）
第三季度	分析：现金余额 14 840 元，考虑是否需要偿还短期借款； 计算：14 840−4 500−500−3 000＝6 840（元）；考虑还款； 还款：还款是 100 的整数倍，所以归还 6 800 元； 第三季度期末现金余额＝14 840−6 800−500−4 500＝3 040（元）
第四季度	分析：现金短缺 71 810 元，即使借入了长期借款 60 000 元还是短缺； 计算：−71 810＋60 000＋W−W×10%/4−（20000−6 800）×10%/4−6 300＝3 000（元）；W＝21 989.74（元）； 借款：借款金额是 1 000 的整数倍，则应借入 22 000 元； 解释：短期借款利息 22 000×10%/4＋（20000−6 800）×10%/4＝880（元）； 第四季度期末现金余额＝−71 810＋60 000＋22 000−880−6 300＝3 010（元）

二、财务报表预算

（一）资产负债表预算

1. 编制依据

需以计划期开始日的资产负债表为基础，结合计划期间各项经营预算、专门决策预算、资金预算和预计利润表进行编制。

2. 需要注意的事项

（1）编制预计资产负债表的目的在于判断预算反映的财务状况的稳定性和流动性。

（2）它是编制全面预算的终点。

（二）利润表预算

1. 编制依据

各经营预算、专门决策预算和资金预算。

2. 需要注意的事项

需注意按照权责发生制来编制，而且“所得税费用”项目的金额是预先估计的数，不是根据“利润总额”乘以所得税税率计算出来的。

学习任务六　掌握预算的执行与考核

预算编制完成后，应按照相关法律法规及企业章程的规定报经企业预算管理决策机构审议批准，以正式文件形式下达执行。预算审批主要包括如下三种：

（1）预算内审批：应简化流程，提高效率。

（2）超预算审批：应执行额外的审批流程。

（3）预算外审批：应严格控制，防范风险。

一、预算的执行

（一）预算控制

企业应将预算目标层层分解至各预算责任中心。预算分解应按各责任中心权、责、利相匹配的原则进行，既公平合理，又有利于企业实现预算目标。

（二）预算调整

年度预算经批准后，原则上不作调整。企业应在制度中严格明确预算调整的条件、主体、权限和程序等事宜，当内外战略环境发生重大变化或突发重大事件等，导致预算编制的基本假设发生重大变化时，可进行预算调整。

对于预算执行单位提出的预算调整事项，企业进行决策时，一般应当遵循以下要求：

（1）预算调整事项不能偏离企业发展战略。

（2）预算调整方案应当在经济上能够实现最优化。

（3）预算调整重点应当放在关键性差异方面（即：预算执行中出现的重要的、非正常的、不符合常规的差异方面）。

二、预算的分析与考核

企业应当建立预算分析制度，由预算管理委员会定期召开预算执行分析会议，全面掌握预算的执行情况，研究、解决预算执行中存在的问题，纠正预算的执行偏差。

开展预算执行分析，企业管理部门及各预算执行单位应当充分收集有关财务、业务市场、技术、政策、法律等方面的信息资料，根据不同情况分别采用比率分析、比较分析、因素分析、平衡分析等方法，从定量与定性两个层面充分反映预算执行单位的现状、发展趋势及其存在的潜力。

针对预算的执行偏差，企业财务管理部门及各预算执行单位应当充分、客观地分析产生的原因，提出相应的解决措施或建议，提交董事会或经理办公会研究决定。企业预算管理委员会应当定期组织预算审计，纠正预算执行中存在的问题，充分发挥内部审计的监督作用，维护预算管理的严肃性。

预算审计可以采用全面审计或者抽样审计。在特殊情况下，企业也可组织不定期的专项审计。审计工作结束后，企业内部审计机构应当形成审计报告，直接提交预算管理委员会以至董事会或经理办公会，作为预算调整、改进内部经营管理和财务考核的一项重要参考。

预算年度终了，预算管理委员会应当向董事会或者经理办公会报告预算执行情况，并依据预算完成情况和预算审计情况对预算执行单位进行考核。

预算考核主要针对定量指标进行考核，是企业绩效考核的重要组成部分。企业应建立健全预算考核制度，并将预算考核结果纳入绩效考核体系，切实做到有奖有惩、奖惩分明。预算考核主体和考核对象的界定应坚持上级考核下级、逐级考核、预算执行与预算考核职务相分离的原则。

企业内部预算执行单位上报的预算执行报告，应经本部门、本单位负责人按照内部议事规范审议通过，作为企业进行财务考核的基本依据。企业预算按调整后的预算执行，预算完成情况以企业年度财务会计报告为准。

预算考核以预算完成情况为考核依据，通过预算执行情况与预算目标的比较，确定差异并查明产生差异的原因，进而据以评价各责任中心的工作业绩，并通过与相应的激励制度挂钩，促进其与预算目标相一致。

【素质园地】

凡事预则立，不预则废。近年来，预算越来越走进大众视野，大到“政府预算”，小到“企业预算”等，越来越引起人们的重视。“政府预算”不仅仅是一般意义上的“账本”，更是对财政政策实施作出具体安排，明确政府这一年要干什么，是国家治理体系的重要组成部分。“企业预算”紧握着企业“钱袋子”，钱从哪里来，又花到何处去，是对资源的配置和合理的安排，从而让企业走得更长远，更稳健。坚守“无预算，不支出”的原则，给企业花钱上了“紧箍咒”，加大企业预算参与度，提高预算专业性，强化监督与制约，是预算管理得以发挥的关键因素。

练习题

一、单项选择题

1. 下列各项中，属于经营预算内容的有(　　)。

A. 销售预算　　B. 采购预算　　C. 生产预算　　D. 资金预算

2. 某企业当年实际销售费用为6000万元，占销售额的30%，企业预计下年销售额增加5000万元，于是就将下年销售费用预算简单地确定为7500万元(6000+5000×30%)。从中可以看出，该企业采用的预算编制方法为(　　)。

A. 弹性预算法　　B. 零基预算法　　C. 滚动预算法　　D. 增量预算法

3. 相对于增量预算，下列关于零基预算的表述中错误的是(　　)。

A. 预算编制成本相对较高　　B. 预算编制工作量相对较少

C. 以零为起点编制预算　　D. 不受历史期不合理因素的影响

4. 某公司按弹性预算法编制销售费用预算。已知预计业务量为5万小时，单位变动销售费用为1.5元/小时，固定销售费用总额为30万元，则按预计业务量的80%编制的销售费用预算总额为(　　)万元。

A. 30　　B. 7.5　　C. 36　　D. 37.5

5. 下列各项预算编制方法中，不受现有费用项目和现行预算束缚的是(　　)。

A. 定期预算法　　B. 固定预算法

C. 弹性预算法　　D. 零基预算法

6. 下列预算中，不直接涉及现金收支的是(　　)。

A. 销售与管理费用预算　　B. 销售预算

C. 产品成本预算　　D. 直接材料预算

7. 下列各项费用预算项目中，最适宜采用零基预算编制方法的是(　　)。

A. 人工费　　B. 培训费　　C. 材料费　　D. 折旧费

8. 根据上期预算执行情况和新的预测结果，调整和补充原有预算方案的预算编制方法是(　　)。

A. 滚动预算法　　B. 弹性预算法

C. 零基预算法　　D. 定期预算法

9. 在中期滚动预算法下，通常以(　　)作为预算滚动频率。

A. 年度　　B. 季度

C. 月度　　D. 季度和月度相结合

二、多项选择题

1. 下列预算中，需要以生产预算为基础编制的有(　　)。

A. 直接人工预算　　B. 制造费用预算

C. 管理费用预算　　D. 销售费用预算

2. 预算最主要的两个特征有(　　)。

A. 数量化　　B. 可执行性　　C. 及时性　　D. 标准化

3. 下列各项中，属于固定预算法缺点的有(　　)。

A. 适应性差　　B. 可比性差

C. 按公式进行成本分解比较复杂　　D. 容易导致短期行为

4. 下列关于全面预算的表述中，正确的有(　　)。

A. 全面预算包括经营预算、专门决策预算和财务预算三部分

B. 资本支出预算属于辅助预算

C. 财务预算和资本支出预算是经营预算的基础

D. 财务预算通常属于短期预算

5. 全面预算体系中，属于总预算内容的有(　　)。

A. 资金预算　　B. 生产预算

C. 利润表预算　　D. 资产负债表预算

6. 在预算执行过程中，可能导致预算调整的情形有(　　)。

A. 主要产品市场需求大幅下降　　B. 营改增导致公司税负大幅下降

C. 原材料价格大幅度上涨　　D. 公司进行重点资产重组

三、判断题

1. 在预算编制过程中，企业销售预算一般应当在生产预算的基础上编制。(　　)

2. 经营预算是全面预算编制的起点，因此专门决策预算应当以经营预算为依据。(　　)

3. 相对于零基预算法，增量预算法的优点在于不受历史期经济活动中不合理因素的影响，使得预算编制更贴近企业经济活动的需要。(　　)

4. 相对于弹性预算，固定预算以事先确定的目标业务量作为预算编制基础，适应性比较差。(　　)

5. 在产品成本预算中，产品成本总预算金额是将直接材料、直接人工、制造费用以及销售与管理费用的预算金额汇总相加而得到的。(　　)

6. 一般情况下，经营预算和财务预算多为长期预算，资本支出预算为短期预算。(　　)

7. 企业财务管理部门负责企业预算的编制、执行、分析和考核等工作，并对预算执行结果承担直接责任。(　　)

第三部分

项目八　财务分析与评价

【学习目标】

知识目标

1. 理解财务分析的概念及意义、财务综合指标分析的概念和特点。

2. 熟悉财务分析的目的及内容、财务分析方法。

3. 掌握偿债能力、盈利能力、营运能力和发展能力的分析，以及财务综合指标分析的内容和方法。

技能目标

1. 能够对企业的偿债能力、运营能力、获利能力、发展能力作出分析与评价。

2. 能够运用财务综合指标分析方法对企业的财务状况和经营业绩作出分析和评价。

【项目导入】

如何分析财务报表

某年5月，L在证券公司开户并在资金账户存入了10 000元准备炒股，他购买股票主要从以下几个方面来分析：

(1) 判断当前经济形势。此时经济处于低谷期，国家各个相关部门正在考虑出台相应刺激经济的政策，他认为这是一个购入股票的绝佳时期，于是决定在一个星期之内将资金账户内的资金购买具有投资价值的股票。

(2) 判断当前的行业情况。他认为国家出台相关刺激政策，蓝筹股会率先领涨，他判断医药股涨幅会比较大。

(3) 他在医药行业中选择具体的上市公司时比较困惑，但希望选择财务状况和经营成果最好的上市公司。此时需要他了解上市公司财务报告，能够对具体财务报表进行分析。

思考与讨论：针对L选股时遇到的问题，思考企业财务报表应当如何分析，从哪些财务指标进行分析，需要运用哪些财务分析方法。

学习任务一　掌握认知财务分析

一、财务分析概述

财务分析是以企业的财务报告等会计资料为基础，运用一定的技术，采用专门的方法，系统分析和评价企业的经营成果、财务状况以及未来发展趋势的过程。

财务分析是财务管理的重要方法之一，既是对已完成的财务活动的总结，也是财务预测的基础和前提，在财务管理活动中起着承上启下的作用。企业通过财务分析，可以总结过去，评价现在，预测未来，为改进企业财务管理工作和优化经济决策提供重要的财务信息依据。

（一）财务分析的目的

对企业进行财务分析所依据的资料是客观的，但是，财务分析对不同的信息使用者具有不同的意义。

1. 企业所有者

企业所有者是企业的出资者。他们最关心企业资产保值增值问题，也就是对投资回报率的关注。当然，他们还十分关注企业的风险程度，不但要求企业有短期获利能力，还关注企业长期发展能力。

2. 企业债权人

企业债权人不能参与企业剩余收益分享，这决定了债权人必须对其资金安全性首先给予关注。因此，债权人在进行财务分析时，最关心的是企业是否具有足够的偿债能力。

3. 企业经营决策者

企业经营决策者是企业实际经营者。为了满足不同利益主体的需要与各方面的协调利益关系，企业经营者必须对企业经营各方面信息进行详尽地了解和掌握，以便及时发现问题、采取措施，为企业持续稳定发展理顺关系。

4. 政府

政府是宏观经济管理者，既为企业提供一个良好的经营环境，同时又通过工商、税务、财政和审计等部门对企业实施监督管理职能，不同监管部门监管的侧重点有所不同。政府部门通过分析企业财务信息，来了解企业是否依法纳税，检查企业是否存在违法违纪行为，了解企业发展能力。

总之，财务分析可以概括为以下四个方面：偿债能力分标、营运能力分析、盈利能力分析和发展能力分析。其中，偿债能力是实现企业财务目标的稳健保证，营运能力是实现企业财务目标的物质基础，盈利能力是前两者共同作用的结果，同时也对前两者的增强起着推动作用。它们相辅相成，共同构成企业财务分析的基本内容。

（二）财务分析的意义

1. 判断企业财务实力

通过对企业资产负债表和利润表等有关资料进行分析，计算相关指标，可以了解企业资产结构和负债水平是否合理，从而判断企业偿债能力、营运能力以及盈利能力等财务实力，揭示企业在财务状况方面可能存在的问题。

2. 评价和考核企业经营业绩以揭示财务活动存在的问题

用过财务指标计算、分析和比较，能够评价和考核企业盈利能力和资金周转状况，揭示其经营管理各个方面和各个环节存在的问题，找出差距，得出分析结论。

3. 挖掘企业潜力以寻求提高企业经营管理水平和经济效益的途径

企业进行财务分析的目的不仅仅是发现问题，更重要的是分析问题和解决问题。通过财务分析，应保持和进一步发挥生产经营管理中的成功经验，对存在的问题应提出解决策略和措施，以达到扬长避短、提高经营管理水平和经济效益的目的。

4. 判断企业发展趋势

通过各种财务分析，可以判断企业发展趋势，预测其生产经营前景及偿债能力，从而为企业领导层进行生产经营决策、投资者进行投资决策和债权人进行信贷决策提供重要依据，避免因决策错误给其带来重大的损失。

（三）财务分析的内容

财务分析信息的需求者主要包括企业所有者、企业债权人、企业经营决策者和政府等。不同主体出于不同的利益考虑，对财务分析信息有着各自不同的要求。

1. 偿债能力分析

偿债能力是指企业偿还到期债务的能力。通过对企业的财务报告等会计资料进行分析，可以了解企业资产的流动性、负债水平以及偿还债务的能力，从而评价企业的财务状况和财务风险，为管理者、投资者和债权人提供企业偿债能力的财务信息。

2. 营运能力分析

营运能力反映了企业对资产的利用和管理能力。企业的生产经营过程就是利用资产取得收益的过程。资产是企业生产经营活动的经济资源，对资产的利用和管理的能力直接影响企业的收益，它体现了企业的经营能力。对营运能力进行分析，可以了解企业资产的保值和增值情况，分析企业资产的利用效率、管理水平、资金周转状况、现金流量状况等，为评价企业的经营管理水平提供依据。

3. 盈利能力分析

获取利润是企业的主要经营目标之一，它也反映了企业的综合素质。企业要生存和发展，必须争取获得较高的利润，这样才能在竞争中立于不败之地。投资者和债权人都十分关心企业的盈利能力，盈利能力强可以提高企业偿还债务的能力，提升企业的信誉。对企业盈利能力的分析不能仅看其获取利润的绝对数，还应分析其相对指标，这些都可以通过财务分析来实现。

4. 发展能力分析

无论是企业的管理者还是投资者、债权人，都十分关注企业的发展能力，因为这关系到他们的切身利益。通过对企业发展能力进行分析，可以判断企业的发展潜力，预测企业的经营前景，从而为企业管理者和投资者进行经营决策和投资决策提供重要依据，避免决策失误带来的重大经济损失。

5. 财务综合指标分析

财务综合指标分析是指全面分析和评价企业各方面的财务状况，对企业风险、收益、成本和现金流量等进行分析和判断，为提高企业财务管理水平、改善经营业绩提供信息。

（四）财务分析的程序

无论是企业的管理者，还是投资者、债权人，在做出财务评价和经济决策时，都必须进行充分的财务分析。为了保证财务分析的有效进行，必须遵循科学的程序。财务分析的程序一般包括以下几个步骤：

1. 确定财务分析的范围并收集有关的经济资料

财务分析的范围取决于财务分析的目的，它可以是企业经营活动的某一方面，也可以是企业经营活动的全过程。如债权人可能只关心企业偿还债务的能力，不必对企业经营活动的全过程进行分析，企业的经营管理者则需进行全面的财务分析。财务分析的范围决定了所要收集的经济资料的数量，范围小，所需资料也少；全面的财务分析，则需要收集企业各方面的经济资料。

2. 选择适当的分析方法以确定分析指标

财务分析的目的和范围不同，所选用的分析方法和指标也不同。常用的财务分析方法有比率分析法、比较分析法等，这些方法各有特点，在进行财务分析时可以单独使用，也可以结合使用。局部的财务分析可以只选择其中的某一种方法，全面的财务分析则应该综合运用各种方法，以便进行对比，做出客观和全面的财务评价。选择分析方法之后，就要确定分析指标。分析指标是根据财务分析的目的确定的，不同的分析目的所使用的分析指标也不同，如分析偿债能力应当采用流动比率、资产负债率等指标。

3. 进行因素分析、抓住主要矛盾

通过财务分析，可以找出影响企业经营活动和财务状况的各种因素。在诸多因素中，有的是有利因素，有的是不利因素；有的是外部因素，有的是内部因素。在进行因素分析时，必须抓住主要矛盾，即影响企业生产经营活动和财务状况的主要因素，然后才能有的放矢，提出相应的办法，做出正确的决策。

4. 为作出经济决策提供各种建议

财务分析的最终目的是为经济决策提供依据。通过上述的比较与分析，就可以提出各种方案，然后权衡各种方案的利弊与得失，从中选出最佳方案，做出经济决策。这个过程也是一个信息反馈过程，决策者可以通过财务分析总结经验，吸取教训，以改进工作。

（五）财务分析的基础

财务分析是以企业的会计核算资料为基础，通过对会计所提供的核算资料进行加工整理，得出一系列科学的、系统的财务指标，以便进行比较、分析和评价。这些会计核算资料包括日常核算资料和财务报告，但财务分析主要以财务报告为基础，日常核算资料只作为财务分析的一种补充资料。财务报告是企业向政府部门、投资者、债权人等与本企业有利害关系的组织或个人提供的，反映企业在一定时期内的财务状况、经营成果、现金流量以及影响企业未来经营发展的重要经济事项的书面文件。提供财务报告的目的在于为报告使用者提供财务信息，为他们进行财务分析、经济决策提供充足的依据。企业的财务报告主要包括资产负债表、利润表、现金流量表、所有者权益（或股东权益）变动表、财务报表附注以及其他反映企业重要事项的文字说明。这些财务报表及附注集中、概括地反映了企业的财务状况、经营成果和现金流量状况等财务信息，对其进行财务分析，可以更加系统地揭示企业的偿债能力、营运能力、盈利能力、发展能力等财务状况。

根据我国《企业会计准则》，财务报表的格式按照一般企业、商业银行、保险公司、证券公司等企业类型有不同的规定。下面主要介绍一般企业的三张基本财务报表：资产负债表、利润表和现金流量表。

1. 资产负债表

资产负债表是反映企业在某一特定日期财务状况的财务报表，反映企业在某一特定日期资产、负债及股东权益的基本状况。分析资产负债表，可以了解企业资产、负债和所有者权益的金额及结构情况，分析评价企业资产质量以及短期偿债能力、长期偿债能力、利润分配能力等。表 8-1 所示为星海公司 2023 年度的资产负债表（简表）。

表 8-1　资产负债表（简表）

编制单位：星海公司　　2023 年 12 月 31 日　　单位：万元

项　　目	期末余额	年初余额	项　　目	期末余额	年初余额
流动资产			流动负债		
货币资金	585	325	短期借款	430	298
交易性金融资产	136	76	应付票据	53	26
应收票据	30	55	应付账款	480	550
应收账款	1 290	1 150	预收款项	45	30
预付款项	140	50	应付职工薪酬	10	8
应收股利			应交税费	23	20
其他应收款	56	59	应付利息	68	82
存货	866	1 067	应付股利	270	50
一年内到期的非流动资产	268	30	其他应付款	113	100
其他流动资产	36		一年内到期的非流动负债	325	170
流动资产合计	3 407	2 812	其他流动负债	24	33
非流动资产			流动负债合计	1 841	1 367
债权投资	430	503	非流动负债		
长期股权投资	120		长期借款	2 100	1 200
固定资产	6 670	5 298	应付债券	1 096	1 270
在建工程	126	258	长期应付款	325	270
无形资产	50	78	其他非流动负债		68
长期待摊费用	44	98	非流动负债合计	3 521	2 808
其他非流动资产	40		负债合计	5 362	4 175
非流动资产合计	7 480	6 235	所有者权益		
			实收资本	2 450	2 450
			资本公积	860	860
			其他综合收益		
			盈余公积	874	582
			未分配利润	1 341	980
			所有者权益合计	5 525	4 872
资产总计	10 887	9 047	负债和所有者权益合计	10 887	9 047

2. 利润表

利润表也称损益表，是反映企业在一定期间生产经营成果的财务报表。利润表以“利润＝收入－费用”这一会计等式为依据编制而成。通过利润表可以考核企业利润计划的完成情况，分析企业的盈利能力以及利润增减变化的原因，预测企业利润的发展趋势，为投资者及企业管理者等提供对决策有用的财务信息。在利润表中，通常按照利润的构成项目来分别列示。表 8-2 所示为星海公司 2023 年度简化的利润表。

表 8-2　利润表（简表）

编制单位：星海公司　　2023 年 12 月 31 日　　单位：万元

项　　目	期末余额	年初余额
一、营业收入	14 740	14 030
减：营业成本	12 700	12 260
税金及附加	146	130
销售费用	105	99
管理费用	285	280
财务费用	380	353
资产减值损失		
加：公允价值变动收益（损失以“－”填列）		
投资收益（损失以“－”填列）	57	
二、营业利润	1 181	908
加：营业外收入	85	140
减：营业外支出	23	50
三、利润总额（亏损总额以“－”填列）	1 243	998
减：所得税费用	320	265
四、净利润（净损失以“－”填列）	923	733

3. 现金流量表

现金流量表是以现金及现金等价物为基础编制的财务状况变动表，是企业对外报送的一张重要财务报表。它为财务报表使用者提供企业一定会计期间现金和现金等价物流入和流出的信息，以便报表使用者了解和评价企业获取现金和现金等价物的能力，并据以预测企业未来现金流量。表 8-3 所示为星海公司 2023 年度的现金流量表。

表 8-3　现金流量表（简表）

编制单位：星海公司　　2023 年度　　单位：万元

项　　目	本期金额
一、经营活动产生的现金流量	
销售商品、提供劳务收到的现金	14 600
收到的税费返还	400
收到其他与经营活动有关的现金	650
经营活动现金流入小计	15 650
购买商品、接受劳务支付的现金	12 600
支付给职工以及为职工支付的现金	650
支付的各项税费	1 146
支付其他与经营活动有关的现金	365
经营活动现金流出小计	14 761
经营活动产生的现金流量净额	889
二、投资活动产生的现金流量	
收回投资收到的现金	160
取得投资收益收到的现金	50
处置固定资产、无形资产和其他长期资产收回的现金净额	352
处置子公司及其他营业单位收到的现金净额	
收到其他与投资活动有关的现金	20
投资活动现金流入小计	582
购建固定资产、无形资产和其他长期资产支付的现金	1 462
投资所支付的现金	412
取得子公司及其他营业单位支付的现金净额	
支付的其他与投资活动有关的现金	
投资活动现金流出小计	1 874
投资活动产生的现金流量净额	−1 292
三、筹资活动产生的现金流量	
吸收投资收到的现金	
取得借款收到的现金	1 630
收到其他与筹资活动有关的现金	
筹资活动现金流入小计	1 630
偿还债务支付的现金	619
分配股利、利润或偿付利息支付的现金	348
支付其他与筹资活动有关的现金	
筹资活动现金流出小计	967
筹资活动产生的现金流量净额	663
四、汇率变动对现金及现金等价物的影响	
五、现金及现金等价物净增加额	260
加：期初现金及现金等价物余额	325
六、期末现金及现金等价物余额	585

二、财务分析方法

财务分析的方法主要包括比率分析法和比较分析法。

（一）比率分析法

比率分析法是将企业同一时期的财务报表中的相关项目进行对比，得出一系列财务比率，以此来揭示企业财务状况的分析方法。财务比率主要包括构成比率、效率比率和相关比率三大类。

1. 构成比率

构成比率又称结构比率，是反映某项经济指标的各个组成部分与总体之间关系的财务比率，如流动资产与资产总额的比率、流动负债与负债总额的比率。

2. 效率比率

效率比率是反映某项经济活动投入与产出之间关系的财务比率，如资产报酬率、销售净利率等。利用效率比率可以考察经济活动的经济效益，揭示企业的盈利能力。

3. 相关比率

相关比率是反映经济活动中某两个或两个以上相关项目比值的财务比率，如流动比率、速动比率等。利用相关比率可以考察各项经济活动之间的相互关系，从而揭示企业的财务状况。

（二）比较分析法

比较分析法是将同一企业不同时期的财务状况或不同企业之间的财务状况进行比较，从而揭示企业财务状况中所存在差异的分析方法。比较分析法可分为纵向比较分析法和横向比较分析法两种。

1. 纵向比较分析法

纵向比较分析法又称趋势分析法，是将同一企业连续若干期的财务状况进行比较，确定其增减变动的方向、数额和幅度，以此来揭示企业财务状况的发展变化趋势的分析方法，如比较财务报表法、比较财务比率法等。

2. 横向比较分析法

横向比较分析法是将本企业的财务状况与其他企业的同期财务状况进行比较，确定其存在的差异及其程度，以此来揭示企业财务状况中所存在问题的分析方法。

学习任务二　掌握偿债能力分析

偿债能力是指企业偿还各种到期债务的能力。偿债能力分析是企业财务分析的一个重要方面，通过这种分析可以揭示企业的财务风险。企业管理者、债权人及股权投资者都十分重视企业的偿债能力分析。偿债能力分析主要分为短期偿债能力分析和长期偿债能力分析。

一、短期偿债能力分析

短期偿债能力是指企业偿付流动负债的能力。流动负债是将在 1 年内或超过 1 年的一个营业周期内需要偿付的债务，这部分负债对企业的财务风险影响较大，如果不能及时偿还，就可能使企业陷入财务困境，面临破产倒闭的危险。在资产负债表中，流动负债与流动资产形成一种对应关系。一般来说，流动负债需要以现金直接偿还，而流动资产是在1年内或超过1年的一个营业周期内可变现的资产，因而流动资产就成为偿还流动负债的一个安全保障。因此，可以通过分析流动负债与流动资产之间的关系来判断企业短期偿债能力。通常评价短期偿债能力的财务比率主要有流动比率、速动比率、现金比率、现金流量比率等。

（一）流动比率

流动比率是企业流动资产与流动负债的比值。其计算公式为：

$$流动比率=\frac{流动资产}{流动负债}$$

流动资产主要包括货币资金、以公允价值计量且其变动计入当期损益的金融资产、应收及预付款项、存货和1年内到期的非流动资产等，一般用资产负债表中的期末流动资产总额表示；流动负债主要包括短期借款、以公允价值计量且其变动计入当期损益的金融负债、应付及预收款项、各种应交税费、1年内到期的非流动负债等，通常也用资产负债表中的期末流动负债总额表示。根据表8-1星海公司的流动资产和流动负债的年末数，该公司2023年末的流动比率为：

$$流动比率=\frac{3\,407}{1\,841}=1.85$$

这表明星海公司每有1元的流动负债，就有1.85元的流动资产作为安全保障。流动比率是衡量企业短期偿债能力的一个重要财务指标，这个比率越高，说明企业偿还流动负债的能力越强，流动负债得到偿还的保障越大。但是，过高的流动比率也并非好现象，因为流动比率过高，可能是企业滞留在流动资产上的资金过多，未能有效地加以利用，可能会影响企业的盈利能力。

根据经验，国际上通常认为流动比率为2左右比较合适，星海公司的流动比率为1.85，应属于正常范围。实际上，对流动比率的分析应该结合不同的行业特点、流动资产结构及各项流动资产的实际变现能力等因素。有的行业流动比率较高，有的行业较低，不可一概而论。但是，单凭这种经验判断也并不可靠，有时流动比率较高，但其短期偿债能力未必很强，因为可能是存货积压或滞销的结果，而且企业也很容易伪造这个比率，以掩饰其偿债能力的不足。如果年终时故意将借款还清，下年初再借入，就可以人为地提高期末流动比率。假设某一公司拥有流动资产20万元、流动负债10万元，则流动比率为2；如果该公司在年终编制财务报表时，故意还清5万元短期借款，待下年初再借入，则该公司的流动资产就变成了15万元，流动负债变成了5万元，流动比率为3。这样就提高了期末流动比率，粉饰了短期偿债能力。因此，利用流动比率来评价企业短期偿债能力存在一定的局限性。

（二）速动比率

从前面的分析可知，流动比率在评价企业短期偿债能力时存在一定局限性。如果流动比率较高，但流动资产的流动性较差，则企业的短期偿债能力仍然不强。在流动资产中，以公允价值计量且其变动计入当期损益的金融资产、衍生金融资产、应收票据、应收账款的变现能力均比存货强，存货需经过销售才能转变为现金，如果存货滞销，则其变现就成问题，所以存货是流动资产中流动性相对较差的资产。一般来说，流动资产扣除存货后的资产称为速动资产，主要包括货币资金、以公允价值计量且其变动计入当期损益的金融资产、衍生金融资产、应收票据、应收账款等。速动资产与流动负债的比值称为速动比率，也称酸性测试比率。其计算公式为：

$$速动比率=\frac{速动资产}{流动负债}=\frac{流动资产-存货}{流动负债}$$

通过速动比率来判断企业短期偿债能力比用流动比率更进了一步，因为它撇开了变现能力较差的存货。速动比率越高，说明企业的短期偿债能力越强。根据表 8-1 中的有关数据，星海公司 2023 年末的速动比率为：

$$速动比率=\frac{速动资产}{流动负债}=\frac{3\,407-866}{1\,841}=1.38$$

根据国际经验，一般认为速动比率为 1 时比较合适，星海公司的速动比率为 1.38，应属于正常范围之内。但在实际分析时，应该根据企业性质和其他因素来综合判断，不可一概而论。通常影响速动比率可信度的重要因素是应收账款的变现能力，如果企业的应收账款中有较大部分不易收回，可能会成为坏账，那么速动比率就不能真实反映企业的偿债能力。因此，在使用速动比率分析企业短期偿债能力时，应结合应收账款账龄结构进行分析。

需要说明的是，用流动资产扣除存货来计算速动资产只是一种粗略的计算，严格地讲，不仅要扣除存货，还应扣除预付账款、1 年内到期的非流动资产和其他流动资产等变现能力较差的项目。这样，速动资产就只包括货币资金、以公允价值计量且其变动计入当期损益的金融资产、应收票据、应收账款、应收利息、应收股利和其他应收款。

（三）现金比率

现金比率是企业的现金类资产与流动负债的比值。现金类资产包括库存现金、随时可用于支付的存款和现金等价物，即现金流量表中所反映的现金及现金等价物。其计算公式为：

$$现金比率=\frac{现金+现金等价物}{流动负债}$$

根据表 8-1 中星海公司的有关数据（假定该公司交易性金融资产均为现金等价物），该公司 2023 年末的现金比率为：

$$现金比率=\frac{585+136}{1\,841}=0.39$$

现金比率可以反映企业的直接偿付能力，因为现金是企业偿还债务的最终手段，如果企业现金缺乏，就可能发生支付困难，面临财务危机。因而，现金比率高，说明企业有较好的支付能力，对偿付债务是有保障的。但是如果这个比率过高，可能意味着企业拥有过多的盈利能力较低的现金类资产，企业的资产未能得到有效运用。

（四）现金流量比率

现金流量比率是企业经营活动产生的现金流量净额与流动负债的比值。其计算公式为：

$$现金流量比率=\frac{经营活动产生的现金流量净额}{流动负债}$$

前面介绍的流动比率、速动比率和现金比率都是反映企业短期偿债能力的静态指标，揭示了企业的现存资源对偿还到期债务的保障程度。现金流量比率则是从动态角度反映本期经营活动产生的现金流量净额偿付流动负债的能力。根据表 8-1 和表 8-3 的有关数据，星海公司 2023 年的现金流量比率为：

$$现金流量比率=\frac{889}{1\,841}=0.48$$

需要说明的是，经营活动产生的现金流量是过去一个会计年度的经营结果，而流动负债则是未来一个会计年度需要偿还的债务，二者的会计期间不同。因此，这个指标是建立在以过去一年的现金流量来估计未来一年的现金流量的假设基础之上的。使用这一财务比率时，需要考虑未来一个会计年度影响经营活动的现金流量变动的因素。

二、长期偿债能力分析

长期偿债能力是指企业偿还长期负债的能力，企业的长期负债主要有长期借款、应付债券、长期应付款、专项应付款、预计负债等。企业的长期债权人和所有者不仅关心企业短期偿债能力，更关心企业长期偿债能力。因此，在对企业进行短期偿债能力分析的同时，还需分析企业的长期偿债能力，以便于债权人和投资者全面了解企业的偿债能力及财务风险。反映企业长期偿债能力的财务比率主要有资产负债率、产权比率、权益乘数、已获利息倍数和现金利息保障倍数等。

（一）资产负债率

资产负债率，也称负债比率或举债经营比率，是企业负债总额与资产总额的比率，它反映企业的资产总额中有多大比例是通过举债得到的。其计算公式为：

$$资产负债率=\frac{负债总额}{资产总额}\times 100\%$$

资产负债率反映企业偿还债务的综合能力，这个比率越高，企业偿还债务的能力越差，财务风险越大；反之，偿还债务的能力越强。根据表 8-1 的有关数据，星海公司 2023 年末的资产负债率为：

$$资产负债率=\frac{5\,362}{10\,887}\times 100\%=49.25\%$$

这表明 2023 年星海公司的资产有 49.25％来源于举债；或者说，星海公司每 49.25 元的债务，就有 100 元的资产作为偿还债务的保障。

对于资产负债率，企业的债权人、股东和管理者往往从不同的角度来评价。

从债权人角度来看，他们最关心的是其贷给企业资金的安全性。如果这个比率过高，说明在企业的全部资产中，股东提供的资本所占比重太低，企业的财务风险主要由债权人负担，其贷款的安全性缺乏可靠的保障，所以，债权人总是希望企业的负债比率低一些。

从企业股东的角度来看，他们关心的主要是投资报酬的高低。企业借入的资金与股东投入的资金在生产经营中可以发挥同样的作用，如果企业负债所支付的利率低于资产报酬率，股东就可以利用举债经营取得更多的投资报酬。因此，股东所关心的往往是全部资产报酬率是否超过了借款的利率。企业股东可以通过举债经营的方式，以有限的资本、付出有限的代价取得对企业的控制权，并且得到举债经营的杠杆利益。因此在财务分析中，资产负债率也被人们称为财务杠杆比率。

站在企业管理者的立场，他们既要考虑企业的盈利，也要顾及企业所承担的财务风险。资产负债率作为财务杠杆比率，不仅反映了企业的长期财务状况，也反映了企业管理层的进取精神。如果企业不利用举债经营或者负债比率很小，则说明企业管理者比较保守，对前途信心不足，利用债权人资本进行经营活动的能力较差。但是，负债也必须有一定限度，负债比率过高，企业的财务风险将增大，一旦资产负债率超过100%，则说明企业资不抵债，有濒临倒闭的危险。

至于资产负债率为多少才是合理的，并没有一个确定的标准。不同行业、不同类型的企业资产负债率会存在较大差异。一般而言，处于高速成长时期的企业，其资产负债率可能会高一些，这样，所有者会得到更多的杠杆利益。但是，作为财务管理者，在确定企业的资产负债率时一定要审时度势，充分考虑企业内部各种因素和企业外部的市场环境，在风险与报酬之间权衡利弊与得失，然后才能作出正确的财务决策。

（二）产权比率

产权比率，也称负债股权比率，是负债总额与股东权益总额的比值。其计算公式为：

$$产权比率=\frac{负债总额}{所有者权益总额}\times 100\%$$

该指标反映了债权人所提供资金与股东所提供资金的对比关系，因此可以揭示企业的财务风险以及股东权益对债务的保障程度。根据表8-1的有关数据，星海公司2023年末的产权比率为：

$$产权比率=\frac{5\,362}{5\,525}\times 100\%=97\%$$

该比率越低，说明企业长期财务状况越好，债权人贷款的安全性越有保障，企业财务风险越小。

（三）权益乘数

权益乘数，即资产总额是股东权益总额的多少倍。权益乘数反映了企业财务杠杆的大小。权益乘数越大，说明股东投入的资本在资产中所占比重越小，财务杠杆越大。其计算公式为：

$$权益乘数=\frac{资产总额}{所有者权益总额}$$

根据表8-1的有关数据，星海公司2023年末的权益乘数为：

$$权益乘数=\frac{10\,887}{5\,525}=1.97$$

该指标反映了每1元权益资本驱动多少总资本在运行，它实际上反映了企业对债务资本的利用情况。在西方国家，权益乘数又被称为财务杠杆。权益乘数越高，意味着负债程度越高，财务杠杆的作用越大，当然财务风险也会越大，此时，企业的长期偿债能力也就越低；权益乘数越低，偿债能力越强，但财务杠杆利用程度不足。因此，权益乘数要适度。

（四）已获利息倍数

已获利息倍数又称利息保障倍数，是指企业一定时期息税前利润与利息支出的比值，反映了企业用经营业务收益偿付借款利息的能力。其计算公式为：

$$已获利息倍数=\frac{息税前利润}{利息支出}$$

公式中的分子“息税前利润”是指利润表中未扣除利息费用和所得税之前的利润，即：

息税前利润＝利润总额＋利息费用＝净利润＋所得税费用＋利息费用。

已获利息倍数表明一元的债务利息有多少元的息税前收益作保障。如果企业一直保持按时付息的信誉，则不仅原有负债可以正常延续，举借新债也比较容易。已获利息倍数越大，利息支付越有保障。从长期来看，要维持正常偿债能力，已获利息倍数至少应当大于 1，若小于 1，意味着企业实现的经营成果不足以支付当期利息，此时，财务风险较高，需引起高度重视。同时应注意，对企业和所有者来说，也并非已获利息倍数越大越好，如果一个很大的已获利息倍数不是高利润带来的，而是低利息导致的，则说明企业财务杠杆程度很低，未能充分利用举债经营的优势。

根据表 8-2 星海公司的资料，并假设海星公司 2023 年财务费用中利息费用为 280 元，两年均无资本化利息，则该公司 2023 年已获利息倍数为：

$$\text{已获利息倍数}=\frac{1\,243+280}{280}=5.44$$

以上计算结果表明，星海公司的已获利息倍数较高，能较好地保障利息的顺利支付。

（五）现金利息保障倍数

现金利息保障倍数是指企业所得税前经营现金流量净额与现金利息支出的比值，反映的是企业用当期经营活动增加的现金支付当期利息的能力。其计算公式为：

$$\begin{aligned}\text{现金利息保障倍数}&=\frac{\text{税前经营活动现金流量净额}}{\text{现金利息支出}}\\&=\frac{\text{经营活动现金流量净额}+\text{付现所得税}}{\text{现金利息支出}}\end{aligned}$$

现金利息保障倍数表明 1 元的现金利息支出有多少元的经营现金流量做保障。由于并非所有的利润都是当期的现金流入，也并非所有的利息支出和所得税都需要在当期用现金支付，因此，用已获利息倍数来反映企业支付利息的能力并不十分准确。将已获利息倍数中的息税前利润用税前经营活动现金流量金额代替，利息支出用现金利息支出代替，就得到了现金利息保障倍数。它更明确地反映了企业实际偿付利息的能力。

根据表 8-3 的资料，并假设星海公司 2023 年付现所得税为 310 万元，现金利息支出为 298 万元，则星海公司 2023 年的现金利息保障倍数为：

$$2023\text{ 年现金利息保障倍数}=\frac{889+310}{298}=4.02$$

以上计算结果表明，星海公司 2023 年现金利息保障倍数为 4.02，也就是每 1 元的现金利息支出就有 4.02 元的经营活动产生的现金流量做保障，能较好地保障利息的顺利支付。

三、影响偿债能力的其他因素

上述财务比率是分析企业偿债能力的主要指标，分析者可以比较最近几年的有关财务比率来判断企业偿债能力的变化趋势，也可以比较某一企业与同行业其他企业的财务比率，来判断该企业偿债能力的强弱。但是，在分析企业偿债能力时，除了使用上述指标以外，还应考虑以下因素对企业偿债能力的影响，这些因素既可影响企业的短期偿债能力，也可影响企业的长期偿债能力。

（一）或有负债

或有负债是企业过去的交易或者事项形成的潜在义务，其存在须通过未来不确定事项的发生与否予以证实。或有负债可能会转化为企业的债务，也可能不会转化为企业的债务，因此，其结果具有不确定性。例如，已贴现未到期的商业承兑汇票、销售的产品可能会发生的质量事故赔偿、诉讼案件和经济纠纷可能败诉导致需赔偿的金额等。这些或有负债在资产负债表编制日还不能确定未来的结果如何，不能作为负债在资产负债表的负债类项目中进行反映。但是，或有负债在将来一旦转化为企业现实的负债，就会对企业的财务状况产生影响，尤其是金额巨大的或有负债项目会增加企业的财务风险，影响企业的偿债能力。因此，在进行偿债能力分析时不能不考虑这一影响因素。

（二）担保责任

在经济活动中，企业可能会发生以本企业的资产为其他企业的债务提供法律担保的情况，如为其他企业的银行借款提供担保、为其他企业履行有关经济合同提供法律担保等。如果被担保人不履行合同，这种担保责任就有可能会成为企业的负债，增加企业的财务风险。但是，这种担保责任在财务报表中并未得到反映，因此，在进行财务分析时，必须考虑企业是否有巨额的法律担保责任。

（三）租赁活动

企业在生产经营活动中，可以通过财产租赁的方式解决急需的设备。财产租赁通常有两种形式：融资租赁和经营租赁。采用融资租赁方式，租入的固定资产作为企业的固定资产入账，租赁费用作为企业的长期负债入账，这在前面计算相关财务比率时已经包含在内。但是，当企业采用经营租赁时，其租赁费用并未包含在负债之中。如果经营租赁的业务量较大、期限较长或者具有经常性，则其租金虽然不包含在负债中，但对企业的偿债能力也会产生较大的影响。在进行财务分析时，也应考虑这一因素。

（四）可用的银行授信额度

可用的银行授信额度是指银行授予企业的贷款指标，该项信用额度已经得到银行批准，但企业尚未办理贷款手续。对于这种授信额度企业可以随时使用，从而能够方便、快捷地取得银行借款，提高企业的偿付能力，缓解财务困难。

学习任务三　掌握营运能力分析

营运能力反映了企业的资金周转状况，对此进行分析，可以了解企业的营业状况及经营管理水平。资金周转状况好，说明企业的经营管理水平高，资金利用效率高。企业的资金周转状况与供产销各个经营环节密切相关，任何一个环节出现问题，都会影响企业资金的正常周转。资金只有顺利通过各个经营环节，才能完成一次循环。在供产销各环节中，销售有着特殊的意义。因为产品只有销售出去，才能实现其价值，收回最初投入的资金，顺利完成一次资金周转。因此，可以通过产品销售情况与企业资金占用量来分析企业的资金周转状况，评价企业的营运能力。评价企业营运能力常用的财务比率有总资产周转率、固定资产周转率、流动资产周转率、应收账款周转率、存货周转率等。

一、总资产周转率

总资产周转率，也称总资产利用率，是企业营业收入与资产平均总额的比率。其计算公式为：

$$总资产周转率=\frac{营业收入}{总资产平均资金占用额}$$

总资产周转期是计算期天数与总资产周转率的比值。其计算公式为：

$$总资产周转期=\frac{计算期天数}{总资产周转率}$$

总资产周转率可用来分析企业全部资产的使用效率。如果这个比率较低，说明企业利用其资产进行经营的效率较差，会影响企业的盈利能力，企业应该采取措施增加销售收入或处置资产，以提高总资产利用率。根据表 8-1 和表 8-2 的有关数据，星海公司 2023 年的总资产周转率为：

$$总资产周转率=\frac{14\,740}{\frac{9\,047+10\,887}{2}}=1.48（次）$$

二、固定资产周转率

固定资产周转率，也称固定资产利用率，是企业营业收入与固定资产平均净值的比率。其计算公式为：

$$固定资产周转率=\frac{营业收入}{固定资产平均资金占用额}$$

固定资产周转期是计算期天数与固定资产周转率的比值。其计算公式为：

$$固定资产周转期=\frac{计算期天数}{固定资产周转率}$$

固定资产周转率主要用于分析企业对厂房、设备等固定资产的利用效率，该比率越高，说明固定资产的利用率越高，管理水平越好。如果固定资产周转率与同行业平均水平相比偏低，说明企业的生产效率较低，可能会影响企业的盈利能力。根据表 8-1 和表 8-2 的有关数据，星海公司 2023 年的固定资产周转率为：

$$固定资产周转率=\frac{14\,740}{\frac{5\,298+6\,670}{2}}=2.46（次）$$

三、流动资产周转率

流动资产周转率是营业收入与流动资产平均余额的比率，它反映了企业全部流动资产的利用效率。其计算公式为：

$$流动资产周转率=\frac{营业收入}{流动资产平均资金占用额}$$

流动资产周转期是计算期天数与流动资产周转率的比值。其计算公式为：

$$流动资产周转期=\frac{计算期天数}{流动资产周转率}$$

流动资产周转率表明在一个会计年度内企业流动资产周转的次数，它反映了流动资产周转的速度。该指标越高，说明企业流动资产的利用效率越高。根据表 8-1 和表 8-2 的有关数据，星海公司 2023 年的流动资产周转率为：

$$流动资产周转率=\frac{14\,740}{\frac{2\,812+3\,407}{2}}=4.74（次）$$

流动资产周转率是分析流动资产周转情况的一个综合指标，流动资产周转得快，可以节约流动资金，提高资金的利用效率。但是，究竟流动资产周转率为多少才算好，并没有一个确定的标准。通常分析流动资产周转率应比较企业历年的数据并结合行业特点。

四、应收账款周转率

应收账款周转率是企业一定时期营业收入与应收账款平均余额的比率。应收账款周转率是评价应收账款流动性大小的一个重要财务比率，它反映了应收账款在一个会计年度内的周转次数，可以用来分析应收账款的变现速度和管理效率。该比率越高，说明应收账款的周转速度越快、流动性越强。其计算公式为：

$$应收账款周转率=\frac{营业收入}{应收账款平均资金占用额}$$

应收账款周转期是计算期天数与应收账款周转率的比值。其计算公式为：

$$应收账款周转期=\frac{计算期天数}{应收账款周转率}$$

应收账款周转期表示应收账款周转一次所需的天数。平均周转期越短，说明企业的应收账款周转速度越快。应收账款周转期与应收账款周转率成反比例变动，对该项指标的分析是企业制定信用政策的一个重要依据。

在这里，我们根据表 8-1 和表 8-2 的有关数据，星海公司 2023 年的应收账款周转率为：

$$应收账款周转率=\frac{14\,740}{\frac{1\,150+1\,290}{2}}=12.08（次）$$

在市场经济条件下，由于商业信用的普遍应用，应收账款成为企业一项重要的流动资产，应收账款的变现能力直接影响资产的流动性。应收账款周转率越高，说明企业收回应收账款的速度越快，可以减少坏账损失，提高资产的流动性，企业的短期偿债能力也会得到增强，这在一定程度上可以弥补流动比率低的不利影响。如果企业的应收账款周转率过低，则说明企业收回应收账款的效率低，或者信用政策过于宽松，这样的情况会导致应收账款占用资金数量过多，影响企业资金利用率和资金的正常周转。应收账款周转率过高，也可能是因为企业奉行了比较严格的信用政策，制订的信用标准和信用条件过于苛刻。这样会限制企业销售量的扩大，从而影响企业的盈利水平，这种情况往往表现为存货周转率同时偏低。

用应收账款周转率来反映应收账款的周转情况是比较常见的，如上面计算的星海公司应收账款周转率为 12.08 次，表明该公司一年内应收账款周转次数为 12.08 次。

五、存货周转率

存货周转率也称存货利用率，是企业一定时期的营业成本与存货平均余额的比率。其计算公式为：

$$存货周转率=\frac{营业成本}{存货平均资金占用额}$$

存货周转状况也可以用存货周转期来表示。其计算公式为：

$$存货周转期=\frac{计算期天数}{存货周转率}$$

存货周转期表示存货周转一次所需要的时间，天数越少说明存货周转得越快。

如果企业生产经营活动具有很强的季节性，则年度内各季度的销售成本与存货会有较大幅度的波动。因此，存货平均余额应该按月份或季度余额来计算，先计算出各月或各季度的存货平均余额，然后再计算全年的存货平均余额。根据表 8-1 和表 8-2 的有关数据，星海公司 2023 年的存货周转率为：

$$存货周转率=\frac{12\,700}{\frac{1\,067+866}{2}}=13.14（次）$$

存货周转率说明了一定时期内企业存货周转的次数，可以反映企业存货的变现速度，衡量企业的销售能力及存货是否过量。存货周转率反映了企业的销售效率和存货使用效率。在正常经营情况下，存货周转率越高，说明存货周转速度越快，企业的销售能力越强，营运资本占用在存货上的金额越少，表明企业的资产流动性较好，资金利用效率较高；反之，存货周转率过低，常常是库存管理不利，销售状况不好，造成存货积压，说明企业在产品销售方面存在一定的问题，应当采取积极的销售策略，加快存货的周转速度。但是，有时企业出于特殊的原因会增大存货储备量，如在通货膨胀比较严重的情况下，企业为了降低存货采购成本，可能会提高存货储备量，这种情况导致的存货周转率降低是一种正常现象。一般来说，存货周转率越高越好，但存货周转率过高，也可能说明企业存货管理方面存在一些问题，如存货水平太低，甚至经常缺货，或者采购次数过于频繁，批量太小等。因此，对存货周转率应当结合企业的实际情况，具体问题具体分析。

学习任务四　掌握盈利能力分析

盈利能力是指企业获取利润的能力。盈利是企业的重要经营目标，是企业生存和发展的物质基础，它不仅关系企业所有者的投资报酬，也是企业偿还债务的一个重要保障。因此，企业的债权人、所有者以及管理者都十分关心企业的盈利能力。盈利能力分析是企业财务分析的重要组成部分，也是评价企业经营管理水平的重要依据。企业的各项经营活动都会影响盈利，如营业活动、对外投资活动、营业外收支活动等都会引起企业利润的变化。但是，在对企业盈利能力进行分析时，一般只分析企业正常经营活动的盈利能力，不涉及非正常的经营活动。这是因为一些非正常的、特殊的经营活动虽然也会给企业带来收益，但它不是经常的和持续的，因此，不能将其作为企业一种持续性的盈利能力加以评价。

评价企业盈利能力的财务比率主要有销售毛利率、销售净利率、成本费用利润率、总资产报酬率、总资产净利率、股东权益报酬率等。

一、销售毛利率

销售毛利率是销售毛利与销售收入之比，其中，销售毛利是销售收入与销售成本的差额。其计算公式如下：

$$销售毛利率=\frac{销售毛利}{销售收入}\times100\%$$

销售毛利率反映产品每销售 1 元所包含的毛利润的多少，即销售收入扣除销售成本后还有多少剩余可用于各期费用和形成利润。销售毛利率越高，表明产品的盈利能力越强。

根据表 8-2 的有关数据，星海公司 2023 年的销售毛利率为：

$$销售毛利率=\frac{14\,740-12\,700}{14\,740}\times100\%=13.84\%$$

星海公司 2023 年的销售毛利率为 13.84%，说明每 100 元的营业收入可以为公司创造 13.84 元的毛利。

二、销售净利率

销售净利率是指企业一定时期净利润与营业收入的比率。其计算公式如下：

$$销售净利率=\frac{净利润}{销售收入}\times100\%$$

销售净利率反映了企业净利润占销售收入的比例。销售营业净利率越高，盈利能力越强。

根据表 8-2 的有关数据，星海公司 2023 年的销售净利率为：

$$销售净利率=\frac{923}{14\,740}\times100\%=6.26\%$$

星海公司 2023 年的销售净利率为 6.26%，说明每 100 元的营业收入可以为公司创造 6.26 元的净利。

三、成本费用利润率

成本费用利润率是企业一定时期息税前利润与成本费用总额的比率。它反映企业生产经营过程中发生的耗费与获得的报酬之间的关系。其计算公式为：

$$成本费用利润率=\frac{息税前利润}{成本费用}\times100\%$$

成本费用利润率反映企业在生产经营领域中所得与所费的关系，而不涉及筹资领域。式中，采用的利润为息税前利润，采用的成本费用为经营性费用，包括营业成本、税金及附加、管理费用、销售费用等，但不包括利息费用。成本费用利润率越高，表明企业为取得利润而付出的代价越小，成本费用控制得越好，盈利能力越强。

根据表 8-2 的有关数据，并假定星海公司 2023 年财务费用中利息费用为 280 万元，则星海公司 2023 年的成本费用利润率为：

$$成本费用利润率=\frac{1\,243+280}{12\,700+146+105+285}\times100\%=11.51\%$$

星海公司的成本费用利润率为 11.51%，说明该公司每耗费 100 元，可以获取 11.51 元的税前利润。

四、总资产报酬率

总资产报酬率也称投资报酬率，是企业在一定时期内获得的息税前利润总额与平均资产总额的比率。其计算公式如下：

$$总资产报酬率=\frac{息税前利润总额}{平均资产总额}\times 100\%$$

总资产报酬率指标不受资本结构的影响，能够全面地反映企业全部资产的获利水平，揭示企业综合利用资产的效果。一般情况下，该指标越高，表明企业的资产利用效果越好，整个企业盈利能力越强，经营管理水平越高。

根据表 8-1 和表 8-2 的有关数据，并假定星海公司 2023 年财务费用中利息费用为 280 万元，则星海公司 2023 年的总资产报酬率为：

$$总资产报酬率=\frac{1\,243+280}{\frac{9\,047+10\,887}{2}}\times 100\%=15.28\%$$

五、总资产净利率

总资产净利率又称投资净利率，是指净利润与平均资产总额的比值。其计算公式如下：

$$总资产净利率=\frac{净利润}{平均资产总额}\times 100\%$$

总资产净利率指标可以综合反映企业总资产为企业所有者创造利润的能力，它不仅受总资产报酬率的影响，而且与企业的资本结构密切相关。该指标值越高，表明企业在增收节支和节约资金使用等方面取得的效果越好，盈利能力越强。

根据表 8-1 和表 8-2 的有关数据，星海公司 2023 年的总资产净利率为：

$$总资产净利率=\frac{923}{\frac{9\,047+10\,887}{2}}\times 100\%=9.26\%$$

六、股东权益报酬率

股东权益报酬率也称净资产收益率或所有者权益报酬率，是企业一定时期的净利润与股东权益平均总额的比率。其计算公式为：

$$股东权益报酬率=\frac{净利润}{平均股东权益}\times 100\%$$

股东权益报酬率是评价企业盈利能力的一个重要财务比率，它反映了企业股东获取投资报酬的高低。该比率越高，说明企业的盈利能力越强。根据表 8-1 和表 8-2 的有关数据，星海公司 2023 年的股东权益报酬率为：

$$股东权益报酬率=\frac{923}{\frac{4\,872+5\,525}{2}}\times 100\%=17.76\%$$

星海公司的股东权益报酬率为 17.76%，表明股东每投入 100 元资本，可以获得 17.76 元的净利润。

学习任务五　掌握发展能力分析

发展能力也称成长能力，是指企业在从事经营活动过程中所表现出的增长能力，如规模的扩大、盈利的持续增长、市场竞争力的增强等。反映企业发展能力的主要财务比率有营业收入增长率、营业利润增长率、净利润增长率、总资产增长率、股权资本增长率等。

一、营业收入增长率

营业收入增长率是指企业本年营业收入增长额与上年营业收入总额的比率，反映与上年相比本年营业收入的增减变动情况。其计算公式为：

$$营业收入增长率=\frac{本年营业收入增长额}{上年营业收入总额}\times 100\%$$

其中：　　本年营业收入增长额＝本年营业收入总额－上年营业收入总额

营业收入增长率是评价企业发展能力的重要指标，通过分析该指标，可以考察企业经营状况和市场占有情况，预测企业经营业务拓展趋势。若营业收入增长率大于零，表明企业本年与上年相比营业收入有所增长。一般认为，该指标值越高，企业营业收入的增长速度越快，企业的市场前景越好，发展能力越强。

根据表 8-2 的有关数据，星海公司 2023 年的营业收入增长率为：

$$营业收入增长率=\frac{14\,740-14\,030}{14\,030}\times 100\%=5.06\%$$

以上计算结果表明，星海公司 2023 年的营业收入比 2022 年增长了 5.06 个百分点。

二、营业利润增长率

营业利润增长率是指企业本年营业利润增长额与上年营业利润总额的比率，反映与上年相比本年营业利润的增减变动情况。其计算公式为：

$$营业利润增长率=\frac{本年营业利润增长额}{上年营业利润总额}\times 100\%$$

其中：　　本年营业利润增长额＝本年营业利润总额－上年营业利润总额

一般认为，营业利润增长率越高，企业经营业绩越突出，业务扩张能力和发展能力越强。

根据表 8-2 的有关数据，星海公司 2023 年的营业利润增长率为：

$$营业利润增长率=\frac{1\,181-908}{908}\times 100\%=30.07\%$$

以上计算结果表明，星海公司 2023 年的营业利润比 2022 年增长了 30.07 个百分点，有较好的发展潜力，发展较快。

三、净利润增长率

净利润增长率是指企业本年净利润增长额与上年净利润的比率，反映与上年相比，本年净利润的增减变动情况。其计算公式为：

$$净利润增长率=\frac{本年净利润增长额}{上年净利润}\times 100\%$$

其中：

$$本年净利润增长额=本年净利润-上年净利润$$

净利润的增长情况是企业发展能力的基本表现。一般认为，净利润增长率越大，企业收益增长的越快，市场竞争能力和发展能力越强。

根据表 8-2 的有关数据，星海公司 2023 年的净利润增长率为：

$$净利润增长率=\frac{923-733}{733}\times 100\%=25.92\%$$

以上计算结果表明，星海公司 2023 年的净利润比 2022 年增长了 25.92 个百分点，表明公司发展较快。

四、总资产增长率

总资产增长率是指企业本年总资产增长额与年初资产总额的比例，反映企业当年资产规模的增长情况。其计算公式为：

$$总资产增长率=\frac{本年总资产增长额}{本年年初资产总额}\times 100\%$$

其中：

$$本年总资产增长额=本年年末资产总额-本年年初资产总额$$

根据表 8-1 的有关数据，星海公司 2023 年的总资产增长率为：

$$总资增长率=\frac{10\,887-9\,047}{9\,047}\times 100\%=20.34\%$$

以上计算结果表明，星海公司 2023 年年末的总资产比 2022 年年末增长了 20.34 个百分点。

五、股权资本增长率

股权资本增长率，也称净资产增长率或资本积累率，是指企业本年股东权益增长额与年初股东权益总额的比率。其计算公式为：

$$股权资产增长率=\frac{本年股东权益增长额}{本年年股东权益总额}\times 100\%$$

其中：

$$本年股东权益增长额=本年年末股东权益-本年年初股东权益$$

股权资本增长率反映了企业当年股东权益的变化水平，体现了企业资本的积累能力，是评价企业发展潜力的重要财务指标。该比率越高，说明企业资本积累能力越强，企业的发展能力也越好。根据表 8-1 的有关数据，星海公司 2023 年的股权资本增长率为：

$$股权资本增长率=\frac{5\,525-4\,872}{4\,872}\times 100\%=13.4\%$$

以上计算结果表明，星海公司 2023 年年末的股东权益比 2022 年年末增长了 13.4 个百分点。

学习任务六　掌握财务综合指标分析

单独分析任何一类财务指标，都不足以全面评价企业的财务状况和经营成果，只有对各种财务指标进行系统、综合的分析，才能对企业的财务状况作出全面合理的评价。因此，必须对企业进行综合的财务分析。下面介绍两种常用的综合分析法——杜邦分析法和财务比率综合评分法。

一、杜邦分析法

杜邦分析法，又称杜邦财务分析体系，它利用几种主要的财务比率之间的关系来综合分析企业的财务状况。因这种分析法是由美国杜邦公司首先创造的，故称杜邦分析法。这种分析法一般用杜邦系统图来表示。其分析关系式为：

净资产收益率=销售净利率×总资产周转率×权益乘数

图 8-1 所示为杜邦财务分析体系。

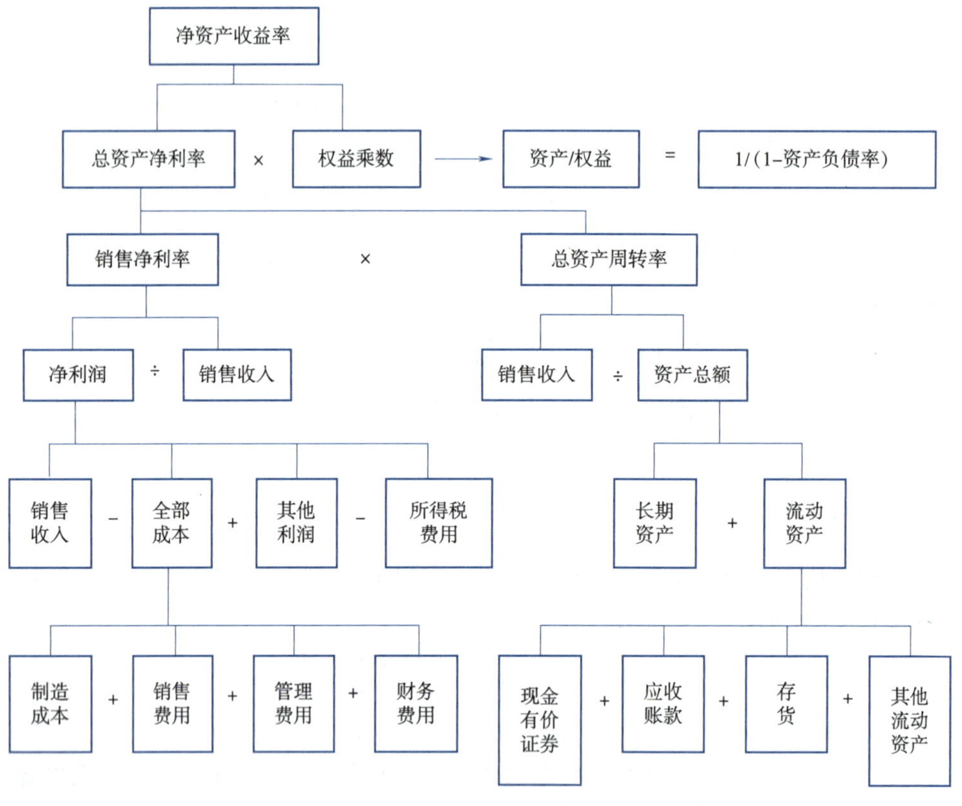

图 8-1 杜邦财务分析体系

杜邦系统主要反映了以下几种主要的财务比率关系：

（1）股东权益报酬率与资产报酬率及权益乘数之间的关系。

股东权益报酬率=资产净利率×平均权益乘数

（2）资产净利率与销售净利率及总资产周转率之间的关系。

资产净利率=销售净利率×总资产周转率

（3）销售净利率与净利润及销售收入之间的关系。

销售净利率=净利润÷销售收入

（4）总资产周转率与销售收入及资产总额之间的关系。

总资产周转率＝销售收入÷资产平均总额

其中，式“资产净利率＝销售净利率×总资产周转率”称为杜邦等式。

杜邦系统在揭示上述几种关系之后，再将净利润、总资产进行层层分解，这样就可以全面、系统地揭示企业的财务状况以及系统内部各个因素之间的相互关系。

杜邦分析是对企业财务状况进行的综合分析，它通过几种主要财务指标之间的关系，直观、明了地反映企业的财务状况。从杜邦分析系统可以了解以下财务信息：

（1）股东权益报酬率是一个综合性极强、最有代表性的财务比率，它是杜邦系统的核心。企业财务管理的重要目标就是实现股东财富的最大化，股东权益报酬率恰恰反映了股东投入资金的盈利能力，反映了企业筹资、投资和生产运营等各方面经营活动的效率。股东权益报酬率取决于企业资产净利率和权益乘数。资产净利率主要反映企业运用资产进行生产经营活动的效率如何，权益乘数则主要反映企业的财务杠杆情况，即企业的资本结构。

（2）资产净利率是反映企业盈利能力的一个重要财务比率，它揭示了企业生产经营活动的效率，综合性也极强。企业的销售收入、成本费用、资产结构、资产周转速度以及资金占用量等各种因素，都直接影响资产净利率的高低。资产净利率是销售净利率与总资产周转率的乘积，因此，可以从企业的销售活动与资产管理两个方面来进行分析。

（3）从企业的销售方面看，销售净利率反映了企业净利润与销售收入之间的关系。一般来说，销售收入增加，企业的净利润也会随之增加。但是，要想提高销售净利率，必须一方面提高销售收入，另一方面降低各种成本费用，这样才能使净利润的增长高于销售收入的增长，从而使销售净利率得到提高。由此可见，提高销售净利率必须在以下两个方面下工夫：

①开拓市场，增加销售收入。在市场经济中，企业必须深入调查研究市场情况，了解市场的供求关系；在战略上，从长远的利益出发，努力开发新产品；在策略上，保证产品的质量，加强营销手段，努力提高市场占有率。这些都是企业面向市场的外在能力。

②加强成本费用控制，降低耗费，增加利润。从杜邦系统中可以分析企业的成本费用结构是否合理，以便发现企业在成本费用管理方面存在的问题，为加强成本费用管理提供依据。企业要想在激烈的市场竞争中立于不败之地，不仅要在营销与产品质量上下功夫，还要尽可能降低产品的成本，这样才能增强产品在市场上的竞争力。同时，要严格控制企业的管理费用、财务费用等各种期间费用，降低耗费，增加利润。这里尤其要分析企业的利息费用与利润总额之间的关系，如果企业所承担的利息费用太多，就应当进一步分析企业的资本结构是否合理，负债比率是否过高，因为不合理的资本结构一定会影响企业所有者的报酬。

（4）在企业资产方面，主要应该分析以下两个方面：

①分析企业的资产结构是否合理，即流动资产与非流动资产的比例是否合理。资产结构实际上反映了企业资产的流动性，它不仅关系企业的偿债能力，也会影响企业的盈利能力。一般来说，如果企业流动资产中货币资金占比过大，就应当分析企业现金持有量是否合理，有无现金闲置现象，因为过量的现金会影响企业的盈利能力；如果流动资产中存货与应收账款过多，就会占用大量的资金，影响企业的资金周转。

②结合销售收入，分析企业的资产周转情况。资产周转速度直接影响企业的盈利能力，如果企业资产周转较慢，就会占用大量资金，增加资本成本，减少企业的利润。在对资产周

转情况进行分析时，不仅要分析企业总资产周转率，更要分析企业的存货周转率与应收账款周转率，并将其周转情况与资金占用情况结合起来分析。

从上述两方面的分析可以发现企业资产管理方面存在的问题，以便加强管理，提高资产的利用效率。

总之，从杜邦分析系统可以看出，企业的盈利能力涉及生产经营活动的方方面面。股东权益报酬率与企业的资本结构、销售规模、成本水平、资产管理等因素密切相关，这些因素构成一个完整的系统，系统内部各因素之间相互作用，只有协调好系统内部各个因素之间的关系，才能使股东权益报酬率得到提高，从而实现企业股东财富最大化的目标。

二、财务比率综合评分法

财务比率综合评分法也称沃尔评分法，是指通过对选定的几项财务比率进行评分，然后计算出综合得分，并据此评价企业的综合财务状况的方法。因为最早采用这种方法的是亚历山大·沃尔，故称沃尔评分法。1928 年亚历山大·沃尔在《信用晴雨表研究》和《财务报表比率分析》两本著作中采用评分方法对企业的信用状况进行综合评价，并提出了信用能力指数的概念。他选择了七个财务比率，包括流动比率、产权比率、固定资产比率、存货周转率、应收账款周转率、固定资产周转率和股权资本周转率，并且对各项财务比率分别赋以不同的权重，然后以行业平均数为基础确定各项财务比率的标准值，将各项财务比率的实际值与标准值进行比较，得出一个关系比率，将此关系比率与各项财务比率的权重相乘得出总评分，以此来评价企业的信用状况。在沃尔之后，这种方法不断发展，成为对企业进行财务综合分析的一种重要方法。

采用财务比率综合评分法对企业财务状况进行综合分析，一般要遵循如下程序：

（1）选定评价财务状况的财务比率。在选择财务比率时，需要注意以下三个方面：①财务比率要求具有全面性。一般来说，反映企业的偿债能力、营运能力和盈利能力的三类财务比率都应当包括在内。②财务比率应当具有代表性。所选择的财务比率数量不一定很多，但应当具有代表性，要选择能够说明问题的重要的财务比率。③各项财务比率要具有变化方向的一致性。当财务比率增大时，表示财务状况的改善；反之，当财务比率减小时，表示财务状况的恶化。

（2）确定财务比率标准评分值。根据各项财务比率的重要程度，确定其标准评分值，即重要性系数。各项财务比率的标准评分值之和应等于 100 分。各项财务比率评分值的确定是财务比率综合评分法的一个重要问题，它直接影响对企业财务状况的评分多少。对各项财务比率的重要程度，不同的分析者会有截然不同的态度，但一般来说，应根据企业经营活动的性质、企业的生产经营规模、市场形象和分析者的分析目的等因素来确定。

（3）确定财务比率评分值的上下限。规定各项财务比率评分值的上限和下限，即最高评分值和最低评分值。这主要是为了避免个别财务比率的异常给总分造成不合理的影响。

（4）确定财务比率的标准值。财务比率的标准值是指各项财务比率在本企业现时条件下最理想的数值，亦即最优值。财务比率的标准值通常可以参照同行业的平均水平，并经过调整后确定。

（5）计算关系比率。计算企业在一定时期各项财务比率的实际值，然后，计算出各项财务比率实际值与标准值的比值，即关系比率。关系比率反映了企业某一财务比率的实际值偏离标准值的程度。

（6）计算各项财务比率的实际得分。各项财务比率的实际得分是关系比率和标准评分值的乘积，每项财务比率的得分都不得超过上限或下限，所有各项财务比率实际得分的合计数就是企业财务状况的综合得分。企业财务状况的综合得分反映了企业综合财务状况是否良好。如果综合得分等于或接近 100 分，说明企业的财务状况良好，达到了预先确定的标准；如果综合得分远远低于 100 分，则说明企业的财务状况较差，应当采取适当的措施加以改善；如果综合得分远远超过 100 分，则说明企业的财务状况很理想。

下面采用财务比率综合评分法，对星海公司 2023 年的财务状况进行综合评价（见表 8-4）。

表 8-4　沃尔综合评分表

财务比率	比重（1）	标准比率（2）	实际比率（3）	相对比率 (4)=(3)/(2)	评分 (5)=(1)×(4)
流动比率	25	2	1.85	0.93	23.25
产权比率	25	1.5	1.03	0.69	17.25
固定资产比率	15	2.5	1.63	0.65	9.75
存货周转率	10	8	13.14	1.64	16.4
应收账款周转率	10	6	12.08	2.01	20.1
固定资产周转率	10	4	2.46	0.62	6.2
股权资本周转率	5	3	2.84	0.95	4.75
合计	100				97.70

由表 8-4 中可知，星海公司的综合得分为 97.70 分，接近 100 分，可见，沃尔评分法反映出来的星海公司的总体财务状况是不错的。

但是，沃尔评分法从理论上讲是有缺陷的，那就是它未能证明为什么要选择这七个财务比率，而不是更多些或更少些，或者选择其他的财务比率，以及未能证明每个财务比率所占比重的合理性。此外，沃尔评分法从技术上讲有一个问题，就是当某一个财务比率严重异常时，会对综合指数产生不合逻辑的重大影响。这个缺陷是由每项相对比率与比重相“乘”得分，而且未设定分数的上下限而引起的。

【素质园地】

爱因斯坦说：成功＝艰苦的劳动＋正确的方法＋少说空话。达尔文说：最有价值的知识是关于方法的知识。可见方法在我们探究知识、成功实践上具有十分重要的作用和意义。本项目的学习，不仅在于系统地学习掌握财务报表分析方法，而且在于学习者需要树立科学的方法论，不断养成科学的思维方式和正确的分析方法。我国有许多成语和历史典故，例如刻舟求剑、塞翁失马、田忌赛马等，尽管上述举例不是说明财务分析方法的，但是其中蕴含有关方法的问题值得思考。在财务的理论和实践中，形成了一系列分析方法，这些方法具有各自的特点，相应在学习和运用时需要明确：①不同方法所分析的对象和问题不同、适用的环境和条件不同、使用的步骤也不同，所以需要把握各种方法的针对性和适配性；②财务报表分析的最终目的是全面、准确、客观地揭示企业财务状况和经营成果，并借以对企业经济效益优势做出合理的评价。所以在运用方法时，需要把握目标原则、客观原则、系统原则、动态原则。

练 习 题

一、单项选择题

1. 一般而言，营运资金指的是(　　)。

A. 流动资产减去存货的余额　　B. 流动资产减去流动负债的余额

C. 流动资产减去速动资产后的余额　　D. 流动资产减去货币资金后的余额

2. 某公司当前的速动比率大于1，若用现金偿还应付账款，则对流动比率和速动比率的影响是(　　)。

A. 流动比率变大、速动比率变大　　B. 流动比率变大、速动比率变小

C. 流动比率变小、速动比率变小　　D. 流动比率变小、速动比率变大

3. 假定其他条件不变，下列各项经济业务中，会导致公司总资产净利率上升的是(　　)。

A. 收回应收账款　　B. 用资本公积转增资本

C. 用银行存款购入生产设备　　D. 用银行存款归还银行借款

4. 某企业的营业净利率为20%，总资产净利率为30%，则总资产周转率为(　　)。

A. 1.5　　B. 0.1　　C. 0.67　　D. 0.5

5. 下列财务分析指标中，能够反映收益质量的是(　　)。

A. 净资产收益率　　B. 现金营运指数

C. 营业毛利率　　D. 每股收益

6. 下列指标中，其数值大小与偿债能力大小同方向变动的是(　　)。

A. 产权比率　　B. 资产负债率

C. 利息保障倍数　　D. 权益乘数

7. 下列各项中，不属于速动资产的是(　　)。

A. 交易性金融资产　　B. 应收账款

C. 货币资金　　D. 存货

8. 在下列财务分析主体中，必须对企业营运能力、偿债能力、盈利能力及发展能力的全部信息予以详尽了解和掌握的是(　　)。

A. 短期投资者　　B. 企业债权人

C. 企业经营者　　D. 税务机关

9. 下列各项中，会使企业实际变现能力大于财务报表所反映的能力的是（　　）。

A. 存在将很快变现的存货　　B. 存在未决诉讼案件

C. 为别的企业提供信用担保　　D. 未使用的银行贷款限额

10. 企业的财务报告不包括（　　）。

A. 现金流量表　　B. 财务状况说明书

C. 利润表　　D. 比较百分比财务报表

11. 资产负债表不提供的财务信息是（　　）。

A. 资产结构　　B. 负债水平

C. 经营成果　　D. 所有者权益总额

二、计算分析题

丁公司 2023 年 12 月 31 日的资产负债表显示，资产总额年初数和年末数分别为 4 800 万元和 5 000 万元，负债总额年初数和年末数分别为 2 400 万元和 2 500 万元，丁公司 2023 年度营业收入为 7 350 万元，净利润为 294 万元。

要求：

（1）根据年初、年末平均值，计算权益乘数。

（2）计算总资产周转率。

（3）计算销售净利率。

（4）计算总资产净利率。

三、思考题

1. 如果你是银行的信贷部门经理，在给企业发放贷款时，应当考虑哪些因素？

2. 企业资产负债率的高低对债权人和股东会产生什么影响？

3. 企业的应收账款周转率偏低可能是由什么原因造成的？会给企业带来什么影响？

4. 为什么说企业的营运能力可以反映其经营管理水平？企业应当如何提高营运能力？

5. 你认为在评价企业的发展趋势时，应当注意哪些问题？

附录 A

表 A-1　年金终值系数表（F/A，i，n）

期数	1%	2%	3%	4%	5%	6%	7%	8%	9%	10%
1	1.0000	1.0000	1.0000	1.0000	1.0000	1.0000	1.0000	1.0000	1.0000	1.0000
2	2.0100	2.0200	2.0300	2.0400	2.0500	2.0600	2.0700	2.0800	2.0900	2.1000
3	3.0301	3.0604	3.0909	3.1216	3.1525	3.1836	3.2149	3.2464	3.2781	3.3100
4	4.0604	4.1216	4.1836	4.2465	4.3101	4.3746	4.4399	4.5061	4.5731	4.6410
5	5.1010	5.2040	5.3091	5.4163	5.5256	5.6371	5.7507	5.8666	5.9847	6.1051
6	6.1520	6.3081	6.4684	6.6330	6.8019	6.9753	7.1533	7.3359	7.5233	7.7156
7	7.2135	7.4343	7.6625	7.8983	8.1420	8.3938	8.6540	8.9228	9.2004	9.4872
8	8.2857	8.5830	8.8923	9.2142	9.5491	9.8975	10.2598	10.6366	11.0285	11.4359
9	9.3685	9.7546	10.1591	10.5828	11.0266	11.4913	11.9780	12.4876	13.0210	13.5795
10	10.4622	10.9497	11.4639	12.0061	12.5779	13.1808	13.8164	14.4866	15.1929	15.9374
11	11.5668	12.1687	12.8078	13.4864	14.2068	14.9716	15.7836	16.6455	17.5603	18.5312
12	12.6825	13.4121	14.1920	15.0258	15.9171	16.8699	17.8885	18.9771	20.1407	21.3843
13	13.8093	14.6803	15.6178	16.6268	17.7130	18.8821	20.1406	21.4953	22.9534	24.5227
14	14.9474	15.9739	17.0863	18.2919	19.5986	21.0151	22.5505	24.2149	26.0192	27.9750
15	16.0969	17.2934	18.5989	20.0236	21.5786	23.2760	25.1290	27.1521	29.3609	31.7725
16	17.2579	18.6393	20.1569	21.8245	23.6575	25.6725	27.8881	30.3243	33.0034	35.9497
17	18.4304	20.0121	21.7616	23.6975	25.8404	28.2129	30.8402	33.7502	36.9737	40.5447
18	19.6147	21.4123	23.4144	25.6454	28.1324	30.9057	33.9990	37.4502	41.3013	45.5992
19	20.8109	22.8406	25.1169	27.6712	30.5390	33.7600	37.3790	41.4463	46.0185	51.1591
20	22.0190	24.2974	26.8704	29.7781	33.0660	36.7856	40.9955	45.7620	51.1601	57.2750
21	23.2392	25.7833	28.6765	31.9692	35.7193	39.9927	44.8652	50.4229	56.7645	64.0025
22	24.4716	27.2990	30.5368	34.2480	38.5052	43.3923	49.0057	55.4568	62.8733	71.4027
23	25.7163	28.8450	32.4529	36.6179	41.4305	46.9958	53.4361	60.8933	69.5319	79.5430
24	26.9735	30.4219	34.4265	39.0826	44.5020	50.8156	58.1767	66.7648	76.7898	88.4973
25	28.2432	32.0303	36.4593	41.6459	47.7271	54.8645	63.2490	73.1059	84.7009	98.3471
26	29.5256	33.6709	38.5530	44.3117	51.1135	59.1564	68.6765	79.9544	93.3240	109.1818
27	30.8209	35.3443	40.7096	47.0842	54.6691	63.7058	74.4838	87.3508	102.7231	121.0999
28	32.1291	37.0512	42.9309	49.9676	58.4026	68.5281	80.6977	95.3388	112.9682	134.2099
29	33.4504	38.7922	45.2189	52.9663	62.3227	73.6398	87.3465	103.9659	124.1354	148.6309
30	34.7849	40.5681	47.5754	56.0849	66.4388	79.0582	94.4608	113.2832	136.3075	164.4940
35	41.6603	49.9945	60.4621	73.6522	90.3203	111.4348	138.2369	172.3168	215.7108	271.0244
40	48.8864	60.4020	75.4013	95.0255	120.7998	154.7620	199.6351	259.0565	337.8824	442.5926
45	56.4811	71.8927	92.7199	121.0294	159.7002	212.7435	285.7493	386.5056	525.8587	718.9048
50	64.4632	84.5794	112.7969	152.6671	209.3480	290.3359	406.5289	573.7702	815.0836	*
55	72.8525	98.5865	136.0716	191.1592	272.7126	394.1720	575.9286	848.9232	*	*
60	81.6697	114.0515	163.0534	237.9907	353.5837	533.1282	813.5204	*	*	*

续表

期数	12%	14%	15%	16%	18%	20%	24%	28%	32%	36%
1	1.0000	1.0000	1.0000	1.0000	1.0000	1.0000	1.0000	1.0000	1.0000	1.0000
2	2.1200	2.1400	2.1500	2.1600	2.1800	2.2000	2.2400	2.2800	2.3200	2.3600
3	3.3744	3.4396	3.4725	3.5056	3.5724	3.6400	3.7776	3.9184	4.0624	4.2096
4	4.7793	4.9211	4.9934	5.0665	5.2154	5.3680	5.6842	6.0156	6.3624	6.7251
5	6.3528	6.6101	6.7424	6.8771	7.1542	7.4416	8.0484	8.6999	9.3983	10.1461
6	8.1152	8.5355	8.7537	8.9775	9.4420	9.9299	10.9801	12.1359	13.4058	14.7987
7	10.0890	10.7305	11.0668	11.4139	12.1415	12.9159	14.6153	16.5339	18.6956	21.1262
8	12.2997	13.2328	13.7268	14.2401	15.3270	16.4991	19.1229	22.1634	25.6782	29.7316
9	14.7757	16.0853	16.7858	17.5185	19.0859	20.7989	24.7125	29.3692	34.8953	41.4350
10	17.5487	19.3373	20.3037	21.3215	23.5213	25.9587	31.6434	38.5926	47.0618	57.3516
11	20.6546	23.0445	24.3493	25.7329	28.7551	32.1504	40.2379	50.3985	63.1215	78.9982
12	24.1331	27.2707	29.0017	30.8502	34.9311	39.5805	50.8950	65.5100	84.3204	108.4375
13	28.0291	32.0887	34.3519	36.7862	42.2187	48.4966	64.1097	84.8529	112.3030	148.4750
14	32.3926	37.5811	40.5047	43.6720	50.8180	59.1959	80.4961	109.6117	149.2399	202.9260
15	37.2797	43.8424	47.5804	51.6595	60.9653	72.0351	100.8151	141.3029	197.9967	276.9793
16	42.7533	50.9804	55.7175	60.9250	72.9390	87.4421	126.0108	181.8677	262.3557	377.6919
17	48.8837	59.1176	65.0751	71.6730	87.0680	105.9306	157.2534	233.7907	347.3095	514.6610
18	55.7497	68.3941	75.8364	84.1407	103.7403	128.1167	195.9942	300.2521	459.4485	700.9389
19	63.4397	78.9692	88.2118	98.6032	123.4135	154.7400	244.0328	385.3227	607.4721	954.2769
20	72.0524	91.0249	102.4436	115.3797	146.6280	186.6880	303.6006	494.2131	802.8631	*
21	81.6987	104.7684	118.8101	134.8405	174.0210	225.0256	377.4648	633.5927	*	*
22	92.5026	120.4360	137.6316	157.4150	206.3448	271.0307	469.0563	811.9987	*	*
23	104.6029	138.2970	159.2764	183.6014	244.4868	326.2369	582.6298	*	*	*
24	118.1552	158.6586	184.1678	213.9776	289.4945	392.4842	723.4610	*	*	*
25	133.3339	181.8708	212.7930	249.2140	342.6035	471.9811	898.0916	*	*	*
26	150.3339	208.3327	245.7120	290.0883	405.2721	567.3773	*	*	*	*
27	169.3740	238.4993	283.5688	337.5024	479.2211	681.8528	*	*	*	*
28	190.6989	272.8892	327.1041	392.5028	566.4809	819.2233	*	*	*	*
29	214.5828	312.0937	377.1697	456.3032	669.4475	984.0680	*	*	*	*
30	241.3327	356.7868	434.7451	530.3117	790.9480	*	*	*	*	*
35	431.6635	693.5727	881.1702	*	*	*	*	*	*	*
40	767.0914	*	*	*	*	*	*	*	*	*
45	*	*	*	*	*	*	*	*	*	*
50	*	*	*	*	*	*	*	*	*	*
55	*	*	*	*	*	*	*	*	*	*
60	*	*	*	*	*	*	*	*	*	*

表 A-2　年金现值系数表（P/A，i，n）

期数	1%	2%	3%	4%	5%	6%	7%	8%	9%	10%
1	0.9901	0.9804	0.9709	0.9615	0.9524	0.9434	0.9346	0.9259	0.9174	0.9091
2	1.9704	1.9416	1.9135	1.8861	1.8594	1.8334	1.8080	1.7833	1.7591	1.7355
3	2.9410	2.8839	2.8286	2.7751	2.7232	2.6730	2.6243	2.5771	2.5313	2.4869
4	3.9020	3.8077	3.7171	3.6299	3.5460	3.4651	3.3872	3.3121	3.2397	3.1699
5	4.8534	4.7135	4.5797	4.4518	4.3295	4.2124	4.1002	3.9927	3.8897	3.7908
6	5.7955	5.6014	5.4172	5.2421	5.0757	4.9173	4.7665	4.6229	4.4859	4.3553
7	6.7282	6.4720	6.2303	6.0021	5.7864	5.5824	5.3893	5.2064	5.0330	4.8684
8	7.6517	7.3255	7.0197	6.7327	6.4632	6.2098	5.9713	5.7466	5.5348	5.3349
9	8.5660	8.1622	7.7861	7.4353	7.1078	6.8017	6.5152	6.2469	5.9952	5.7590
10	9.4713	8.9826	8.5302	8.1109	7.7217	7.3601	7.0236	6.7101	6.4177	6.1446
11	10.3676	9.7868	9.2526	8.7605	8.3064	7.8869	7.4987	7.1390	6.8052	6.4951
12	11.2551	10.5753	9.9540	9.3851	8.8633	8.3838	7.9427	7.5361	7.1607	6.8137
13	12.1337	11.3484	10.6350	9.9856	9.3936	8.8527	8.3577	7.9038	7.4869	7.1034
14	13.0037	12.1062	11.2961	10.5631	9.8986	9.2950	8.7455	8.2442	7.7862	7.3667
15	13.8651	12.8493	11.9379	11.1184	10.3797	9.7122	9.1079	8.5595	8.0607	7.6061
16	14.7179	13.5777	12.5611	11.6523	10.8378	10.1059	9.4466	8.8514	8.3126	7.8237
17	15.5623	14.2919	13.1661	12.1657	11.2741	10.4773	9.7632	9.1216	8.5436	8.0216
18	16.3983	14.9920	13.7535	12.6593	11.6896	10.8276	10.0591	9.3719	8.7556	8.2014
19	17.2260	15.6785	14.3238	13.1339	12.0853	11.1581	10.3356	9.6036	8.9501	8.3649
20	18.0456	16.3514	14.8775	13.5903	12.4622	11.4699	10.5940	9.8181	9.1285	8.5136
21	18.8570	17.0112	15.4150	14.0292	12.8212	11.7641	10.8355	10.0168	9.2922	8.6487
22	19.6604	17.6580	15.9369	14.4511	13.1630	12.0416	11.0612	10.2007	9.4424	8.7715
23	20.4558	18.2922	16.4436	14.8568	13.4886	12.3034	11.2722	10.3711	9.5802	8.8832
24	21.2434	18.9139	16.9355	15.2470	13.7986	12.5504	11.4693	10.5288	9.7066	8.9847
25	22.0232	19.5235	17.4131	15.6221	14.0939	12.7834	11.6536	10.6748	9.8226	9.0770
26	22.7952	20.1210	17.8768	15.9828	14.3752	13.0032	11.8258	10.8100	9.9290	9.1609
27	23.5596	20.7069	18.3270	16.3296	14.6430	13.2105	11.9867	10.9352	10.0266	9.2372
28	24.3164	21.2813	18.7641	16.6631	14.8981	13.4062	12.1371	11.0511	10.1161	9.3066
29	25.0658	21.8444	19.1885	16.9837	15.1411	13.5907	12.2777	11.1584	10.1983	9.3696
30	25.8077	22.3965	19.6004	17.2920	15.3725	13.7648	12.4090	11.2578	10.2737	9.4269
35	29.4086	24.9986	21.4872	18.6646	16.3742	14.4982	12.9477	11.6546	10.5668	9.6442
40	32.8347	27.3555	23.1148	19.7928	17.1591	15.0463	13.3317	11.9246	10.7574	9.7791
45	36.0945	29.4902	24.5187	20.7200	17.7741	15.4558	13.6055	12.1084	10.8812	9.8628
50	39.1961	31.4236	25.7298	21.4822	18.2559	15.7619	13.8007	12.2335	10.9617	9.9148
55	42.1472	33.1748	26.7744	22.1086	18.6335	15.9905	13.9399	12.3186	11.0140	9.9471
60	44.9550	34.7609	27.6756	22.6235	18.9293	16.1614	14.0392	12.3766	11.0480	9.9672

续表

期数	12%	14%	15%	16%	18%	20%	24%	28%	32%	36%
1	0.8929	0.8772	0.8696	0.8621	0.8475	0.8333	0.8065	0.7813	0.7576	0.7353
2	1.6901	1.6467	1.6257	1.6052	1.5656	1.5278	1.4568	1.3916	1.3315	1.2760
3	2.4018	2.3216	2.2832	2.2459	2.1743	2.1065	1.9813	1.8684	1.7663	1.6735
4	3.0373	2.9137	2.8550	2.7982	2.6901	2.5887	2.4043	2.2410	2.0957	1.9658
5	3.6048	3.4331	3.3522	3.2743	3.1272	2.9906	2.7454	2.5320	2.3452	2.1807
6	4.1114	3.8887	3.7845	3.6847	3.4976	3.3255	3.0205	2.7594	2.5342	2.3388
7	4.5638	4.2883	4.1604	4.0386	3.8115	3.6046	3.2423	2.9370	2.6775	2.4550
8	4.9676	4.6389	4.4873	4.3436	4.0776	3.8372	3.4212	3.0758	2.7860	2.5404
9	5.3282	4.9464	4.7716	4.6065	4.3030	4.0310	3.5655	3.1842	2.8681	2.6033
10	5.6502	5.2161	5.0188	4.8332	4.4941	4.1925	3.6819	3.2689	2.9304	2.6495
11	5.9377	5.4527	5.2337	5.0286	4.6560	4.3271	3.7757	3.3351	2.9776	2.6834
12	6.1944	5.6603	5.4206	5.1971	4.7932	4.4392	3.8514	3.3868	3.0133	2.7084
13	6.4235	5.8424	5.5831	5.3423	4.9095	4.5327	3.9124	3.4272	3.0404	2.7268
14	6.6282	6.0021	5.7245	5.4675	5.0081	4.6106	3.9616	3.4587	3.0609	2.7403
15	6.8109	6.1422	5.8474	5.5755	5.0916	4.6755	4.0013	3.4834	3.0764	2.7502
16	6.9740	6.2651	5.9542	5.6685	5.1624	4.7296	4.0333	3.5026	3.0882	2.7575
17	7.1196	6.3729	6.0472	5.7487	5.2223	4.7746	4.0591	3.5177	3.0971	2.7629
18	7.2497	6.4674	6.1280	5.8178	5.2732	4.8122	4.0799	3.5294	3.1039	2.7668
19	7.3658	6.5504	6.1982	5.8775	5.3162	4.8435	4.0967	3.5386	3.1090	2.7697
20	7.4694	6.6231	6.2593	5.9288	5.3527	4.8696	4.1103	3.5458	3.1129	2.7718
21	7.5620	6.6870	6.3125	5.9731	5.3837	4.8913	4.1212	3.5514	3.1158	2.7734
22	7.6446	6.7429	6.3587	6.0113	5.4099	4.9094	4.1300	3.5558	3.1180	2.7746
23	7.7184	6.7921	6.3988	6.0442	5.4321	4.9245	4.1371	3.5592	3.1197	2.7754
24	7.7843	6.8351	6.4338	6.0726	5.4509	4.9371	4.1428	3.5619	3.1210	2.7760
25	7.8431	6.8729	6.4641	6.0971	5.4669	4.9476	4.1474	3.5640	3.1220	2.7765
26	7.8957	6.9061	6.4906	6.1182	5.4804	4.9563	4.1511	3.5656	3.1227	2.7768
27	7.9426	6.9352	6.5135	6.1364	5.4919	4.9636	4.1542	3.5669	3.1233	2.7771
28	7.9844	6.9607	6.5335	6.1520	5.5016	4.9697	4.1566	3.5679	3.1237	2.7773
29	8.0218	6.9830	6.5509	6.1656	5.5098	4.9747	4.1585	3.5687	3.1240	2.7774
30	8.0552	7.0027	6.5660	6.1772	5.5168	4.9789	4.1601	3.5693	3.1242	2.7775
35	8.1755	7.0700	6.6166	6.2153	5.5386	4.9915	4.1644	3.5708	3.1248	2.7777
40	8.2438	7.1050	6.6418	6.2335	5.5482	4.9966	4.1659	3.5712	3.1250	2.7778
45	8.2825	7.1232	6.6543	6.2421	5.5523	4.9986	4.1664	3.5714	3.1250	2.7778
50	8.3045	7.1327	6.6605	6.2463	5.5541	4.9995	4.1666	3.5714	3.1250	2.7778
55	8.3170	7.1376	6.6636	6.2482	5.5549	4.9998	4.1666	3.5714	3.1250	2.7778
60	8.3240	7.1401	6.6651	6.2492	5.5553	4.9999	4.1667	3.5714	3.1250	2.7778

表 A-3　复利现值系数表（P/F，i，n）

期数	1%	2%	3%	4%	5%	6%	7%	8%	9%	10%
1	0.9901	0.9804	0.9709	0.9615	0.9524	0.9434	0.9346	0.9259	0.9174	0.9091
2	0.9803	0.9612	0.9426	0.9246	0.9070	0.8900	0.8734	0.8573	0.8417	0.8264
3	0.9706	0.9423	0.9151	0.8890	0.8638	0.8396	0.8163	0.7938	0.7722	0.7513
4	0.9610	0.9238	0.8885	0.8548	0.8227	0.7921	0.7629	0.7350	0.7084	0.6830
5	0.9515	0.9057	0.8626	0.8219	0.7835	0.7473	0.7130	0.6806	0.6499	0.6209
6	0.9420	0.8880	0.8375	0.7903	0.7462	0.7050	0.6663	0.6302	0.5963	0.5645
7	0.9327	0.8706	0.8131	0.7599	0.7107	0.6651	0.6227	0.5835	0.5470	0.5132
8	0.9235	0.8535	0.7894	0.7307	0.6768	0.6274	0.5820	0.5403	0.5019	0.4665
9	0.9143	0.8368	0.7664	0.7026	0.6446	0.5919	0.5439	0.5002	0.4604	0.4241
10	0.9053	0.8203	0.7441	0.6756	0.6139	0.5584	0.5083	0.4632	0.4224	0.3855
11	0.8963	0.8043	0.7224	0.6496	0.5847	0.5268	0.4751	0.4289	0.3875	0.3505
12	0.8874	0.7885	0.7014	0.6246	0.5568	0.4970	0.4440	0.3971	0.3555	0.3186
13	0.8787	0.7730	0.6810	0.6006	0.5303	0.4688	0.4150	0.3677	0.3262	0.2897
14	0.8700	0.7579	0.6611	0.5775	0.5051	0.4423	0.3878	0.3405	0.2992	0.2633
15	0.8613	0.7430	0.6419	0.5553	0.4810	0.4173	0.3624	0.3152	0.2745	0.2394
16	0.8528	0.7284	0.6232	0.5339	0.4581	0.3936	0.3387	0.2919	0.2519	0.2176
17	0.8444	0.7142	0.6050	0.5134	0.4363	0.3714	0.3166	0.2703	0.2311	0.1978
18	0.8360	0.7002	0.5874	0.4936	0.4155	0.3503	0.2959	0.2502	0.2120	0.1799
19	0.8277	0.6864	0.5703	0.4746	0.3957	0.3305	0.2765	0.2317	0.1945	0.1635
20	0.8195	0.6730	0.5537	0.4564	0.3769	0.3118	0.2584	0.2145	0.1784	0.1486
21	0.8114	0.6598	0.5375	0.4388	0.3589	0.2942	0.2415	0.1987	0.1637	0.1351
22	0.8034	0.6468	0.5219	0.4220	0.3418	0.2775	0.2257	0.1839	0.1502	0.1228
23	0.7954	0.6342	0.5067	0.4057	0.3256	0.2618	0.2109	0.1703	0.1378	0.1117
24	0.7876	0.6217	0.4919	0.3901	0.3101	0.2470	0.1971	0.1577	0.1264	0.1015
25	0.7798	0.6095	0.4776	0.3751	0.2953	0.2330	0.1842	0.1460	0.1160	0.0923
26	0.7720	0.5976	0.4637	0.3607	0.2812	0.2198	0.1722	0.1352	0.1064	0.0839
27	0.7644	0.5859	0.4502	0.3468	0.2678	0.2074	0.1609	0.1252	0.0976	0.0763
28	0.7568	0.5744	0.4371	0.3335	0.2551	0.1956	0.1504	0.1159	0.0895	0.0693
29	0.7493	0.5631	0.4243	0.3207	0.2429	0.1846	0.1406	0.1073	0.0822	0.0630
30	0.7419	0.5521	0.4120	0.3083	0.2314	0.1741	0.1314	0.0994	0.0754	0.0573
35	0.7059	0.5000	0.3554	0.2534	0.1813	0.1301	0.0937	0.0676	0.0490	0.0356
40	0.6717	0.4529	0.3066	0.2083	0.1420	0.0972	0.0668	0.0460	0.0318	0.0221
45	0.6391	0.4102	0.2644	0.1712	0.1113	0.0727	0.0476	0.0313	0.0207	0.0137
50	0.6080	0.3715	0.2281	0.1407	0.0872	0.0543	0.0339	0.0213	0.0134	0.0085
55	0.5785	0.3365	0.1968	0.1157	0.0683	0.0406	0.0242	0.0145	0.0087	0.0053
60	0.5504	0.3048	0.1697	0.0951	0.0535	0.0303	0.0173	0.0099	0.0057	0.0033

续表

期数	12%	14%	15%	16%	18%	20%	24%	28%	32%	36%
1	0.8929	0.8772	0.8696	0.8621	0.8475	0.8333	0.8065	0.7813	0.7576	0.7353
2	0.7972	0.7695	0.7561	0.7432	0.7182	0.6944	0.6504	0.6104	0.5739	0.5407
3	0.7118	0.6750	0.6575	0.6407	0.6086	0.5787	0.5245	0.4768	0.4348	0.3975
4	0.6355	0.5921	0.5718	0.5523	0.5158	0.4823	0.4230	0.3725	0.3294	0.2923
5	0.5674	0.5194	0.4972	0.4761	0.4371	0.4019	0.3411	0.2910	0.2495	0.2149
6	0.5066	0.4556	0.4323	0.4104	0.3704	0.3349	0.2751	0.2274	0.1890	0.1580
7	0.4523	0.3996	0.3759	0.3538	0.3139	0.2791	0.2218	0.1776	0.1432	0.1162
8	0.4039	0.3506	0.3269	0.3050	0.2660	0.2326	0.1789	0.1388	0.1085	0.0854
9	0.3606	0.3075	0.2843	0.2630	0.2255	0.1938	0.1443	0.1084	0.0822	0.0628
10	0.3220	0.2697	0.2472	0.2267	0.1911	0.1615	0.1164	0.0847	0.0623	0.0462
11	0.2875	0.2366	0.2149	0.1954	0.1619	0.1346	0.0938	0.0662	0.0472	0.0340
12	0.2567	0.2076	0.1869	0.1685	0.1372	0.1122	0.0757	0.0517	0.0357	0.0250
13	0.2292	0.1821	0.1625	0.1452	0.1163	0.0935	0.0610	0.0404	0.0271	0.0184
14	0.2046	0.1597	0.1413	0.1252	0.0985	0.0779	0.0492	0.0316	0.0205	0.0135
15	0.1827	0.1401	0.1229	0.1079	0.0835	0.0649	0.0397	0.0247	0.0155	0.0099
16	0.1631	0.1229	0.1069	0.0930	0.0708	0.0541	0.0320	0.0193	0.0118	0.0073
17	0.1456	0.1078	0.0929	0.0802	0.0600	0.0451	0.0258	0.0150	0.0089	0.0054
18	0.1300	0.0946	0.0808	0.0691	0.0508	0.0376	0.0208	0.0118	0.0068	0.0039
19	0.1161	0.0829	0.0703	0.0596	0.0431	0.0313	0.0168	0.0092	0.0051	0.0029
20	0.1037	0.0728	0.0611	0.0514	0.0365	0.0261	0.0135	0.0072	0.0039	0.0021
21	0.0926	0.0638	0.0531	0.0443	0.0309	0.0217	0.0109	0.0056	0.0029	0.0016
22	0.0826	0.0560	0.0462	0.0382	0.0262	0.0181	0.0088	0.0044	0.0022	0.0012
23	0.0738	0.0491	0.0402	0.0329	0.0222	0.0151	0.0071	0.0034	0.0017	0.0008
24	0.0659	0.0431	0.0349	0.0284	0.0188	0.0126	0.0057	0.0027	0.0013	0.0006
25	0.0588	0.0378	0.0304	0.0245	0.0160	0.0105	0.0046	0.0021	0.0010	0.0005
26	0.0525	0.0331	0.0264	0.0211	0.0135	0.0087	0.0037	0.0016	0.0007	0.0003
27	0.0469	0.0291	0.0230	0.0182	0.0115	0.0073	0.0030	0.0013	0.0006	0.0002
28	0.0419	0.0255	0.0200	0.0157	0.0097	0.0061	0.0024	0.0010	0.0004	0.0002
29	0.0374	0.0224	0.0174	0.0135	0.0082	0.0051	0.0020	0.0008	0.0003	0.0001
30	0.0334	0.0196	0.0151	0.0116	0.0070	0.0042	0.0016	0.0006	0.0002	0.0001
35	0.0189	0.0102	0.0075	0.0055	0.0030	0.0017	0.0005	0.0002	0.0001	*
40	0.0107	0.0053	0.0037	0.0026	0.0013	0.0007	0.0002	0.0001	*	*
45	0.0061	0.0027	0.0019	0.0013	0.0006	0.0003	0.0001	*	*	*
50	0.0035	0.0014	0.0009	0.0006	0.0003	0.0001	*	*	*	*
55	0.0020	0.0007	0.0005	0.0003	0.0001	*	*	*	*	*
60	0.0011	0.0004	0.0002	0.0001	*	*	*	*	*	*

表 A-4 复利终值系数表（F/P，i，n）

期数	1%	2%	3%	4%	5%	6%	7%	8%	9%	10%
1	1.0100	1.0200	1.0300	1.0400	1.0500	1.0600	1.0700	1.0800	1.0900	1.1000
2	1.0201	1.0404	1.0609	1.0816	1.1025	1.1236	1.1449	1.1664	1.1881	1.2100
3	1.0303	1.0612	1.0927	1.1249	1.1576	1.1910	1.2250	1.2597	1.2950	1.3310
4	1.0406	1.0824	1.1255	1.1699	1.2155	1.2625	1.3108	1.3605	1.4116	1.4641
5	1.0510	1.1041	1.1593	1.2167	1.2763	1.3382	1.4026	1.4693	1.5386	1.6105
6	1.0615	1.1262	1.1941	1.2653	1.3401	1.4185	1.5007	1.5869	1.6771	1.7716
7	1.0721	1.1487	1.2299	1.3159	1.4071	1.5036	1.6058	1.7138	1.8280	1.9487
8	1.0829	1.1717	1.2668	1.3686	1.4775	1.5938	1.7182	1.8509	1.9926	2.1436
9	1.0937	1.1951	1.3048	1.4233	1.5513	1.6895	1.8385	1.9990	2.1719	2.3579
10	1.1046	1.2190	1.3439	1.4802	1.6289	1.7908	1.9672	2.1589	2.3674	2.5937
11	1.1157	1.2434	1.3842	1.5395	1.7103	1.8983	2.1049	2.3316	2.5804	2.8531
12	1.1268	1.2682	1.4258	1.6010	1.7959	2.0122	2.2522	2.5182	2.8127	3.1384
13	1.1381	1.2936	1.4685	1.6651	1.8856	2.1329	2.4098	2.7196	3.0658	3.4523
14	1.1495	1.3195	1.5126	1.7317	1.9799	2.2609	2.5785	2.9372	3.3417	3.7975
15	1.1610	1.3459	1.5580	1.8009	2.0789	2.3966	2.7590	3.1722	3.6425	4.1772
16	1.1726	1.3728	1.6047	1.8730	2.1829	2.5404	2.9522	3.4259	3.9703	4.5950
17	1.1843	1.4002	1.6528	1.9479	2.2920	2.6928	3.1588	3.7000	4.3276	5.0545
18	1.1961	1.4282	1.7024	2.0258	2.4066	2.8543	3.3799	3.9960	4.7171	5.5599
19	1.2081	1.4568	1.7535	2.1068	2.5270	3.0256	3.6165	4.3157	5.1417	6.1159
20	1.2202	1.4859	1.8061	2.1911	2.6533	3.2071	3.8697	4.6610	5.6044	6.7275
21	1.2324	1.5157	1.8603	2.2788	2.7860	3.3996	4.1406	5.0338	6.1088	7.4002
22	1.2447	1.5460	1.9161	2.3699	2.9253	3.6035	4.4304	5.4365	6.6586	8.1403
23	1.2572	1.5769	1.9736	2.4647	3.0715	3.8197	4.7405	5.8715	7.2579	8.9543
24	1.2697	1.6084	2.0328	2.5633	3.2251	4.0489	5.0724	6.3412	7.9111	9.8497
25	1.2824	1.6406	2.0938	2.6658	3.3864	4.2919	5.4274	6.8485	8.6231	10.8347
26	1.2953	1.6734	2.1566	2.7725	3.5557	4.5494	5.8074	7.3964	9.3992	11.9182
27	1.3082	1.7069	2.2213	2.8834	3.7335	4.8223	6.2139	7.9881	10.2451	13.1100
28	1.3213	1.7410	2.2879	2.9987	3.9201	5.1117	6.6488	8.6271	11.1671	14.4210
29	1.3345	1.7758	2.3566	3.1187	4.1161	5.4184	7.1143	9.3173	12.1722	15.8631
30	1.3478	1.8114	2.4273	3.2434	4.3219	5.7435	7.6123	10.0627	13.2677	17.4494
35	1.4166	1.9999	2.8139	3.9461	5.5160	7.6861	10.6766	14.7853	20.4140	28.1024
40	1.4889	2.2080	3.2620	4.8010	7.0400	10.2857	14.9745	21.7245	31.4094	45.2593
45	1.5648	2.4379	3.7816	5.8412	8.9850	13.7646	21.0025	31.9204	48.3273	72.8905
50	1.6446	2.6916	4.3839	7.1067	11.4674	18.4202	29.4570	46.9016	74.3575	117.3909
55	1.7285	2.9717	5.0821	8.6464	14.6356	24.6503	41.3150	68.9139	114.4083	189.0591
60	1.8167	3.2810	5.8916	10.5196	18.6792	32.9877	57.9464	101.2571	176.0313	304.4816

续表

期数	12%	14%	15%	16%	18%	20%	24%	28%	32%	36%
1	1.1200	1.1400	1.1500	1.1600	1.1800	1.2000	1.2400	1.2800	1.3200	1.3600
2	1.2544	1.2996	1.3225	1.3456	1.3924	1.4400	1.5376	1.6384	1.7424	1.8496
3	1.4049	1.4815	1.5209	1.5609	1.6430	1.7280	1.9066	2.0972	2.3000	2.5155
4	1.5735	1.6890	1.7490	1.8106	1.9388	2.0736	2.3642	2.6844	3.0360	3.4210
5	1.7623	1.9254	2.0114	2.1003	2.2878	2.4883	2.9316	3.4360	4.0075	4.6526
6	1.9738	2.1950	2.3131	2.4364	2.6996	2.9860	3.6352	4.3980	5.2899	6.3275
7	2.2107	2.5023	2.6600	2.8262	3.1855	3.5832	4.5077	5.6295	6.9826	8.6054
8	2.4760	2.8526	3.0590	3.2784	3.7589	4.2998	5.5895	7.2058	9.2170	11.7034
9	2.7731	3.2519	3.5179	3.8030	4.4355	5.1598	6.9310	9.2234	12.1665	15.9166
10	3.1058	3.7072	4.0456	4.4114	5.2338	6.1917	8.5944	11.8059	16.0598	21.6466
11	3.4785	4.2262	4.6524	5.1173	6.1759	7.4301	10.6571	15.1116	21.1989	29.4393
12	3.8960	4.8179	5.3503	5.9360	7.2876	8.9161	13.2148	19.3428	27.9825	40.0375
13	4.3635	5.4924	6.1528	6.8858	8.5994	10.6993	16.3863	24.7588	36.9370	54.4510
14	4.8871	6.2613	7.0757	7.9875	10.1472	12.8392	20.3191	31.6913	48.7568	74.0534
15	5.4736	7.1379	8.1371	9.2655	11.9737	15.4070	25.1956	40.5648	64.3590	100.7126
16	6.1304	8.1372	9.3576	10.7480	14.1290	18.4884	31.2426	51.9230	84.9538	136.9691
17	6.8660	9.2765	10.7613	12.4677	16.6722	22.1861	38.7408	66.4614	112.1390	186.2779
18	7.6900	10.5752	12.3755	14.4625	19.6733	26.6233	48.0386	85.0706	148.0235	253.3380
19	8.6128	12.0557	14.2318	16.7765	23.2144	31.9480	59.5679	108.8904	195.3911	344.5397
20	9.6463	13.7435	16.3665	19.4608	27.3930	38.3376	73.8641	139.3797	257.9162	468.5740
21	10.8038	15.6676	18.8215	22.5745	32.3238	46.0051	91.5915	178.4060	340.4494	637.2606
22	12.1003	17.8610	21.6447	26.1864	38.1421	55.2061	113.5735	228.3596	449.3932	866.6744
23	13.5523	20.3616	24.8915	30.3762	45.0076	66.2474	140.8312	292.3003	593.1990	*
24	15.1786	23.2122	28.6252	35.2364	53.1090	79.4968	174.6306	374.1444	783.0227	*
25	17.0001	26.4619	32.9190	40.8742	62.6686	95.3962	216.5420	478.9049	*	*
26	19.0401	30.1666	37.8568	47.4141	73.9490	114.4755	268.5121	612.9982	*	*
27	21.3249	34.3899	43.5353	55.0004	87.2598	137.3706	332.9550	784.6377	*	*
28	23.8839	39.2045	50.0656	63.8004	102.9666	164.8447	412.8642	*	*	*
29	26.7499	44.6931	57.5755	74.0085	121.5005	197.8136	511.9516	*	*	*
30	29.9599	50.9502	66.2118	85.8499	143.3706	237.3763	634.8199	*	*	*
35	52.7996	98.1002	133.1755	180.3141	327.9973	590.6682	*	*	*	*
40	93.0510	188.8835	267.8635	378.7212	750.3783	*	*	*	*	*
45	163.9876	363.6791	538.7693	795.4438	*	*	*	*	*	*
50	289.0022	700.2330	*	*	*	*	*	*	*	*
55	509.3206	*	*	*	*	*	*	*	*	*
60	897.5969	*	*	*	*	*	*	*	*	*

参考文献

[1] 荆新，王化成，刘俊彦．财务管理学［M］．北京：中国人民大学出版社，2018.
[2] 刘淑莲．财务管理［M］．大连：东北财经大学出版社，2017.
[3] 张文贤．中国会计案例选［M］．上海：复旦大学出版社，1998.
[4] 张德容，鲍炤．财务管理学［M］．南京：南京大学出版社，2021.
[5] 李文静，张宁，于洋，等．财务管理实务［M］．北京：人民邮电出版社，2018.
[6] 王静，黄琳，尹海艳，等．财务管理学［M］．重庆：重庆大学出版社，2019.
[7] 姚江红，张荣斌．财务管理［M］．南京：南京大学出版社，2019.
[8] 王玉春．财务管理［M］．南京：南京大学出版社，2018.
[9] 曹前，洪巧丽，王平，等．财务管理［M］．成都：四川大学出版社，2018.
[10] 赵立韦．财务管理理论与实务［M］．成都：西南交通大学出版社，2018.
[11] 南顺女．财务管理［M］．北京：机械工业出版社，2013.
[12] 刘瑞红，孙淑娟．财务管理实务［M］．北京：清华大学出版社，2014.
[13] 吴宗奎，宋建涛．财务管理［M］．北京：中国人民大学出版社，2012.
[14] 严碧容，方明，余浪，等．财务分析［M］．北京：人民邮电出版社，2014.
[15] 乔玉洋，邱强．财务管理学［M］．南京：东南大学出版社，2017.
[16] 张绪军．高级财务管理［M］．北京：人民邮电出版社，2017.
[17] 吴明礼．新编财务管理［M］．南京：东南大学出版社，2012.
[18] 刘东生．财务分析理论与实务［M］．北京：人民邮电出版社，2016.
[19] 马英华，王秋霞，王晓莹．财务管理［M］．北京：人民邮电出版社，2016.
[20] 李延喜，张悦玫，王哲兵．财务管理［M］．北京：人民邮电出版社，2015.
[21] 刘春华，刘静中．财务管理［M］．大连：大连出版社，2013.
[22] 袁建国，周丽媛．财务管理习题与实训［M］．大连：东北财经大学出版社，2014.
[23] 中国注册会计师协会．财务成本管理［M］．北京：中国财政经济出版社，2022.
[24] 财政部会计资格评价中心．财务管理［M］．北京：中国财政经济出版社，2019.
[25] 揭志锋．财务管理［M］．大连：东北财经大学出版社，2017.
[26] 李园园，邹亚新，王桂莲．公司理财［M］．上海：上海财经大学出版社，2017.
[27] 郭泽光．财务管理学［M］．大连：东北财经大学出版社，2018.
[28] 徐利飞．财务管理学习指导与练习［M］．大连：东北财经大学出版社，2018.
[29] 刘斌，何任．财务管理［M］．大连：东北财经大学出版社，2018.
[30] 徐哲，李贺，路萍．财务管理基础［M］．上海：上海财经大学出版社，2016.